内蒙古财经大学实训与案例教材系列丛书

丛书主编　金　桩　徐全忠

U0792137

审计模拟实训教程

主　编　封桂芹　赵　洁

副主编　王彦东

中国财经出版传媒集团

经济科学出版社

Economic Science Press

图书在版编目（CIP）数据

审计模拟实训教程/封桂芹，赵洁主编．—北京：
经济科学出版社，2018.12
ISBN 978－7－5218－0053－1

Ⅰ.①审…　Ⅱ.①封…②赵…　Ⅲ.①审计学－
高等学校－教材　Ⅳ.①F239.0

中国版本图书馆 CIP 数据核字（2018）第 283376 号

责任编辑：李一心
责任校对：靳玉环
版式设计：齐　杰
责任印制：李　鹏

审计模拟实训教程
主　编　封桂芹　赵　洁
副主编　王彦东
经济科学出版社出版、发行　新华书店经销
社址：北京市海淀区阜成路甲 28 号　邮编：100142
总编部电话：010－88191217　发行部电话：010－88191522
网址：www.esp.com.cn
电子邮件：esp@esp.com.cn
天猫网店：经济科学出版社旗舰店
网址：http：//jjkxcbs.tmall.com
北京密兴印刷有限公司印装
787×1092　16 开　23.25 印张　510000 字
2019 年 6 月第 1 版　2019 年 6 月第 1 次印刷
ISBN 978－7－5218－0053－1　定价：49.00 元
（图书出现印装问题，本社负责调换。电话：010－88191510）

前　　言

一方面，为深入开展经济体制和政治体制改革，提高国家治理水平，强化对权力的制约和监督，加强党风廉政建设和反腐败斗争，政府审计机关需要吸纳更多新的审计人才；另一方面，由于国内外政治经济形势变化带来的不利影响，使各种组织机构必须强化内部治理，提高风险预警和风险控制的能力，加强内部监督，在客观上扩大了内部审计机构和民间审计组织对审计人才的需求。然而在各类审计组织需要增加人力资源时，很多时候却招聘不到令人满意的审计专业毕业生，在我国的审计市场上，出现了审计专业本科毕业生和审计市场人才短缺并存的奇怪现象，出现了“需要工作的人不是工作需要的人”的尖锐矛盾。

审计实务是审计、会计等专业的主干课之一，着力培养学习者综合运用所学的会计、审计、财务、法律等理论知识开展实务审计工作的实践能力，试图通过在学校的学习，让学生能够学到最实用的审计实务操作技能，强化对审计方法和审计技巧的基本训练，提高分析和解决会计、审计问题的基本能力，贯彻和体现“学以致用”的教学理念，使高校审计专业教学更贴近产业，满足社会对审计专业人才的需求。而编写一本实用的审计实务教材恰恰是达到上述教学目标的关键所在。

本教材编写组有多年从事会计、审计理论和实务教学，以及审计软件教学的丰富经验，在大量收集资料和多次教学实践检验的基础上，完成了本教材的编写。本教材的特色主要体现在：

1. 适时性

本教材审计资料部分按照2010年修订的中国注册会计师审计准则和一系列新修订的审计准则编写；会计资料部分以机械工业企业2017年12月的业务为例，以2017年全面营改增以后的会计准则和相关法规制度为准，设计了全套的会计原始资料和记账凭证、账簿和报表。

2. 仿真性

一方面，原始会计票据全部采用2017年以来实际工作中使用的最新样式设计，具有高仿真性；另一方面，结合被审计单位的实际情况和实际经济生活中企业常见的舞弊手段，精心设计了多项会计错报，让学生通过填写审计工作底稿发现错报，通过职业判断，识别错报类型及是否需要审计调整，最终完成各种汇总表和试算平衡表的编制，并出具审计报告。整个流程完全仿照会计师事务所的工作流程，具有高仿真性。

3. 重点突出

鉴于学生前期已经学习和实践了审计理论部分，考虑到教学学时的限制，以及应用型审计人才培养的需要，本教材重点突出实质性程序的操作。

本书由内蒙古财经大学封桂芹、赵洁担任主编，王彦东担任副主编，内蒙古财经大学15级审计3班的张利娟、郑战岭、姚宇同学，16级会计学1班（专升本）的范晓雪同学和大连外国语大学17级国际事务与国际关系专业1班的周丰同学参与了本书会计资料的编制。

由于编者水平和经验有限，书中难免存在疏漏，敬请批评指正。

编者于2018年10月

目　录
CONTENTS

第一单元　模拟实训前期资料 …… 1
一、审计主体——诚信会计师事务所（普通合伙） …… 1
二、审计客体（被审计单位）——绵阳机械股份有限公司 …… 1
三、审计业务约定书 …… 3
四、审计人员构成及分工 …… 8
五、重要性水平的确定 …… 8
六、业务循环审计程序和相应工作底稿的选择说明 …… 8

第二单元　模拟实训审计资料 …… 9
一、销售与收款循环审计 …… 9
二、购货与付款循环审计 …… 12
三、生产循环审计 …… 14
四、筹资与投资循环审计 …… 16
五、货币资金审计 …… 16

第三单元　模拟实训会计资料 …… 20
一、绵阳机械股份有限公司会计核算的相关规定 …… 20
二、2017 年 12 月 1 日公司账户余额及 1 ~ 11 月本年累计发生额 …… 21
三、财务报表 …… 28
四、总账 …… 32
五、日记账和部分明细账 …… 44
六、2017 年 12 月经济业务的记账凭证及原始凭证 …… 74

第四单元　实质性程序审计工作底稿模板 …… 209

第一单元　模拟实训前期资料

一、审计主体——诚信会计师事务所（普通合伙）

（一）基本情况

诚信会计师事务所（普通合伙）是由财政部门批准，经四川省绵阳市工商行政管理局登记注册的会计师事务所，成立于2011年8月10日。诚信会计师事务所（普通合伙）专门从事审计、验资、办理企业合并、分立、清算事项中的审计事务、财务会计顾问、税务咨询及代理服务等业务。诚信会计师事务所现有注册会计师8名，专业咨询顾问等财税专业人员15名，具备财务、会计、审计、税务、管理咨询等方面知识和经验，现有长期合作客户300余家。电话：0816－58064505，传真：0816－58064505，邮编：621000，地址：四川省绵阳市滨河南路65号，联系人：齐大胜。

（二）本次业务介绍

绵阳机械股份有限公司的主营业务为生产、加工、销售机械手和输送机。绵阳机械股份有限公司2016年以来一直和诚信会计师事务所（普通合伙）合作，2017年5月10日，事务所再次接受绵阳机械股份有限公司的委托，由注册会计师陈寒冰、王晶晶带队进行2017年会计报表年度审计业务，约定2018年3月4~12日开展审计外勤工作，在2018年4月5日之前出具审计报告，并签署了审计业务约定书。

二、审计客体（被审计单位）——绵阳机械股份有限公司

（一）公司简介

绵阳机械股份有限公司，始建于2005年5月，位于四川绵阳高新工业园区迎宾路5号，占地30亩，工厂建筑面积12 300平方米，是一家集产品生产、加工、销售为一体的制造型非上市民营企业，主要销售机械手和螺旋输送机。公司成立以来，结合国外的先进技术，一直致力于产品的开发研究、生产和销售。伴随着企业发展和技术进步，公

司计划更新生产设备，并到东莞建立分厂，需要进行融资以配合公司战略。

（二）产品及原材料介绍

（1）产品：公司主要生产输送机和机械手。

（2）原材料：公司生产产品需要耗用的原材料包括铸铁、铝锭、油漆、润滑油、电动机、电器元件、轴承、标准件、液压件等。

（三）公司生产工艺

公司设有三个基本车间和两个辅助车间。

1. 基本车间及其职能

下料车间负责将投入的铸铁和铝锭等原材料按标准进行切割，转入加工车间继续加工。本车间主要领用铸铁、铝锭等材料。

加工车间负责将下料车间转入的半成品进行打磨、焊接等加工过程，加工成半成品，之后转入组装车间进行组装。本车间主要领用标准件、扁铁丝、机油等材料。

组装车间负责将加工车间生产出的半成品，连同电动机、电器元件、液压件、标准件、轴承等进行组装，并涂上油漆、润滑油，完成产品制造。

2. 辅助车间及其职能

公司设有机修和供电两个辅助生产车间，均向公司全体部门提供服务。

（四）主要人员

法人代表（董事长）：周海洋；总经理：刘哲；财务经理：吴娟；
会计主管：张静；会计：周立为、叶华、齐凡、冯悦；出纳：李京；
采购部负责人：邵兵；销售部负责人：杨帆；法务部负责人：于浩；
企划部负责人：包亮；行政部负责人：高领；法律顾问：罡无私。

（五）主管税务机关和企业纳税人登记号

主管税务机关：绵阳国税局；统一社会信用代码：510700603468168。

公司在税务局已取得一般纳税人资格，公司销售产品的税率均为17%。

（六）企业注册资金

人民币1 280万元，人民币壹仟贰佰捌拾万元。

公司于2005年5月开始投资建厂，并于2006年12月建成投产。股东均以人民币现金出资，其中：

周海洋和冯健各出资400万元，占注册资本比例31.25%；魏建强出资480万元，占注册资本比例37.5%。

（七）银行信息（基本账户）

账号：00381208010019；开户行：中国工商银行四川分行高新分理处。

（八）其他信息

绵阳机械股份有限公司电话：0816－87500852；
联系人：刘哲；传真：0816－87500852；邮编：621000；
电子信箱：myjszz@163.com；公司网址：www.mysjgfyxgs0816.com；
公司地址：四川绵阳高新工业园区迎宾路5号
绵阳机械股份有限公司无控股子公司和参股公司。

三、审计业务约定书

审计业务约定书

甲方：绵阳机械股份有限公司
乙方：诚信会计师事务所（普通合伙）

甲方、乙方本着平等互惠的原则，在充分沟通、协商一致的基础上，按照中华人民共和国的有关法律法规，就双方合作的有关事项达成以下约定：

1. 定义（略）

2. 业务内容和业务目标

2.1　业务内容

乙方接受甲方委托，对甲方按照中国企业会计准则编制的2017年12月31日的资产负债表、2017年度的利润表、所有者权益（或股东权益）变动表和现金流量表以及财务报表附注（以下统称"财务报表"）进行审计。

2.2　业务目标

乙方通过执行审计工作，对甲方财务报表的下列方面发表审计意见：（1）财务报表是否在所有重大方面按照中国企业会计准则的规定编制；（2）财务报表是否在所有重大方面公允反映了甲方2017年12月31日的财务状况以及2017年度经营成果和现金流量。

3. 双方的责任

3.1　甲方的责任

3.1.1　根据《中华人民共和国会计法》及《企业财务会计报告条例》，甲方及甲方负责人有责任保证会计资料的真实性和完整性。因此，甲方管理层有责任妥善保存和提供会计记录（包括但不限于会计凭证、会计账簿及其他会计资料），这些记录必须真实、完整地反映甲方的财务状况、经营成果和现金流量。

3.1.2　按照中国企业会计准则的规定编制和公允列报财务报表是甲方管理层的责任，这种责任包括：（1）按照企业会计准则的规定编制财务报表，并使其实现公允反映；（2）设计、执行和维护必要的内部控制，以使财务报表不存在由于舞弊或错误而导致的重大错报。

3.1.3　及时为乙方的审计工作提供与审计有关的所有记录、文件和所需的其他信息资料（在2017年12月31日之前提供审计所需的全部资料，如果在审计过程中需要补充资料，亦应及时提供），并保证所提供资料的真实性、合法性和完整性。

3.1.4　确保乙方不受限制地接触其认为必要的甲方内部人员和其他相关人员。

3.1.5　甲方管理层同意告知乙方在审计报告日至财务报表报出日之间注意到的可能影响财务报表的事实。

3.2　乙方的责任

乙方的责任是在执行审计工作的基础上对甲方财务报表发表审计意见。乙方按照中国注册会计师审计准则（以下简称审计准则）的规定执行审计工作。审计准则要求注册会计师遵守中国注册会计师职业道德守则，计划和执行审计工作以对财务报表是否不存在重大错报获取合理保证。

4. 工作局限性

4.1　乙方开展的审计工作存在固有限制，比如财务报表审计工作的基础是甲方及第三方提供的信息和资料是真实和完整的，因此乙方的审计工作不能对审计报告获取绝对保证。由于审计和内部控制的固有限制，即使乙方已按照审计准则的规定适当地计划和执行审计工作，仍然不可避免地存在甲方财务报表的某些重大错报未被乙方发现的风险。

4.2　乙方开展的审计工作未能发现舞弊或违反法规行为导致的甲方财务报表重大错报的风险高于审计工作未能发现错误导致的错报的风险。这是因为违反法规或舞弊行为可能涉及经过策划的隐瞒行为，例如串通舞弊、伪造文件、故意漏记交易、高级管理层凌驾于控制之上或故意向乙方作出不实陈述。如果乙方认为可能存在违反法规或舞弊行为，乙方将与甲方管理层或治理层进行沟通。

4.3　保障甲方的资产安全及防止和发现舞弊、错误和违反法规行为，是甲方治理层和管理层的责任。乙方将计划审计工作，以获取甲方的财务报表不存在重大错报的合理保证，无论该错报是由于舞弊、错误还是违反法规行为导致。然而，乙方的审计工作不应被依赖用以发现可能存在的舞弊、错误或违反法规行为。

4.4　在审计过程中，乙方若发现甲方内部控制存在乙方认为值得关注的内部控制缺陷，应以书面形式向甲方治理层或管理层通报。但乙方通报的各种事项，并不代表已全面说明所有可能存在的缺陷或已提出所有可行的改进建议。甲方在实施乙方提出的改进建议前应全面评估其影响。未经乙方书面许可，甲方不得向任何第三方提供乙方出具的沟通文件。

4.5　乙方开展的审计工作系乙方依据甲方所提供的资料，按照中国有关法律法规的规定所得出的职业判断。由于乙方不能确保乙方依据对甲方所提供资料进行的理解与甲方的真实意图完全一致，因此，直接而不加选择地采用乙方提出的建议存在无法实现甲方预期目标的风险。

4.6　乙方出具的审计报告不应被视为对甲方的财务状况、经营成果和现金流量情况等的合法性和公允性提供的绝对保证。

5. 审计报告和审计报告的使用

5.1　乙方按照中国注册会计师审计准则规定的格式和类型出具审计报告。

5.2　乙方应于2018年4月5日前出具审计报告，并向甲方致送审计报告一式两份。

5.3　甲方在提交或对外公布出具的审计报告及其后附的已审计财务报表时，不得对其进行修改。当甲方认为有必要修改会计数据、报表附注和所作的说明时，应当事先通知乙方，乙方将考虑有关的修改对审计报告的影响，必要时，将重新出具审计报告。

5.4　除非特别约定，乙方的审计工作不为任何第三方而计划或实施。因此，乙方的审计报告将不会特别提及第三方可能关注的事项，且第三方也可能会就某些事项有不同评估。乙方的审计报告亦仅为约定书所述的目的而出具，甲方不应为约定书所明确约定的目的以外的其他目的而依赖或使用乙方的审计报告。乙方不对甲方或其他第三方因不当使用审计报告而导致的后果承担责任。

6. 工作底稿的所有权及有关信息的获取

6.1　乙方在审计过程中编制的与本约定书约定业务有关的工作底稿和档案（包括电子文件及档案）的所有权属于乙方。

6.2　工作底稿包含乙方与审计服务相关的机密专有技术、方法和商业秘密。除非根据中国法律、中国有关政府部门、中国司法或监管机关、中注协或地方注协的要求或经乙方事先书面同意，乙方不提供相关工作底稿信息。

6.3　如果中国国家或地方政府、司法或监管机关，包括但并不限于财政部、中国证券监督管理委员会，或中注协或地方注协，要求乙方在任何法律程序、问询、检查或调查中，或在中国财政部会计行业管理网、中国证券监督管理委员会证券服务机构监管系统和中注协行业管理系统报备与乙方为其服务或客户相关的信息的情况下，提供乙方工作底稿中的信息，甲方同意并授权乙方为遵照上述要求提供乙方工作底稿所含的甲方机密信息。

6.4　鉴于乙方根据上述6.3条款，允许检查者查阅乙方的工作底稿和提供乙方工作底稿所含的甲方机密信息，甲方同意并不因此而取得任何权利，乙方及其合伙人和员工也不对甲方承担任何由此可能产生的相应责任或义务。

6.5　如果乙方按甲方要求，或按中国政府规定、传唤或其他法律程序的要求，就此项业务，提供乙方的工作底稿或传唤乙方员工作为证人，只要乙方不是作为该程序中的一方当事人，甲方应按照中国法律规定报销乙方因此所发生的合理费用和律师费用。

7. 互联网通讯

7.1　在开展审计工作过程中，乙方可能有时以电子方式与甲方进行交流。但是正如甲方所知，电子信息的传输并不能保证安全无误，信息可能会中断、损坏、丢失、销毁、延误或不全，或因其他原因而被损害或无法安全使用。因此，虽然乙方会在以电子方式传输信息之前采取合理措施检查当时最常出现的电脑病毒，但乙方不会向甲方承担有关电子信息传输的任何责任。

8. 保密性

8.1　就本约定书约定的审计业务，双方将遵循并承诺其已遵循相关法域内所有适用的数据和隐私权保护法律法规（若有）。

8.2　除非获得甲方在约定书中的授权或其他授权，或按照中国法律法规、政府、司法或监管机关、中注协或地方注协的要求，乙方不会向第三方提供或与其讨论乙方在履行专业职责中所获取的甲方机密信息。

8.3　甲方同意，在中国法律允许的范围内，乙方可以为以下所述目的使用和披露甲方的机密信息和个人数据：(1) 为提供约定书所述服务之目的，或为因提供审计服务所附带产生的其他目的包括质量及风险管理复核；(2) 对乙方有关甲方人员具体联系方式的记录和数据库进行更新以便联系与审计或约定书相关的人员；(3) 为合法的业务目的，包括客户关系管理、客户管理、内部财务报告以及信息技术支持；(4) 在法律法规允许的情况下，在法律诉讼、仲裁中维护自己的合法权益；(5) 根据法律法规的规定，为法律诉讼、仲裁准备文件或提供证据，以及向监管机构报告发现的违法行为。乙方将确保履行相应的保密义务并确保采取所有适当的技术及组织管理保密措施，以防止未经授权或非法地披露或处理该等信息和数据。

9. 利益冲突

9.1　由于乙方为很多客户提供多种服务，因此乙方向其他公司和机构提供服务时，甲方可能会认为其中存在利益冲突。虽然乙方已有既定程序识别这些利益冲突情况，但乙方无法肯定能识别所有可能存在或可能发生的利益冲突，其中部分原因是乙方无法预料在哪些情况下甲方会认为其中有利益冲突情况。如果甲方知道或发现任何影响此项业务的利益冲突情况，甲方应告知乙方。如出现上述情况且乙方认为在实施适当程序后甲方的利益可以得到保障，乙方会与甲方讨论并商定乙方将采取的措施，以维护保密性并确保乙方向甲方提供的建议和意见是完全独立的。乙方不会为第三方的利益使用甲方的保密信息，正如乙方也不会为甲方的利益使用第三方的保密信息。

10. 收费标准和条款

10.1 作为乙方制定计划的结果，甲方和乙方一致同意根据以下条款及约定的费用，完成预定的审计服务目标。

10.2 为了实现甲方和乙方共同的目的，甲方应及时提供乙方要求的全部资料和其他有关资料。甲方也须根据双方达成的共识提供实际情况下必要和合理的工作场所和甲方员工的协助。如果由于任何原因，甲方无法提供以上资料和协助，或者乙方工作中发现资料不一致或其他异常情况，乙方将为所需要提供的额外服务而与甲方协商调整收费。以上调整将以“补充业务约定书”的形式进行约定。

10.3 如果由于无法预见的原因，致使乙方从事约定书所涉及的审计服务实际时间较约定书签订时预计的时间有明显的增加或减少时，甲方和乙方双方应通过协商，相应调整约定书所述的服务费用，并以“补充业务约定书”的形式进行约定。

10.4 乙方按照本约定书约定的审计服务内容为甲方出具的审计报告以中文作为报告文本。若甲方要求乙方提供除中文以外的其他国家文字版本，甲方和乙方应通过协商，相应调整约定书所述的服务费用，并以“补充业务约定书”的形式进行约定。

10.5 除了上述特殊情况可能导致收费的调整，乙方的收费详见“11. 收费”之规定。

11. 收费

11.1 本次审计服务的收费是以乙方各级别工作人员在本次工作中所耗费的时间为基础计算的。乙方预计本次审计服务的费用总额为人民币10万元。

11.2 甲方应在本约定书签署之日起5日内本支付约定书11.1款约定的审计服务收费的50%，剩余的50%在乙方提交审计报告之日起5日内支付。

11.3 如果由于无法预见的原因，致使从事本约定书所涉及的审计服务实际时间较本约定书签订时预计的时间有明显增加或者减少时，甲乙双方应通过协商，相应调整本部分第1项所述的审计费用。

11.4 如果由于无法预见的原因，致使乙方人员抵达甲方的工作现场后，本约定书所涉及的审计服务终止，甲方不得要求退还预付的审计费用；如果上述情况发生于乙方人员完成现场审计工作，并离开甲方的工作现场之后，甲方应另行向乙方支付人民币1万元的补偿费，该补偿费应于甲方收到乙方的收款通知之日起5日内支付。

11.5 乙方员工因开展审计服务需要而发生的差旅费、住宿费和通信费、邮费、复印和打印费等由甲方支付并承担。

12. 乙方员工及其他实体

12.1 在提供服务过程中，乙方可能会视需要酌情利用其他实体的资源，该其他实体（不论是否是公司形式）是指与乙方有关联的实体（如经济实体、网络资源等）以及它们的合伙人和员工的资源，但提供本服务仍然仅属于乙方的责任。

12.2 甲方同意不会因本服务而对其他实体或其人员提出任何索赔（不论是根据合同关系、侵权（包括过失）或其他）。任何其他的合伙人或员工就本服务而与甲方联系的行为仅代表乙方而为，乙方将为他们的前述行为向甲方负责。

12.3 甲方不会对乙方任何员工提出由本服务所产生或与本服务相关的任何针对个人的索赔（不论是根据合同关系、侵权（包括过失）或其他），但这并没有限制或排除乙方因其员工的行为或遗漏而应承担的法律责任。本条款在中国法律允许的范围内适用。

12.4　第12.2至12.3条款的规定是为乙方员工、其他实体及其合伙人和员工（统称为“受益人”）的利益而明确规定的。甲方同意，各受益人均有权引用第12.1至12.4条款，如同他们是本业务约定书的签署方。每一个同意协助提供本服务的其他视图均依据第12.1至12.4条款所提供的保障而为，乙方正式代表其接纳该条款所提供的保障。

13. 责任限制及补偿

13.1　如果由于甲方的董事、员工或代理人的舞弊行为、不实陈述或故意违约而导致的任何损失、损害、费用或支出，乙方将不承担任何法律责任。

13.2　乙方、其合伙人或员工向甲方承担的全部责任以约定书所约定的专业服务费金额为限，无论这些损失是因侵权、违约或其他原因所引起。此限制不适用于由于乙方恶意行为或欺诈行为而引起的索赔事项。

13.3　乙方对不是因乙方、其合伙人或员工过错所直接导致的损失不承担任何责任。乙方、其合伙人或员工也无义务对任何与本约定书中所约定的服务有关的间接损失、利润损失或类似损害，或未能实现的预期节支负责，无论这些损失是因侵权、违约或其他原因所引起。

13.4　如任何第三方就根据本业务约定书而提供的服务，或就甲方使用乙方根据本业务约定书而交付的任何服务成果，向乙方、其合伙人以及其他实体提出索赔，甲方应补偿并使乙方、其合伙人、员工以及其他实体免遭因此引起的任何损失、费用、损害或法律责任（或由任何第三方可能提出的诉讼），并且偿付乙方因此等诉讼或索赔而发生的所有费用和支出（包括按律师与客户之间的收费基准计算的法律费用），但最终认定因乙方及其合伙人和雇员及其他实体与本服务有关的恶意行为或欺诈行为所导致的第三方相应损失部分除外。

14. 适用法律和争议解决

14.1　本约定书的所有方面均应适用中华人民共和国法律进行解释并受其约束。

14.2　本约定书履行地为乙方出具审计报告所在地，因本约定书所引起的或与本约定书有关的任何纠纷或争议（包括关于本约定书条款的存在、效力或终止，或无效之后果），双方选择以下第　种解决方式：

（1）向有管辖权的人民法院提起诉讼；

（2）提交仲裁委员会仲裁。

15. 约定书的生效和变更、终止

15.1　本业务约定书是双方就此项业务有关的服务达成的全部协议。它替换并取代此前的任何书面或口头的建议、通信和理解。

15.2　本业务约定书自甲方、乙方各自法定代表人或获授权代表签署和盖章之日起生效，并在双方履行完毕本约定书约定的所有义务后终止。在本约定书中明示或默示的于本约定书终止后仍持续有效的条款不因本约定书终止而终止。

15.3　如果根据乙方的职业道德及其他有关专业职责、适用的法律法规或其他任何法定的要求，乙方认为已不适宜继续为甲方提供本约定书约定的审计服务时，乙方可以采取向甲方提出合理通知的方式终止履行本约定书。在终止业务约定的情况下，乙方有权就其于终止之日前对约定的审计服务项目所做的工作收取合理的审计费用。

15.4　若需要对生效的约定书的相关条款进行变更，需经双方协商一致。任何一方均不得单独变更本约定书的任何条款。

15.5　如果出现不可预见的情况，影响审计工作如期完成，或需要提前出具审计报告，甲、乙双方均可要求变更约定事项，但应及时通知对方，并由双方协商解决。

15.6　本约定书一式两份，甲、乙双方各执一份，具有同等法律效力。

16. 双方对其他有关事项的约定

甲方：绵阳机械股份有限公司
（盖章）
授权代表：周海洋（签名并盖章）
二〇一七年五月十日

乙方：诚信会计师事务所（普通合伙）
（盖章）
授权代表：齐大胜（签名并盖章）
二〇一七年五月十日

四、审计人员构成及分工

项目	编制时间（2018年）	编制人	复核时间（2018年）	复核人
销售与收款循环	3月4~6日	王晶晶	3月7日	陈寒冰
采购与付款循环	3月4~9日	吴锐	3月9日	陈寒冰
生产循环	3月4~10日	高祥、吴锐	3月11日	陈寒冰
货币资金	3月5~11日	李昊然	3月12日	陈寒冰
投资与筹资循环	3月7~9日	王晶晶	3月10日	陈寒冰

五、重要性水平的确定

由于是连续审计，该审计项目组成员根据被审计单位及其所处环境的实际情况，参考上年度确定的重要性水平，经过职业判断，确定本次审计会计报表层次的重要性水平为：按期末资产总额的0.5%确定，审计结束后按各账户的重要性水平即报表项目的0.5%作为标准，分别计入重分类分录汇总表、账项调整分录汇总表和未更正错报汇总表。

六、业务循环审计程序和相应工作底稿的选择说明

本教材只安排实质性程序的审计工作底稿的填制，未包含初步业务活动、风险评估、控制测试阶段审计程序的执行和工作底稿的填制，业务完成阶段的工作底稿也只是放入了试算平衡表、账项调整分录汇总表、重分类分录汇总表、未调整不符事项汇总表和审计报告。

在进行业务循环实质性审计程序的选择时，该审计项目组根据被审计单位的实际情况，参考上年度审计过程，考虑确定的两个层次的重要性水平和审计风险控制的要求，经过职业判断，从可供选择的审计程序中选取了部分审计程序执行，并相应列示了应填制的审计工作底稿模板。

第二单元　模拟实训审计资料

一、销售与收款循环审计

（一）“主营业务收入”审计业务相关资料

1. 2017 年 1～11 月营业收入、营业成本明细表

月份	主营业务收入			主营业务收入合计	主营业务成本	其他业务收入	营业收入合计
	1. 高密度机械手	2. 螺旋输送机	3. 注塑机械手			设备安装	
1	2 699 832.00	1 536 000.00	3 398 097.60	7 633 929.60	6 397 233.00	158 400.00	7 792 329.60
2	4 049 748.00	921 600.00	3 692 390.40	8 663 738.40	7 320 858.50	95 040.00	8758 778.40
3	1 349 916.00	2 304 000.00	3 741 670.80	7 395 586.80	6 175 315.00	237 600.00	7 633 186.80
4	1 619 899.20	768 000.00	1 603 573.20	3 991 472.40	3 440 649.20	79 200.00	4 070 672.40
5	3 779 764.80	614 400.00	3 370 719.60	7 764 884.40	6 538 032.60	221 760.00	7 986 644.40
6	1 079 932.80	2 150 400.00	3 899 768.40	7 130 101.20	6 096 236.00	174 240.00	7 304 341.20
7	4 319 731.20	1 689 600.00	2 983 341.60	8 992 672.80	7 657 260.80	142 560.00	9 135 232.80
8	1 889 882.40	1 382 400.00	2 492 622.00	5 764 904.40	4 784 870.00	47 520.00	5 812 424.40
9	809 949.60	460 800.00	3 877 866.00	5 148 615.60	4 369 115.00	110 880.00	5 259 495.60
10	2 969 815.20	1 075 200.00	3 927 146.40	7 972 161.60	6 935 780.50	253 440.00	8 225 601.60
11	2 429 848.80	2 457 600.00	2 465 244.00	7 352 692.80	6 117 440.40	63 360.00	7 416 052.80
1～11	26 998 320.00	15 360 000.00	35 452 440.00	77 810 760.00	65 832 791.0	1 584 000.00	79 394 760.00

2. 2016年度各月销售情况汇总表

会计科目	1月	2月	3月	4月	5月	6月	7月	8月	9月	10月	11月	12月	1~12月
主营业务收入	2 760 000	3 720 000	2 623 200	5 616 000	4 920 000	3 984 000	4 800 000	4 690 800	3 584 400.00	4 596 000	4 818 720	5 058 900	51 172 020.00
主营业务成本	2 318 400	3 150 840	2 190 372	4 857 840	4 157 400	3 418 272	4 087 200	3 893 364	3 041 721.50	3 975 540	4 009 175	4 249 470	43 349 594.50

3. 2018年1月部分收入情况汇总表

记账日期	凭证编号	客户名称	货物名称	营业收入	增值税额	发票内容					发货记录			
						编号	日期	单价	数量	金额	日期	名称	数量	金额
3日	转5	西安钱多多	GL型螺旋输送机	576 000	97 920	N034689069	2018.01.02	2 880	200	576 000	2018.01.03	GL型螺旋输送机	200	576 000
8日	转10	红光建筑	LSY型螺旋输送机	140 000	23 800	N034689070	2018.01.05	2 800	50	140 000	2018.01.08	LSY型螺旋输送机	50	140 000
12日	转12	贵港港务公司	XYS760-P型注塑机械手	230 000	39 100	N034689071	2018.01.12	2 300	100	230 000	2018.01.12	XYS760-P型注塑机械手	100	230 000

（二）“应收及预付款项”审计业务相关资料

（1）应收、预付款项的账龄均为1年以内。

（2）应收、预付款项均按余额的10%计提坏账准备。

（3）被审计单位绵阳机械股份有限公司与客户（应收、预付款项的明细账单位）关系均为非关联方。

（4）应收票据详细情况：

①全部应收票据均为商业承兑汇票，出票人和承兑人均为付款人，汇票无逾期、质押及期后转销情况，期末对商业汇票已经进行盘点，盘点结果账实相符；审计期间未就商业汇票内容向出票人进行函证。

②以红光建筑为出票人的商业承兑汇票系2017年11月1日出票承兑、60天到期（2017年12月30日）、票面金额为10 680元的商业承兑汇票，因公司急需资金于2017年12月20日向开户银行贴现，该笔款项在到期日已由红光建筑兑付给工行高新分理处。

③应收票据——庆阳五金期初数529 320.00元为庆阳五金公司2017年10月10日出票承兑、5个月到期（2018年3月10日）、票面金额为529 320.00元的商业承兑汇票。

（5）应收账款函证情况（函证信略）：

应收账款发函、回函情况记录

	星星机械		皮皮虾造船		老铁钢材		云南超越	
发函时间	第一次	第二次	第一次	第二次	第一次	第二次	第一次	第二次
	2018.03.04		2018.03.04		2018.03.04		2018.03.04	2018.03.12
发函人	高祥		高祥		高祥		高祥	高祥
函证方式	积极式		积极式		积极式		积极式	积极式
信函编号	1		2		3		4	5
回函时间	2018.03.09		2018.03.10		2018.03.09			
回函结果	截至2018.12.31，与绵阳机械股份有限公司的往来账余额为零		核对相符		核对相符		未回函	未回函
账面余额	538 200元		594 720元		624 000元		810 810元	

（6）预付账款函证情况（函证信略）：

预付账款发函、回函情况记录

	成都康迈		东莞电机	
发函时间	第一次	第二次	第一次	第二次
	2018.03.04		2018.03.04	
发函人	高祥		高祥	
函证方式	积极式		积极式	
信函编号	1		2	
回函时间	2018.03.09		2018.03.10	
回函结果	核对相符		截至2018年12月31日，我公司预收贵公司货款余额为零。我公司已于12月28日发货，价值780 000元。	
账面余额	20 940元		696 128元	

注：后经检查，证明企业于12月30日收到价值780 000元的货物（1 200台×650元/台=780 000元），未收到发票账单，已验收入库（入库单略），但未做暂估入账处理。

二、购货与付款循环审计

1. “固定资产”及“累计折旧”审计相关资料

固定资产监盘结果

盘点时间：2018. 03. 10　　　　盘点人员：王晶晶、吴锐、高祥

使用部门	固定资产类别	固定资产名称	计量单位	数量
下料车间	房屋建筑物	厂房	栋	1
	机器设备	切割机	台	20
		剪板机	台	15
	电子产品	电脑	台	2
	办公设备	考勤机	台	1
		打印机	台	1
加工车间	房屋建筑物	厂房	栋	1
	机器设备	数控车床	台	12
		冲压机	台	5
		高频焊机	台	20
	电子产品	电脑	台	2
	办公设备	考勤机	台	1
装配车间	房屋建筑物	厂房	栋	1
	机器设备	电动扳手	个	80
		输送机	台	60
		电烙铁	个	100
		电钻	个	80
	电子产品	电脑	台	2
	办公设备	考勤机	台	1
机修车间	房屋建筑物	厂房	栋	1
	交通工具	汽车	辆	5
	机器设备	铸机	台	8
		磨床	台	3
	办公设备	考勤机	台	2
		打印机	台	2
		传真机	台	1
		饮水机	台	2
		办公桌椅	套	5

续表

使用部门	固定资产类别	固定资产名称	计量单位	数量
供电车间	房屋建筑物	厂房	栋	1
	交通工具	汽车	辆	5
	电子产品	仪表	个	10
	机器设备	配电室设备	台	5
		供电系统	台	2
	办公设备	考勤机	台	1
行政管理部门	房屋建筑物	办公楼	栋	1
	办公设备	考勤机	台	5
		打印机	台	30
		传真机	台	5
		饮水机	台	30
		摄像机	台	2
		投影仪	台	5
		保险柜	个	2
		办公桌椅	套	50
		文件柜	个	100
		其他	—	—
	电子产品	电脑	台	30
	交通工具	汽车	辆	6
销售部门	房屋建筑物	办公楼	栋	1
	电子产品	电脑	台	2
	办公设备	考勤机	台	2
		打印机	台	2
		传真机	台	1
	交通工具	汽车	辆	1
	销售部门小计	—	—	—
出租	交通工具	汽车	辆	1
全部合计	—	—	—	—

2. “应付账款”审计相关资料

在存货盘点中，发现一笔从东莞电机公司采用预付款方式购买的电机 1 200 台，每台 650 元，公司已于 12 月 30 日收到货物并已验收入库（入库单略），但未收到发票账单，公司未做暂估入账处理。

3. 应付票据明细资料

应付票据明细资料

2017 年 12 月 31 日

票据类别	票据关系人			出票日期	票面金额	到期日期	备注
	出票人	承兑人	收款人				
银行承兑	绵阳机械股份有限公司	工商银行高新分理处	老铁钢材股份有限公司	2016. 10. 10	139 200	2017. 01. 10	不带息
商品承兑	绵阳机械股份有限公司	绵阳机械股份有限公司	老铁钢材股份有限公司	2017. 12. 14	1 409 550	2018. 03. 14	不带息
商品承兑	绵阳机械股份有限公司	绵阳机械股份有限公司	重庆铸铁股份有限公司	2017. 12. 18	322 920	2018. 06. 18	不带息

三、生产循环审计

“存货”审计相关资料如下：

（1）为节约人力成本，减少重复工作和对被审计单位正常生产经营活动的影响，经与绵阳机械股份有限公司管理层沟通，结合绵阳机械股份有限公司年末存货盘点工作安排，现制订下列存货监盘计划。

存货监盘计划（简化格式）

一、存货监盘的目标、范围及时间安排

存货监盘的目的是为了获取绵阳机械股份有限公司资产负债表日有关存货数量和状况的审计证据。监盘的范围截至盘点日企业拥有的全部存货。具体监盘时间为 2017 年 12 月 31 日。

二、存货的要点及关注的事项

由于企业的主要存货有：原材料、辅助材料、周转材料、库存商品及在产品，种类较多，盘点工作量大，请相关部门提前做好各项准备工作。

三、参与盘点人员的分工

盘点工作共组成五个小组，分别负责五类存货的盘点工作。每小组由一名注册会计师负责监盘。

四、检查存货的范围

根据监盘的结果，决定抽查其中的 20%，包括在公共仓库和外单位寄销的部分产成品。

（2）存货盘点（监盘）结果汇总表：

存货盘点（监盘）结果汇总表

2017 年 12 月 31 日

存货种类及名称	计量单位	12 月 31 日账面结存	实际结存
库存商品：			
数控高密度机械手	台		1 875
螺旋输送机——LSY 型	台		2 070
螺旋输送机——GL 型	台		120
注塑机械手——AXV450RT	台		150
注塑机械手——XYS760 - P	台		440
原材料：			
液压件	件		600
润滑油	升		3 000
电器元件	件		1 050
标准件	件		0
轴承	个		14 000
铸铁	吨		290
铝锭	吨		56
电动机	台		2 547
油漆	升		228
辅助材料：			
扁铁丝——20#	公斤		2 500
扁铁丝——16#	公斤		750
照明设备	个		45
机油	升		2 700
周转材料：			
工作服	套		203
工作鞋	双		65
手套	付		457
包装纸箱——55cm × 70cm	个		36
包装纸箱——80cm × 100cm	个		30

根据盘点记录和监盘情况，注册会计师对 XYS760 - P 型注塑机械手、电动机、液压件、镀锌铁丝 20#、工作服 5 种存货进行了抽查盘点，盘点结果与监盘结果相等。

四、筹资与投资循环审计

（1）筹资业务——银行借款明细资料。

银行借款明细资料

2017 年 12 月 31 日

本金	借款日期	还款日期	利率	其他借款条件	抵（质）押品、/担保人	备注	用途
2 000 000	2014. 09. 01	2018. 09. 01	5%	信用借款	无	年付息	在建工程
2 747 200	2015. 07. 01	2020. 07. 01	3%	信用借款	无	年付息	经营周转
936 000	2017. 10. 01	2018. 04. 01	6%	信用借款	无	季付息	流动资金
3 084 000	2017. 07. 01	2018. 03. 01	6%	信用借款	无	一次还本付息	流动资金

（2）投资：交易性金融资产期初余额 245 000. 00 元全部为 7 元/股购买的 35 000 股“三一重工”公司股票的初始投资成本。

五、货币资金审计

（一）“库存现金”审计相关资料

（1）账面记录情况：

3 月 4 日账面余额为 21 940 元。盘点日未入账的支出凭证 3 张，金额 5 830 元，其中：一张未经相关人员批准的借据 3 000 元；2 张付款凭单金额 2 830 元。盘点日未入账的收入凭证 2 张，金额 2 696. 00 元。

据账面记录：2018 年 1 月 1 日 ~3 月 5 日收入库存现金 55 161. 00 元。

2018 年 1 月 1 日 ~3 月 5 日支出库存现金 42 895. 00 元。

（2）库存现金盘点情况：

盘点时间：2018 年 3 月 5 日下午 5 点。

参加人员：财务经理：吴娟，出纳员：李京，注册会计师：王晶晶、高祥，复核人：陈寒冰。

盘点结果：库存现金实存 18 806. 00 元；其中：100 元 165 张，50 元 32 张，10 元 53 张，5 元 33 张，1 元 11 张（枚）。

（二）“银行存款”审计相关资料

1. 函证银行存款

银行询证函

中国工商银行四川分行高新分理处：　　　　　　　　　　　　　　编号：1

本公司聘请的诚信会计师事务所（普通合伙）正在对本公司2017年度财务报表进行审计，按照中国注册会计师审计准则的要求，应当询证本公司与贵行的存款、借款往来等事项。下列数据出自本公司账簿记录，如与贵行记录相符，请在本函下端“信息证明无误”处签章证明；如有不符，请在“信息不符”处列明不符项目。如存在与本公司有关的未列入本函的其他项目，请在“数据不符”处列出这些项目的金额及详细资料。有关询证费用可直接从本公司××存款账户中收取。回函请直接寄至诚信会计师事务所（普通合伙）。

回函地址：四川省绵阳市滨河南路65号

邮编：621000　电话：0816－58064505　传真：0816－58064505　联系人：齐大胜

截至2017年12月31日，本公司银行存款、借款账户余额等列示如下：

（1）银行存款。

账户名称	银行账号	币种	利率	余额	起止日期	是否被抵押或质押或其他限制	备注
绵阳机械股份有限公司	00381208010019	人民币		3 465 621.56	活期	否	基本账户

除以上所述，本公司并无其他在贵行的存款。

（2）银行借款。

账户名称	币种	本息余额	借款日期	还款日期	利率	其他借款条件	抵（质）押品、/担保人	备注
绵阳机械股份有限公司	人民币	2 000 000	2014.09.01	2018.09.01	5%	信用借款	无	年付息
绵阳机械股份有限公司	人民币	2 747 200	2015.07.01	2020.07.01	3%	信用借款	无	年付息
绵阳机械股份有限公司	人民币	936 000	2017.12.01	2018.06.01	6%	信用借款	无	季付息
绵阳机械股份有限公司	人民币	3 084 000	2017.07.01	2018.03.01	6%	信用借款	无	一次还本付息

除以上所述，本公司并无其他自贵行的银行借款。

除以上所述，本公司并无其他截至函证日止的一个年度内已注销的账户。

（公司盖章）

2018 年 3 月 5 日

结论：	
1. 信息证明无误	2. 信息不符，请列明不符项目及具体内容（其他未在本函列出的项目，请列出金额及详细资料）。
（银行盖章）	（银行盖章）
2018 年 3 月 9 日	年　月　日
经办人：张朝阳	经办人：

2. 2017 年 12 月银行对账单

中国工商银行对账单

编号：　　2017 年 12 月 31 日

邮编：621000　　地址：绵阳高新工业园区迎宾路 5 号　　页数：1/1

户名：绵阳机械股份有限公司　　账号：00381208010019　　货币：CNY

序号	2017 年		结算号	摘要	借方（支出）	贷方（收入）	余额
	月	日					
1	12	5	川国电缴 No20171302653802			321 000.00	1 458 000.00
2	12	6	付款回单 925673205			27 600.00	1 430 400.00
3	12	6	证券资金存取委托书			175 000.00	1 255 400.00
4	12	7	收款回单：85673219		25 000.00		1 280 400.00
5	12	8	付款回单 925673220			6 000.00	1 274 400.00
6	12	8	付款回单 925673223			50.00	1 274 350.00
7	12	8	转账支票 27344568			772 200.00	502 150.00
8	12	8	转账支票 27344569 电汇凭证（回单）			5 829.00	496 321.00
9	12	11	付款回单 924323268 付款回单 924323269			17 000.00	479 321.00
10	12	11	转账支票 27344570 转账支票 27344571			12 000.00	467 321.00
11	12	12	收款回单 85673235		732 432.00		1 199 753.00

续表

序号	2017 年		结算号	摘要	借方（支出）	贷方（收入）	余额
	月	日					
12	12	12	转账支票 27344572			11 700. 00	1 188 053. 00
13	12	13	付款回单 924323275			210 600. 00	977 453. 00
14	12	13	收款回单 85673246		1 462 500. 00		2 439 953. 00
15	12	13	转账支票 27344573			11 700. 00	2 428 253. 00
16	12	14	付款回单 925673227			14 000. 00	2 414 253. 00
17	12	15	现金支票 23344520			180 000. 00	2 234 253. 00
18	12	15	转账支票 23344574			2 000. 00	2 232 253. 00
19	12	18	现金缴款单		12 500. 00		2 244 753. 00
20	12	18	收款回单 85673326		374 400. 00		2 619 153. 00
21	12	20	电汇凭证（回单）			54 000. 00	2 565 153. 00
22	12	20	电汇凭证（回单）			10 000. 00	2 555 153. 00
23	12	21	贴现凭证（收账通知）		10 445. 04		2 565 598. 04
24	12	21	存（贷）款计息利息回单		4 200. 00		2 569 798. 04
25	12	21	电汇凭证（回单）			67 860. 00	2 501 938. 04
26	12	21	电汇凭证（回单）			33 920. 00	2 468 018. 04
27	12	22	付款回单 925673235			33 200. 00	2 434 818. 04
28	12	22	付款回单 925673264			50 000. 00	2 384 818. 04
29	12	25	收款回单 85673435		1 013 779. 20		3 398 597. 24
30	12	25	收款回单 85673436		808 704. 00		4 207 301. 24
31	12	26	贷款利息回单			14 040. 00	4 193 261. 24
32	12	28	收款回单 85673468		14 208. 00		4 207 469. 24
33	12	31	付款回单 925673411			182 407. 68	4 025 061. 56
34	12	31	付款回单 925673436			559 440. 00	3 465 621. 56
	12			本月合计	4 458 168. 24	2 771 546. 68	3 465 621. 56

第三单元　模拟实训会计资料

一、绵阳机械股份有限公司会计核算的相关规定

（1）账务处理程序。

公司采用科目汇总表式的账务处理程序，总分类账根据科目汇总表填列，每月汇总登记一次。

（2）成本核算。

①基本生产成本的核算。

公司生产所需原材料随加工进度陆续投入，加工费用陆续发生。成本核算采用综合结转分步法，半成品按实际成本综合结转，管理上不要求进行成本还原。下料车间负责将投入的铸铁和铝锭等原材料按标准进行切割后，直接转入加工车间继续加工；加工车间负责将下料车间转入的半成品进行打磨、焊接等加工，加工成半成品之后转入装配车间，与其他零部件一起装配成完工成品。

期末在产品与产成品之间按约当产量法进行费用分配，销售产品按其销售数量采用全月一次加权平均法结转已销产品销售成本。

②辅助生产成本的核算采用顺序分配法。辅助生产车间的间接费用，直接计入辅助生产成本，不单独设置制造费用账户进行核算。

③制造费用的核算。

基本生产车间的制造费用，以车间作为设置明细分类账的标准，进行明细分类核算。

（3）公司记账本位币为人民币，基本户开户银行核定的库存现金限额为20 000元。

（4）应收账款、其他应收款、预付账款采用备抵法核算坏账损失，坏账准备的计提采用账龄分析法，账龄≤1年的，计提10%；1年＜账龄≤2年的，计提20%；2年＜账龄≤3年的，计提50%。公司全部应收及预付款项的账龄均为1年以内。

（5）存货类数量金额式明细账中，原材料、辅助材料、周转材料按计划成本计价，各种材料统一计算和使用一个材料成本差异率；产成品和在产品按实际成本计价，产品销售时采用全月一次加权平均法计算结转销售成本。

（6）固定资产折旧计提方法。

公司固定资产分为房屋建筑物、机器设备、办公设备、电子产品、交通工具这五大

类，折旧年限分别为20年、10年、5年、3年、4年，预计净残值率均为5%，均采用年限平均法计提折旧。

（7）无形资产中的专利权和专有技术按照10年的摊销期限，采用直线法进行摊销。

（8）长期待摊费用的摊销年限为2.5年。

（9）职工出差执行国家公务人员出差补贴标准，每日含市内交通费和伙食补助共180元。

二、2017年12月1日公司账户余额及1~11月本年累计发生额

（一）2017年12月1日资产负债表账户余额

2017年12月1日资产负债表账户余额表

货币资金	1 832 000.00	流动负债：	
其中：库存现金	19 000.00	短期借款	4 020 000.00
银行存款（基本户）	1 779 000.00	应付票据——老铁钢材股份有限公司	139 200.00
其他货币资金	34 000.00	应付账款	9 425 400.00
交易性金融资产（股票成本）	245 000.00	其中：老铁钢材股份有限公司	9 383 900.00
应收票据（红光建筑10 680　庆阳五金529 320）	540 000.00	成都五羊电器元件有限公司	41 500.00
应收账款	1 149 600.00	预收账款	5 147 640.00
其中：石乐志物流有限公司	38 000.00	其中：土创建筑集团	5 147 640.00
凉凉家具厂	300 000.00	应付职工薪酬	3 216 000.00
皮皮虾造船厂	187 600.00	应交税费	339 630.00
老铁钢材股份有限公司	624 000.00	其中：未交增值税	300 000.00
其他应收款	28 200.00	应付利息	9 360
其中：职工白浅	5 000.00	其他应付款	401 040.00
代职工垫付款	23 200	流动负债合计	22 698 270.00
预付账款	3 720 000.00		
其中：邯郸市康迈液压器材有限公司	720 000.00	长期负债：	
门捷列夫第二矿场	3 000 000.00	长期借款	4 747 200.00
坏账准备	-489 780.00	应付债券	1 226 400.00
存货	30 875 644.00	其他长期负债	0.00
其中：材料采购——铝锭	236 880.00	长期负债合计	5 973 600.00
原材料	17 517 780.00		

续表

周转材料	105 000.00	负债合计	28 671 870.00
材料成本差异	563 604.00		
库存商品	7 388 880.00		
委托加工物资	36 000.00		
生产成本	4 878 700.00		
发出商品	148 800.00		
存货跌价准备	-157 680.00		
长期股权投资：	0.00		
长期待摊费用	263 600.00		
固定资产：	0.00		
固定资产原价	84 804 000.00		
减：累计折旧	-58 555 200.00		
固定资产净值	26 248 800.00		
减：固定资产减值准备	-1 509 600.00		
固定资产净额	24 739 200.00		
工程物资	207 000.00		
在建工程	740 666.00	所有者权益	
在建工程减值准备	0.00	实收资本	6 000 000.00
固定资产清理	0.00	资本公积	1 320 000.00
固定资产合计	25 686 866.00	盈余公积	7 960 518.00
无形资产（专利权）	273 600.00	未分配利润	20 014 662.00
无形资产减值准备	0.00	所有者权益合计	35 295 180.00
无形资产及其他资产合计	273 600.00		
资产总计	63 967 050.00	负债及所有者权益合计	63 967 050.00

（二）2017 年 1~11 月利润表账户本年累计发生额 +12 月的业务 =2017 年度利润表

2017 年 1~11 月利润表账户本年累计发生额

主营业务收入	77 810 760
主营业务成本	46 728 000
主营业务税金及附加	13 203 831.48
其他业务收入	1 584 000

续表

其他业务支出	487 002.036
营业费用	513 600
管理费用	6 756 000
财务费用	8 148 000
投资收益	10 872 000
营业外收入	1 143 136.2
营业外支出	621 850.92
税前利润	14 951 611.76
所得税费用 利润总额×25%	3 737 902.94

注：本企业采用账结法，1～11 月的利润总额已经计入 11 月 30 日资产负债表的“利润分配”项目中。

（三）其他部分明细账 2017 年 12 月期初余额

原材料、辅助材料明细账余额

2017 年 12 月 1 日

材料名称	规格、型号	单位	结存数量	计划单价（元）	结存余额（元）
铝锭		吨	415	5 280	2 191 200
铸铁		吨	1 050	1 160	1 218 000
电动机		台	2 850	640	1 824 000
润滑油		升	7 500	280	2 100 000
电器元件		件	1 500	1 520	2 280 000
油漆		升	6 528	100	652 800
液压件		件	1 200	2 017.6	2 421 120
标准件		件	225	4 800	1 080 000
轴承		件	15 000	184.4	2 766 000
原材料小计					16 533 120
照明设备	210mm×320mm	个	75 个	1 840	138 000
扁铁丝	20#	公斤	1 500	3.04	4 560
	16#	公斤	750	2.8	2 100
机油	美孚 1# 4L	升	3 000	280	840 000
辅助材料小计					984 660
合 计					17 517 780

周转材料明细账余额

2017 年 12 月 1 日

材料类别	材料名称	规格、型号	结存数量	计划单价（元）	结存余额（元）
低值易耗品	劳动保护品	工作服	450 套	160	72 000
		工作鞋	300 双	54.4	16 320
		手套	750 付	12	9 000
包装物	包装纸箱	55cm × 70cm	180 个	36	6 480
		80cm × 100cm	30 个	40	1 200
	合计				105 000

库存商品明细账余额

2017 年 12 月 1 日

商品编号	商品名称	规格、型号	结存数量（台）	单位成本（元）	结存余额（元）
101	1. 数控高密度机械手		525	2 800	1 470 000
201	2. 螺旋输送机	LSY 型	390	2 480	967 200
202		GL 型	600	2 632	1 579 200
301	3. 注塑机械手	AXV450RT	750	3 040	2 280 000
302		XYS760 – P	640	1 707	1 092 480
合计		—	—	—	7 388 880

“生产成本”明细账期初余额

2017 年 12 月 1 日　　单位：元

	直接材料		直接人工		制造费用		合计		
车间	数控高密度机械手	螺旋输送机 LSY 型	数控高密度机械手	螺旋输送机 LSY 型	数控高密度机械手	螺旋输送机 LSY 型	数控高密度机械手	螺旋输送机 LSY 型	小计
下料车间	1 848 780	1 232 397	61 626	41 079.9	143 794	82 159.8	2 054 200	1 369 330	3 423 530
加工车间	733 720.92	489 272.99	6 070.08	4 047.76	18 969	12 649.25	758 760	505 970	1 264 730
装配车间	109 620.48	73 201.92	1 712.82	1 143.78	2 854.7	1 906.3	114 188	76 252	190 440
合 计	2 692 121.4	1 794 871.91	69 408.9	46 271.44	165 617.7	96 715.35	2 927 148	1 951 552	4 878 700

各车间产量记录

2017 年 12 月 31 日　　单位：台

产量车间	期初在产品		本月投产		本月完工		月末在产品		完工程度
	数控高密度机械手	螺旋输送机 LSY 型	数控高密度机械手	螺旋输送机 LSY 型	数控高密度机械手	螺旋输送机 LSY 型	数控高密度机械手	螺旋输送机 LSY 型	
下料车间	3 000	2 000	4 385	3 200	4 822	3 400	2 563	1 800	投料 100% 加工 50%
加工车间	496	310	4 822	3 400	2 495	1 990	2 823	1 720	投料 100% 加工 50%
装配车间	45	29	2 495	1 990	1 800	1 336	740	683	投料 100% 加工 50%

固定资产减值准备明细账余额

2017 年 12 月 1 日

车间	类别	原值	减值金额
下料车间	机器设备	12 180 000	504 996. 65
加工车间	机器设备	7 760 000	321 738. 42
装配车间	机器设备	6 840 000	283 594. 18
机修车间	机器设备	4 160 000	172 478. 33
供电车间	机器设备	5 470 000	226 792. 42
合计	—	36 410 000	1 509 600. 00

分类别固定资产明细表

类别	原值	预计使用年限
房屋建筑物	43 290 000	20
机器设备	36 410 000	10
电子产品	269 360	3
交通工具	1 540 640	4
办公设备	3 294 000	5

固定资产明细账余额

使用部门	固定资产类别	固定资产名称	计量单位	数量	固定资产原值	原值合计	预计使用年限（年）
下料车间	房屋建筑物	厂房	栋	1	8 860 000	8 860 000	20
	机器设备	切割机	台	20	7 308 000	12 180 000	10
		剪板机	台	15	4 872 000		
	电子产品	电脑	台	2	10 000	10 000	3
	办公设备	考勤机	台	1	10 000	14 000	5
		打印机	台	1	4 000		
	下料车间小计	—	—	—	—	21 064 000	—
加工车间	房屋建筑物	厂房	栋	1	6 220 000	6 220 000	20
	机器设备	数控车床	台	12	3 960 000	7 760 000	10
		冲压机	台	5	1 500 000		
		高频焊机	台	20	2 300 000		
	电子产品	电脑	台	2	10 000	10 000	3
	办公设备	考勤机	台	1	10 000	10 000	5
	加工车间小计	—	—	—	—	14 000 000	—
装配车间	房屋建筑物	厂房	栋	1	4 890 000	4 890 000	20
	机器设备	电动扳手	个	80	680 000	6 840 000	10
		输送机	台	60	6 000 000		
		电烙铁	个	100	90 000		
		电钻	个	80	70 000		
	电子产品	电脑	台	2	10 000	10 000	3
	办公设备	考勤机	台	1	10 000	10 000	5
	装配车间小计	—	—	—	—	11 750 000	—
机修车间	房屋建筑物	厂房	栋	1	2 900 000	2 900 000	20
	交通工具	汽车	辆	5	500 000	500 000	4
	机器设备	铸机	台	9	3 240 000	4 160 000	10
		磨床	台	3	920 000		
	办公设备	考勤机	台	2	22 000	260 000	5
		打印机	台	2	12 000		
		传真机	台	1	20 000		
		饮水机	台	2	20 000		
		办公家具	件	5	186 000		
	机修车间小计	—	—	—	—	7 820 000	—

续表

使用部门	固定资产类别	固定资产名称	计量单位	数量	固定资产原值	原值合计	预计使用年限（年）
供电车间	房屋建筑物	厂房	栋	1	5 545 000	5 545 000	20
	交通工具	汽车	辆	5	350 000	350 000	4
	电子产品	仪表	个	10	5 000	5 000	3
	机器设备	配电室设备	台	5	3 000 000	5 470 000	10
		供电系统	台	2	2 470 000		
	办公设备	考勤机	台	1	10 000	10 000	5
	供电车间小计	—	—	—	—	11 380 000	—
行政管理部门	房屋建筑物	办公楼	栋	1	11 575 000	11 575 000	20
	办公设备	考勤机	台	5	50 000	2 940 000	5
		打印机	台	30	180 000		
		传真机	台	5	100 000		
		饮水机	台	30	300 000		
		摄像机	台	2	100 000		
		投影仪	台	5	50 000		
		保险柜	个	2	200 000		
		办公桌椅	套	50	1 500 000		
		文件柜	个	100	200 000		
		其他	—	—	260 000		
	电子产品	电脑	台	30	224 360	224 360	3
	交通工具	汽车	辆	5	440 640	440 640	4
	管理部门小计	—	—	—	—	15 180 000	—
销售部门	房屋建筑物	办公楼	栋	1	3 300 000	3 300 000	20
	电子产品	电脑	台	2	10 000	10 000	3
	办公设备	考勤机	台	2	20 000	50 000	5
		打印机	台	2	10 000		
		传真机	台	1	20 000		
	交通工具	汽车	辆	1	50 000	50 000	4
	销售部门小计	—	—	—	—	3 410 000	—
出租	交通工具	汽车	辆	1	200 000	200 000	4
全部合计	—	—	—	—	—	84 804 000	—

（二）2017年报表

资产负债表

编制单位：绵阳股份有限公司　　2017年12月31日　　单位：元

资产	期末数	年初数	负债和所有者权益	期末数	年初数
流动资产：			流动负债：		
货币资金	3 360 736.56	1 648 800.00	短期借款	4 020 000.00	3 618 000.00
以公允价值计量且其变动计入当期损益的金融资产	441 650.00	220 500.00	以公允价值计量且其变动计入当期损益的金融负债		
应收票据	3 106 520.00	486 000.00	应付票据	1 871 670.00	125 280.00
应收账款	2 310 957.00	931 176.00	应付账款	9 523 712.00	8 482 860.00
预付账款	645 361.20	3 013 200.00	预收账款	5 147 640.00	4 632 876.00
应收利息			应付职工薪酬	5 203 533.03	2 894 400.00
应收股利			应交税费	503 160.19	305 667.00
其他应收款	27 512.01	22 842.00	应付利息	—	8 424.00
存货	32 444 479.60	27 646 167.60	应付股利	—	
一年内到期的非流动资产			其他应付款	401 040.00	360 936.00
其他流动资产			一年内到期的非流动负债		
流动资产合计	42 337 216.37	33 968 685.60	其他流动负债		
非流动资产：			流动负债合计	26 670 755.22	20 428 443.00
以摊余成本计量的金融资产			非流动负债：		
以公允价值计量且其变动计入当期损益其他综合收益的金融资产			长期借款	4 929 616.00	4 272 480.00
长期应收账款			应付债券	1 299 984.00	1 103 760.00
长期股权投资		5 573 200.00	专项应付款	—	
投资性房地产			预计负债	250 000.00	
固定资产	24 424 243.42	16 692 080.00	递延所得税负债		
在建工程	1 043 649.63	666 599.40	其他非流动负债		5 376 240.00
工程物资	207 000.00	186 300.00	其他长期负债		
固定资产清理			非流动负债合计	6 479 600.00	5 376 240.00
油气资产			负债合计	33 150 355.22	25 804 683.00
无形资产	303 053.33	246 240.00	所有者权益：		

续表

资产	期末数	年初数	负债和所有者权益	期末数	年初数
开发支出			实收资本（或股本）	6 000 000.00	5 400 000.00
商誉			资本公积	1 320 000.00	1 188 000.00
长期待摊费用	254 813.33	237 240.00	减：库存股		
递延所得税资产			其他综合收益		
其他非流动资产			盈余公积	10 795 055.42	7 164 466.20
非流动资产合计	26 232 759.71	23 601 659.40	未分配利润	17 304 565.44	18 013 195.80
			所有者权益合计	35 419 620.86	31 765 662.00
资产总计	68 569 976.08	57 570 345.00	负债及所有者权益合计	68 569 976.08	57 570 345.00

利润表

编制单位：绵阳股份有限责任公司　　　　2017 年 12 月　　　　单位：元

项目	上年数	本年数
一、营业收入	74 753 900.00	86 902 240.00
减：营业成本	45 895 450.40	53 471 486.44
税金及附加	11 485 673.60	13 234 503.88
销售费用	558 642.30	648 992.00
管理费用	6 256 810.20	7 263 734.20
财务费用	7 240 953.50	8 317 398.56
资产减值损失	-53 308.32	-85 243.31
加：公允价值变动收益（损失以“-”号填列）	28 355.60	40 150.00
投资收益（损失以“-”号填列）	9 238 465.50	871 882.08
其中：对联营单位和合营企业投资收益		
二、营业利润（亏损以“-”号填列）	12 636 499.42	14 963 400.31
减：营业外收入	758 920.50	11 151 436.20
加：营业外支出	628 460.00	891 650.31
三、利润总额（亏损以“-”号填列）	12 766 959.92	15 223 186.20
减：所得税费用	3 281 050.40	3 885 036.52
四、净利润（净亏损以“-”号填列）	9 485 909.52	11 338 149.68

注：期末资产负债表未分配利润 = 11 338 149.68 - 法定盈余公积金 1 133 814.97 - 任意盈余公积金 1 700 722.45 = 8 503 612.26。

四、总账

（一）资产类

1 库存现金总账

2017年		凭证号数	摘要	借方	贷方	核对号	借或贷	余额
月	日							
12	1		期初余额				借	19 000.00
12	31		1～31日发生额	194 400.00	206 860.00		借	6 540.00
12	31		本月合计	194 400.00	206 860.00		借	6 540.00

2 银行存款总账

2017年		凭证号数	摘要	借方	贷方	核对号	借或贷	余额
月	日							
12	1		期初余额				借	1 779 000.00
12	31		1～31日发生额	4 458 168.24	2 935 346.68		借	3 301 821.56
12	31		本月合计	4 458 168.24	2 935 346.68		借	3 301 821.56

3 其他货币资金记账凭证式总账

2017年		凭证号数	摘要	借方	贷方	核对号	借或贷	余额
月	日							
12	1		期初余额				借	34 000.00
12	6	银付3	转入证券公司	175 000.00			借	209 000.00
12	26	转35	购入伊利股份		156 500.00		借	52 500.00
12	26	转36	支付佣金		125.00		借	52 375.00
12	31		本月合计	175 000.00	156 625.00		借	52 375.00

4 交易性金融资产记账凭证式总账

2017年		凭证号数	摘要	借方	贷方	核对号	借或贷	余额
月	日							
12	1		期初余额（三一重工）					245 000.00
12	26	转35	购入伊利股份	156 500.00	0.00		借	401 500.00
12	31	转47	公允价值调整	40 150.00	0.00		借	441 650.00
12	31		本月合计	196 650.00	0.00		借	441 650.00

5 应收票据总账

2017 年		凭证号数	摘要	借方	贷方	核对号	借或贷	余额
月	日							
12	1		期初余额				借	540 000.00
12	31		1～31 日发生额	2 577 200.00	10 680.00		借	3 106 520.00
12	31		本月合计	2 577 200.00	10 680.00		借	3 106 520.00

6 应收账款总账

2017 年		凭证号数	摘要	借方	贷方	核对号	借或贷	余额
月	日							
12	1		期初余额				借	1 149 600.00
12	31		1～31 日发生额	4 449 675.6	3 031 545.6		借	2 567 730.00
12	31		本月合计	4 449 675.6	3 031 545.6		借	2 567 730.00

7 预付账款总账

2017 年		凭证号数	摘要	借方	贷方	核对号	借或贷	余额
月	日							
12	1		期初余额				借	3 720 000.00
12	31		1～31 日发生额		3 002 932		借	717 068.00
12	31		本月合计	0	3 002 932		借	717 068.00

8 其他应收款总账

2017 年		凭证号数	摘要	借方	贷方	核对号	借或贷	余额
月	日							
12	1		期初余额				借	28 200.00
12	31		1～31 日发生额	7 368.9	5 000.00		借	30 568.90
12	31		本月合计	7 368.9	5 000.00		借	30 568.90

9 坏账准备记账凭证式总账

2017 年		凭证号数	摘要	借方	贷方	核对号	借或贷	余额
月	日							
12	1		期初余额				贷	489 780.00
12	7	转 4	重新收回坏账		25 000.00		贷	514 780.00
12	8	转 6	发生坏账	38 000.00			贷	476 780.00

续表

2017 年		凭证号数	摘要	借方	贷方	核对号	借或贷	余额
月	日							
12	11	转 10	凉凉家具以车抵债	60 000. 00			贷	416 780. 00
12	31	转 43	计提坏账准备	85 243. 31			贷	331 536. 69
12	31		本月合计	183 243. 31	25 000. 00		贷	331 536. 69

10 材料采购总账

2017 年		凭证号数	摘要	借方	贷方	核对号	借或贷	余额
月	日							
12	1		期初余额				借	236 880. 00
12	31		1～31 日发生额	5 024 800	5 216 254		借	45 426. 00
12	31		本月合计	5 024 800	5 216 254		借	45 426. 00

11 原材料总账

2017 年		凭证号数	摘要	借方	贷方	核对号	借或贷	余额
月	日							
12	1		期初余额				借	17 517 780. 00
12	31		1～31 日发生额	5 192 880. 00	14 115 120. 00		借	8 595 540. 00
12	31		本月合计	5 192 880. 00	14 115 120. 00		借	8 595 540. 00

12 周转材料总账

2017 年		凭证号数	摘要	借方	贷方	核对号	借或贷	余额
月	日							
12	1		期初余额				借	105 000. 00
12	31		1～31 日发生额	0. 00	55 820. 00		借	49 180. 00
12	31		本月合计	0. 00	55 820. 00		借	49 180. 00

13 材料成本差异总账

2017 年		凭证号数	摘要	借方	贷方	核对号	借或贷	余额
月	日							
12	1		期初余额				借	563 604. 00
12	31		1～31 日发生额	406 657. 09	52 216. 00		借	918 045. 09
12	31		本月合计	406 657. 09	52 216. 00		借	918 045. 09

14 库存商品总账

2017年		凭证号数	摘要	借方	贷方	核对号	借或贷	余额
月	日							
12	1		期初余额				借	7 388 880.00
12	31		1～31日发生额	8 375 175.41	5 501 594.40		借	10 262 461.01
12	31		本月合计	8 375 175.41	5 501 594.40		借	10 262 461.01

15 委托代销商品总账

2017年		凭证号数	摘要	借方	贷方	核对号	借或贷	余额
月	日							
12	1		期初余额				借	0.00
12	31		1～31日发生额	1 260 000.00	837 834.00		借	422 166.00
12	31		本月合计	1 260 000.00	837 834.00		借	422 166.00

16 委托加工物资总账

2017年		凭证号数	摘要	借方	贷方	核对号	借或贷	余额
月	日							
12	1		期初余额				借	36 000.00
12	31		1～31日发生额	0.00	0.00		借	36 000.00
12	31		本月合计	0.00	0.00		借	36 000.00

17 基本生产成本总账

2017年		凭证号数	摘要	借方	贷方	核对号	借或贷	余额
月	日							
12	1		期初余额				借	4 878 700.00
12	31		1～31日发生额	27 164 306.67	19 968 758.32		借	12 074 248.35
12	31		本月合计	27 164 306.67	19 968 758.32		借	12 074 248.35

18 辅助生产成本总账

2017年		凭证号数	摘要	借方	贷方	核对号	借或贷	余额
月	日							
12	1		期初余额				平	
12	31		1～31日发生额	543 850.96	543 850.96		平	
12	31		本月合计	543 850.96	543 850.96		平	

19 制造费用总账

2017年		凭证号数	摘要	借方	贷方	核对号	借或贷	余额
月	日							
12	1		期初余额				平	
12	31		1～31日发生额	1 770 203.42	1 719 910.27		借	50 293.15
12	31		本月合计	1 770 203.42	1 719 910.27		借	50 293.15

20 发出商品总账

2017年		凭证号数	摘要	借方	贷方	核对号	借或贷	余额
月	日							
12	1		期初余额				借	148 800.00
12	31		1～31日发生额	0.00	0.00		借	148 801.00
12	31		本月合计	0.00	0.00		借	148 800.00

21 存货跌价准备总账

2017年		凭证号数	摘要	借方	贷方	核对号	借或贷	余额
月	日							
12	1		期初余额				贷	157 680.00
12	31		1～31日发生额	0.00	0.00		贷	157 681.00
12	31		本月合计	0.00	0.00		贷	157 680.00

22 固定资产总账

2017年		凭证号数	摘要	借方	贷方	核对号	借或贷	余额
月	日							
12	1		期初余额				借	84 804 000.00
12	31		1～31日发生额	252 000.00	350 000.00		借	84 706 000.00
12	31		本月合计	252 000.00	350 000.00		借	84 706 000.00

23 累计折旧总账

2017年		凭证号数	摘要	借方	贷方	核对号	借或贷	余额
月	日							
12	1		期初余额				贷	58 555 200.00
12	31		1～31日发生额	332 500.00	549 456.58		贷	58 338 243.42
12	31		本月合计	332 500.00	549 456.58		贷	58 772 156.58

24 固定资产减值准备总账

2017 年		凭证号数	摘要	借方	贷方	核对号	借或贷	余额
月	日							
12	1		期初余额				贷	1 509 600. 00
12	31		1 ~31 日发生额	0. 00	0. 00		贷	1 509 600. 00
12	31		本月合计	0. 00	0. 00		贷	1 509 600. 00

25 工程物资总账

2017 年		凭证号数	摘要	借方	贷方	核对号	借或贷	余额
月	日							
12	1		期初余额				借	207 000. 00
12	31		1 ~31 日发生额	67 860. 00	67 860. 00		借	207 000. 00
12	31		本月合计	67 860. 00	67 860. 00		借	207 000. 00

26 在建工程总账

2017 年		凭证号数	摘要	借方	贷方	核对号	借或贷	余额
月	日							
12	1		期初余额				借	740 666. 00
12	31		1 ~31 日发生额	302 983. 63	0. 00		借	1 043 649. 63
12	31		本月合计	302 983. 63	0. 00		借	1 043 649. 63

27 固定资产清理总账

2017 年		凭证号数	摘要	借方	贷方	核对号	借或贷	余额
月	日							
12	1		期初余额				平	
12	31		1 ~31 日发生额	19 386. 79	19 386. 79		平	
12	31		本月合计	19 386. 79	19 386. 79		平	

28 无形资产总账

2017 年		凭证号数	摘要	借方	贷方	核对号	借或贷	余额
月	日							
12	1		期初余额				借	273 600. 00
12	31		1 ~31 日发生额	32 000. 00			借	305 600. 00
12	31		本月合计	32 000. 00			借	305 600. 00

29 累计摊销总账

2017年		凭证号数	摘要	借方	贷方	核对号	借或贷	余额
月	日							
12	1		期初余额				平	0.00
12	31	转45	1~31日发生额	0.00	2 546.67		贷	2 546.67
12	31		本月合计	0.00	2 546.67		贷	2 546.67

30 长期待摊费用总账

2017年		凭证号数	摘要	借方	贷方	核对号	借或贷	余额
月	日							
12	1		期初余额				借	263 600.00
12	31	转45	1~31日发生额	0.00	8 786.67		借	254 813.33
12	31		本月合计	0.00	8 786.67		借	254 813.33

（二）负债类

31 短期借款总账

2017年		凭证号数	摘要	借方	贷方	核对号	借或贷	余额
月	日							
12	1		期初余额				贷	4 020 000.00
12	31		1~31日发生额	0.00	0.00		贷	4 020 000.00
12	31		本月合计	0.00	0.00		贷	4 020 000.00

32 应付票据总账

2017年		凭证号数	摘要	借方	贷方	核对号	借或贷	余额
月	日							
12	1		期初余额				贷	139 200.00
12	31		1~31日发生额	0.00	1 732 470.00		贷	1 871 670.00
12	31		本月合计	0.00	1 732 470.00		贷	1 871 670.00

33 应付账款总账

2017年		凭证号数	摘要	借方	贷方	核对号	借或贷	余额
月	日							
12	1		期初余额				贷	9 425 400.00
12	31		1~31日发生额	1 451 050.00	1 549 362.00		贷	9 523 712.00
12	31		本月合计	1 451 050.00	1 549 362.00		贷	9 523 712.00

34 预收账款总账

2017 年		凭证号数	摘要	借方	贷方	核对号	借或贷	余额
月	日							
12	1		期初余额				贷	5 147 640.00
12	31		1～31 日发生额	0.00	0.00		贷	5 147 640.00
12	31		本月合计	0.00	0.00		贷	5 147 640.00

35 应付职工薪酬总账

2017 年		凭证号数	摘要	借方	贷方	核对号	借或贷	余额
月	日							
12	1		期初余额				贷	3 216 000.00
12	31		1～31 日发生额	205 852.14	2 193 385.17		贷	5 203 533.03
12	31		本月合计	205 852.14	2 193 385.17		贷	5 203 533.03

36 应交税费总账

2017 年		凭证号数	摘要	借方	贷方	核对号	借或贷	余额
月	日							
12	1		期初余额				贷	339 630.00
12	31		1～31 日发生额	1 290 110.91	1 453 641.10		贷	503 160.19
12	31		本月合计	1 290 110.91	1 453 641.10		贷	503 160.19

37 应付利息总账

2017 年		凭证号数	摘要	借方	贷方	核对号	借或贷	余额
月	日							
12	1		期初余额				贷	9 360.00
12	31	银付 22 号	1～31 日发生额	9 360.00	0.00		平	
12	31		本月合计	9 360.00	0.00		平	

38 其他应付款总账

2017 年		凭证号数	摘要	借方	贷方	核对号	借或贷	余额
月	日							
12	1		期初余额				贷	401 040.00
12	31		1～31 日发生额	0.00	0.00		贷	401 040.00
12	31		本月合计	0.00	0.00		贷	401 040.00

39 长期借款总账

2017年		凭证号数	摘要	借方	贷方	核对号	借或贷	余额
月	日							
12	1		期初余额				贷	4 747 200.00
12	31	转46	1～31日发生额	0.00	182 416.00		贷	4 929 616.00
12	31		本月合计	0.00	182 416.00		贷	4 929 616.00

40 预计负债总账

2017年		凭证号数	摘要	借方	贷方	核对号	借或贷	余额
月	日							
12	1		期初余额				贷	0.00
12	31	转37	1～31日发生额	0.00	250 000.00		贷	250 000.00
12	31		本月合计	0.00	250 000.00		贷	250 000.00

41 应付债券总账

2017年		凭证号数	摘要	借方	贷方	核对号	借或贷	余额
月	日							
12	1		期初余额				贷	1 226 400.00
12	31	转46	1～31日发生额	0.00	73 584.00		贷	1 299 984.00
12	31		本月合计	0.00	73 584.00		贷	1 299 984.00

（三）所有者权益类

42 实收资本总账

2017年		凭证号数	摘要	借方	贷方	核对号	借或贷	余额
月	日							
12	1		期初余额				贷	6 000 000.00
12	31		1～31日发生额	0.00	0.00		贷	6 000 000.00
12	31		本月合计	0.00	0.00		贷	6 000 000.00

43 资本公积总账

2017年		凭证号数	摘要	借方	贷方	核对号	借或贷	余额
月	日							
12	1		期初余额				贷	1 320 000.00
12	31		1～31日发生额	0.00	0.00		贷	1 320 000.00
12	31		本月合计	0.00	0.00		贷	1 320 000.00

44 盈余公积总账

2017 年		凭证号数	摘要	借方	贷方	核对号	借或贷	余额
月	日							
12	1		期初余额				贷	7 960 518.00
12	31		1～31 日发生额	0.00	2 834 537.42		贷	10 795 055.42
12	31		本月合计	0.00	2 834 537.42		贷	10 795 055.42

45 本年利润总账

2017 年		凭证号数	摘要	借方	贷方	核对号	借或贷	余额
月	日							
12	1		期初余额				平	
12	31		1～31 日发生额	7 555 930.00	7 555 930.00		平	
12	31		本月合计	7 555 930.00	7 555 930.00		平	

46 利润分配总账

2017 年		凭证号数	摘要	借方	贷方	核对号	借或贷	余额
月	日							
12	1		期初余额				贷	20 014 662.00
12	31		1～31 日发生额	5 669 074.84	2 958 978.28		贷	17 304 565.44
12	31		本月合计	5 669 074.84	2 958 978.28		贷	17 304 565.44

（四）损益类

47 主营业务收入总账

2017 年		凭证号数	摘要	借方	贷方	核对号	借或贷	余额
月	日							
12	1		期初余额				平	
12	31		1～31 日发生额	5 924 680.00	5 924 680.00		平	
12	31		本月合计	5 924 680.00	5 924 680.00		平	

48 其他业务收入总账

2017 年		凭证号数	摘要	借方	贷方	核对号	借或贷	余额
月	日							
12	1		期初余额				平	
12	31		1～31 日发生额	1 582 800.00	1 582 800.00		平	
12	31		本月合计	1 582 800.00	1 582 800.00		平	

59 营业外支出总账

2017年		凭证号数	摘要	借方	贷方	核对号	借或贷	余额
月	日							
12	1		期初余额				平	
12	31		1～31日发生额	269 799.39	269 799.39		平	
12	31		本月合计	269 799.39	269 799.39		平	

60 所得税费用总账

2017年		凭证号数	摘要	借方	贷方	核对号	借或贷	余额
月	日							
12	1		期初余额				平	
12	31		1～31日发生额	147 133.58	147 133.58		平	
12	31		本月合计	147 133.58	147 133.58		平	

五、日记账和部分明细账

1 库存现金日记账

2017年		凭证号数	结算种类	摘要	存入	支出	核对号	结余
月	日							
12	1			期初余额				19 000.00
12	1	现付1		营改增培训费		6 360.00		12 640.00
12	4	现收1		报销差旅费	1 900.00			14 540.00
12	15	银付14		提取现金发放职工困难补助	180 000.00			194 540.00
12	15	现付2		提现发放职工困难补助		180 000.00		14 540.00
12	18	现付3		清理劳务费		2 000.00		12 540.00
12	18	现收2		清理变价收入	12 500.00			25 040.00
12	18	现付4		超限现金送存银行		12 500.00		12 540.00
12	25	现付5		预借差旅费		6 000.00		6 540.00
12	31			本月合计	194 400.00	206 860.00		6 540.00

2 银行存款日记账

2017年		凭证号数	结算种类	摘要	存入	支出	核对号	结余
月	日							
12	1			期初余额				1 779 000.00
12	5	银付1		缴税		321 000.00		1 458 000.00

续表

2017 年		凭证号数	结算种类	摘要	存入	支出	核对号	结余
月	日							
12	6	银付 2		支付电话费		27 600.00		1 430 400.00
12	6	银付 3		转入证券公司		175 000.00		1 255 400.00
12	7	银收 1		收回星星机械坏账	25 000.00			1 280 400.00
12	8	银付 4		销售螺旋输送机		6 000.00		1 274 400.00
12	8	银付 5		销售螺旋输送机		50.00		1 274 350.00
12	8	银付 6		购入铸铁		772 200.00		502 150.00
12	8	银付 7		购入扁铁丝		5 829.00		496 321.00
12	11	银付 8		付法律咨询费、广告费		17 000.00		479 321.00
12	11	银付 9		汽车抵债、计提坏账		12 000.00		467 321.00
12	12	银收 2		收到赊购货款	732 432.00			1 199 753.00
12	12	银付 10		报销购买办公用品款		11 700.00		1 188 053.00
12	13	银付 11		购入美孚合成 1#机油		210 600.00		977 453.00
12	13	银收 3		承接设备安装业务	1 462 500.00			2 439 953.00
12	13	银付 12		购入电动机 3 000 台		11 700.00		2 428 253.00
12	14	银付 13		销售代垫运费		14 000.00		2 414 253.00
12	15	银付 14		提现发放职工困难补助		180 000.00		2 234 253.00
12	15	银付 15		罚款支出		2 000.00		2 232 253.00
12	18	现付 4		超额现金存入银行	12 500.00			2 244 753.00
12	18	银收 4		销售库存铸铁边角料	374 400.00			2 619 153.00
12	20	银付 16		购买电脑软件		54 000.00		2 565 153.00
12	20	银付 17		向希望工程捐款		10 000.00		2 555 153.00
12	21	银收 5		票据贴现	10 445.04			2 565 598.04
12	21	银收 6		收到存款利息	4 200.00			2 569 798.04
12	21	银付 18		改扩建外购物资		67 860.00		2 501 938.04
12	21	银付 19		外购专利权		33 920.00		2 468 018.04
12	22	银付 20		应付账款债务重组		33 200.00		2 434 818.04
12	22	银付 21		销售庆阳五金机械手		50 000.00		2 384 818.04
12	25	银收 7		收到代销货款	1 013 779.20			3 398 597.24
12	25	银收 8		收到 14 日货款	808 704.00			4 207 301.24
12	26	银付 22		支付短期借款利息		14 040.00		4 193 261.24
12	28	银收 9		收到交通工具租金	14 208.00			4 207 469.24

续表

2017年		凭证号数	结算种类	摘要	存入	支出	核对号	结余
月	日							
12	28	银付23		报销购买款		163 800.00		4 043 669.24
12	31	银付24		支付电费		182 407.68		3 861 261.56
12	31	银付25		支付水费		559 440.00		3 301 821.56
12	31			本月合计	4 458 168.24	2 935 346.68		3 301 821.56

3 其他货币资金和4 交易性金融资产见记账凭证式总账。

5－1 应收票据明细账——庆阳五金

2017年		凭证号数	摘要	借方	贷方	核对号	借或贷	余额
月	日							
12	1		期初余额				借	529 320.00
12	22	转34	销售庆阳五金机械手	2 527 200.00			借	3 056 520.00
12	22	银付21	代垫运费	50 000.00			借	3 106 520.00
12	31		本月合计	2 577 200.00	0.00		借	3 106 520.00

5－2 应收票据明细账——红光建筑

2017年		凭证号数	摘要	借方	贷方	核对号	借或贷	余额
月	日							
12	1		期初余额				借	10 680.00
12	20	银收5	票据贴现款		10 445.04		借	234.96
12	20	转29	票据贴现利息		234.96		平	0.00
12	31		本月合计	0.00	10 680.00		平	

6－1 应收账款明细账——石乐志物流有限公司

2017年		凭证号数	摘要	借方	贷方	核对号	借或贷	余额
月	日							
12	1		期初余额				借	38 000.00
12	8	凭10	欠款无法收回，坏账处理	0.00	38 000.00		平	0.00
12	31		本月合计	0.00	38 000.00		平	

6－2 应收账款明细账——凉凉家具厂

2017 年		凭证号数	摘要	借方	贷方	核对号	借或贷	余额
月	日							
12	1		期初余额				借	300 000.00
12	11	转 10	凉凉家具以车抵债	0.00	300 000.00		平	0.00
12	31		本月合计	0.00	300 000.00		平	

6－3 应收账款明细账——皮皮虾造船厂

2017 年		凭证号数	摘要	借方	贷方	核对号	借或贷	余额
月	日							
12	1		期初余额				借	187 600.00
12	14	转 18	售 LSY 螺旋输送机	393 120.00			借	580 720.00
12	14	银付 13	代垫运费	14 000.00			借	594 720.00
12	31		本月合计	407 120.00			借	594 720.00

6－4 应收账款明细账——老铁钢材

2017 年		凭证号数	摘要	借方	贷方	核对号	借或贷	余额
月	日							
12	1		期初余额				借	624 000.00
12	14	转 19	售 GL 螺旋输送机	808 704.00	0.00		借	1 432 704.00
12	22	转 31	收到代销清单	1 114 776.00			借	2 547 480.00
12	22	转 32	核算代销手续费		100 996.80		借	2 446 483.20
12	25	银收 7	收到货款		1 013 779.20		借	1 432 704.00
12	25	银收 8	收到货款		808 704.00		借	624 000.00
12	31		本月合计	1 923 480.00	1 923 480.00		借	624 000.00

6－5 应收账款明细账——星星机械

2017 年		凭证号数	摘要	借方	贷方	核对号	借或贷	余额
月	日							
12	1		期初余额				借	0.00
12	7	转 4	收回以前做坏账处理的应收款	25 000.00	0.00		借	25 000.00
12	7	银收 1	收款		25 000.00		借	0.00

续表

2017年		凭证号数	摘要	借方	贷方	核对号	借或贷	余额
月	日							
12	31	转39	售XYS型注塑机械手（销项）	538 200.00			借	538 200.00
12	31		本月合计	563 200.00	25 000.00		借	538 200.00

6－6 应收账款明细账——西安钱多多

2017年		凭证号数	摘要	借方	贷方	核对号	借或贷	余额
月	日							
12	1		期初余额				借	0.00
12	8	转5	销货给西安钱多多	739 065.60	0.00		借	739 065.60
12	8	银付4	代垫运费	6 000.00			借	745 065.60
12	12	银收2	收12月8日货款		732 432.00		借	12 633.60
12	12	银收2	收12月8日货款发生现金折扣		12 633.60		平	0.00
12	31		本月合计	745 065.60	745 065.60			0.00

6－7 应收账款明细账——云南超越

2017年		凭证号数	摘要	借方	贷方	核对号	借或贷	余额
月	日							
12	1		期初余额				借	0.00
12	12	转14	售XYS760－P机械手	810 810.00	0.00		借	810 810.00
12	31		本月合计	810 810.00	0.00		借	810 810.00

7－1 其他应收账款明细账——代职工垫付款

2017年		凭证号数	摘要	借方	贷方	核对号	借或贷	余额
月	日							
12	1		期初余额				借	23 200.00
12	31		本月合计	0.00	0.00		平	23 200.00

7－2 其他应收账款明细账——保险公司

2017年		凭证号数	摘要	借方	贷方	核对号	借或贷	余额
月	日							
12	1		期初余额					0.00
12	14	转21	应收保险赔款	1 368.90			借	1 368.90
12	31		本月合计	1 368.90	0.00		平	1 368.90

7－3 其他应收账款明细账——肖青

2017年		凭证号数	摘要	借方	贷方	核对号	借或贷	余额
月	日							
12	1		期初余额					0.00
12	25	现付5	预借差旅费	6 000.00			借	6 000.00
12	31		本月合计	6 000.00	0.00		借	6 000.00

8－1 预付账款明细账——成都康迈液压器材有限公司

2017年		凭证号数	摘要	借方	贷方	核对号	借或贷	余额
月	日							
12	1		期初余额				借	720 000.00
12	7	转2	购液压件	0.00	699 060.00		借	20 940.00
12	31		本月合计	0.00	699 060.00		借	20 940.00

8－2 预付账款明细账——东莞电机

2017年		凭证号数	摘要	借方	贷方	核对号	借或贷	余额
月	日							
12	1		期初余额				借	3 000 000.00
12	13	转16	购电动机	0.00	2 303 872.00		借	696 128.00
12	31		本月合计	0.00	2 303 872.00		借	696 128.00

9－1 坏账准备明细账——应收账款

2017年		凭证号数	摘要	借方	贷方	核对号	借或贷	余额
月	日							
12	1		期初余额				贷	114 960.00
12	7	转4	重新收回坏账		25 000.00		贷	139 960.00
12	8	转6	发生坏账	38 000.00			贷	101 960.00

续表

2017年		凭证号数	摘要	借方	贷方	核对号	借或贷	余额
月	日							
12	11	转10	凉凉家具以车抵债	60 000.00			贷	41 960.00
12	31	转43	计提坏账准备		214 813.00		贷	256 773.00
12	31		本月合计	98 000.00	239 813.00		贷	256 773.00

9-2 坏账准备明细账——其他应收款

2017年		凭证号数	摘要	借方	贷方	核对号	借或贷	余额
月	日							
12	1		期初余额				贷	2 820.00
12	31	转43	计提坏账准备		236.89		贷	3 056.89
12	31		本月合计	0.00	236.89		贷	3 056.89

9-3 坏账准备明细账——预付收款

2017年		凭证号数	摘要	借方	贷方	核对号	借或贷	余额
月	日							
12	1		期初余额				贷	372 000.00
12	31	转43	计提坏账准备	300 293.20			贷	71 706.80
12	31		本月合计	300 293.20	0.00		贷	71 706.80

10-1 材料采购明细账

名称：液压件　　规格：______
编号：______　　计量单位：吨　　计划价格：2017.6　　分页：______

2017年		凭证号	摘要	借方			贷方			核对号	余额		
月	日			数量	单价	金额	数量	单价	金额		数量	单价	金额
12	1		期初余额										0.00
12	7	转2	预付款购液压件	300	1 993.33	598 000.00					300	1 993.33	598 000.00
12	7	凭7#	入库				300	1 993.33	598 000.00		0		0.00
12	11	转11	购入液压件	600	2 008.33	1 205 000.00					600		1 205 000.00
12	11	转12	入库				600	2 008.33	1 205 000.00		0		0.00
12	31		本月合计	900		1 803 000.00	900		1 803 000.00		0		0.00

10－2 材料采购明细账

名称：铸铁　　　　规格：______
编号：______　　　　计量单位：吨　　　　计划价格：1 160.00　　　　分页：______

2017年		凭证号	摘要	借方			贷方			核对号	余额		
月	日			数量	单价	金额	数量	单价	金额		数量	单价	金额
12	1		期初余额										0.00
12	8	银付6	购铸铁	600.00	1 100.00	660 000.00					600		660 000.00
12	8	转7	原材料入库				600	1 100.00	660 000.00				0.00
12	18	转26	购铸铁	240.00	115.00	27 600.00					240		27 600.00
12	18	转27	铸铁入库				240	115.00	27 600.00		0		0.00
12	31		本月合计	840.00		687 600.00	840		687 600.00		0		0.00

10－3 材料采购明细账

名称：铝锭　　　　规格：______
编号：______　　　　计量单位：吨　　　　计划价格：5 280　　　　分页：______

2017年		凭证号	摘要	借方			贷方			核对号	余额		
月	日			数量	单价	金额	数量	单价	金额		数量	单价	金额
12	1		期初余额								44.86		236 880.00
12	8	转9	铝锭入库				36	5 264.00	189 504.00		8.86		47 376.00
12	31		本月合计	0.00		0.00	36		189 504.00		8.86		47 376.00

10－4 材料采购明细账

名称：电动机　　　　规格：______
编号：______　　　　计量单位：台　　　　计划价格：640　　　　分页：______

2017年		凭证号	摘要	借方			贷方			核对号	余额		
月	日			数量	单价	金额	数量	单价	金额		数量	单价	金额
12	1		期初余额										0.00
12	13	转16	购电动机	3 000.00	657.07	1 971 200.00	0	0.00	0.00		3 000.00	657.07	1 971 200.00
12	13	银付12	电动机包装费			10 000.00					3 000.00	660.4	1 981 200.00
12	14	转20	电动机入库				3 000	660.40	1 981 200.00		0.00		0.00
12	14	转21	电动机运输短缺				3		1 950.00		－3.00		－1 950.00
12	31		本月合计	3 000.00		1 981 200.00	3 003		1 983 150.00				－1 950.00

10－5 材料采购明细账

名称：油漆　　规格：______
编号：______　　计量单位：升　　计划价格：100　　分页：______

2017年		凭证号	摘要	借方			贷方			核对号	余额		
月	日			数量	单价	金额	数量	单价	金额		数量	单价	金额
12	1		期初余额										0.00
12	15	转22	购油漆	1 200.00	99.67	119 600.00					1 200.00		119 600.00
12	15	转23	转入原材料				1 200	99.67	119 600.00		0.00		0.00
12	31		本月合计	1 200.00		119 600.00	1 200		119 600.00		0.00		0.00

10－6 材料采购明细账

明细科目：辅助材料　　名称：扁铁丝　　规格：20#
编号：______　　计量单位：公斤　　计划价格：3.04　　分页：______

2017年		凭证号	摘要	借方			贷方			核对号	余额		
月	日			数量	单价	金额	数量	单价	金额		数量	单价	金额
12	1		期初余额								0.00		0.00
12	8	转8	购扁铁丝	1 500.00	3.33	5 000.00					1 500.00	3.33	5 000.00
12	8	转8	扁铁丝入库				1 500	3.33	5 000.00		0.00		0.00
12	31		本月合计	1 500.00		5 000.00	1 500		5 000.00		0.00		0.00

10－7 材料采购明细账

明细科目：辅助材料　　名称：机油　　规格：1#
编号：______　　计量单位：升　　计划价格：280　　分页：______

2017年		凭证号	摘要	借方			贷方			核对号	余额		
月	日			数量	单价	金额	数量	单价	金额		数量	单价	金额
12	1		期初余额									280	0.00
12	13	银付11	购机油	600.00	300.00	180 000.00					600.00	300	180 000.00
12	13	转15	机油入库				600	300.00	180 000.00		0.00		0.00
12	31		本月合计	600.00		180 000.00	600		180 000.00		0.00		0.00

11－1 原材料明细账

名称：液压件　　规格：______
编号：______　　计量单位：件　　计划价格：2 017.60　　分页：______

2017年		凭证号	摘要	借方			贷方			核对号	余额		
月	日			数量	单价	金额	数量	单价	金额		数量	单价	金额
12	1		期初余额								1 200.00		2 421 120.00

续表

2017年		凭证号	摘要	借方			贷方			核对号	余额		
月	日			数量	单价	金额	数量	单价	金额		数量	单价	金额
12	7	转2	预付款购液压件入库	300.00		605 280.00					1 500.00		3 026 400.00
12	11	转12	购液压件入库	600.00		1 210 560.00					2 100.00		4 236 960.00
12	31	转40－5/6	结转领用材料成本				1 500		3 026 400.00		600.00		1 210 560.00
12	31		本月合计	900.00		1 815 840.00	1 500		3 026 400.00		600.00		1 210 560.00

11－2 原材料明细账

名称：润滑油　　规格：______
编号：______　　计量单位：桶　　计划价格：280　　分页：______

2017年		凭证号	摘要	借方			贷方			核对号	余额		
月	日			数量	单价	金额	数量	单价	金额		数量	单价	金额
12	1		期初余额								7 500.00		2 100 000.00
12	31	转40－5/6	结转领用材料成本				4 500		1 260 000.00		3 000.00		840 000.00
12	31		本月合计	0.00		0.00	4 500		1 260 000.00		3 000.00		840 000.00

11－3 原材料明细账

名称：电器元件　　规格：______
编号：______　　计量单位：件　　计划价格：1 520　　分页：______

2017年		凭证号	摘要	借方			贷方			核对号	余额		
月	日			数量	单价	金额	数量	单价	金额		数量	单价	金额
12	1		期初余额								1 500.00		2 280 000.00
12	31	转40－5/6	结转材料成本				450		684 000.00		1 050.00		1 596 000.00
12	31		本月合计	0.00		0.00	450		684 000.00		1 050.00		1 596 000.00

11－4 原材料明细账

名称：标准件　　规格：______
编号：______　　计量单位：件　　计划价格：4 800　　分页：______

2017年		凭证号	摘要	借方			贷方			核对号	余额		
月	日			数量	单价	金额	数量	单价	金额		数量	单价	金额
12	1		期初余额								225.00		1 080 000.00

续表

2017年		凭证号	摘要	借方			贷方			核对号	余额		
月	日			数量	单价	金额	数量	单价	金额		数量	单价	金额
12	31	转40－6/6	结转材料成本				225		1 080 000.00		0.00		0.00
12	31		本月合计	0.00		0.00	225		1 080 000.00		0.00		0.00

11－5 原材料明细账

名称：轴承　　规格：______
编号：______　　计量单位：个　　计划价格：184.4　　分页：______

2017年		凭证号	摘要	借方			贷方			核对号	余额		
月	日			数量	单价	金额	数量	单价	金额		数量	单价	金额
12	1		期初余额								15 000.00		2 766 000.00
12	31	转40－6/6	结转成本				1 000		184 400.00		14 000.00		2 581 600.00
12	31		本月合计	0.00		0.00	1 000		184 400.00		14 000.00		2 581 600.00

11－6 原材料明细账

名称：铸铁　　规格：______
编号：______　　计量单位：吨　　计划价格：1 160　　分页：______

2017年		凭证号	摘要	借方			贷方			核对号	余额		
月	日			数量	单价	金额	数量	单价	金额		数量	单价	金额
12	1		期初余额								1 050.00		1 218 000.00
12	8	转7	购入铸铁入库	600.00		696 000.00					1 650.00		1 914 000.00
12	2	转26	购入铸铁入库	240.00		278 400.00					1 890.00		2 192 400.00
12	31	转40－4/6	结转材料成本				1 600		1 856 000.00		290.00		336 400.00
12	31		本月合计	840.00		974 400.00	1 600		1 856 000.00		290.00		336 400.00

11－7 原材料明细账

名称：铝锭　　规格：______
编号：______　　计量单位：吨　　计划价格：5 280　　分页：______

2017年		凭证号	摘要	借方			贷方			核对号	余额		
月	日			数量	单价	金额	数量	单价	金额		数量	单价	金额
12	1		期初余额								415.00		2 191 200.00

续表

2017年		凭证号	摘要	借方			贷方			核对号	余额		
月	日			数量	单价	金额	数量	单价	金额		数量	单价	金额
12	8	转9	购入铝锭	36.00		190 080.00					451.00		2 381 280.00
12	31	转40－4/6	结转领用材料成本				395		2 085 600.00		56.00		295 680.00
12	31		本月合计	36.00		190 080.00	395		2 085 600.00		56.00		295 680.00

11－8 原材料明细账

名称：电动机　　规格：______

编号：______　　计量单位：台　　计划价格：640　　分页：______

2017年		凭证号	摘要	借方			贷方			核对号	余额		
月	日			数量	单价	金额	数量	单价	金额		数量	单价	金额
12	1		期初余额								2 850.00		1 824 000.00
12	14	转20	验收入库短缺	3 000.00		1 920 000.00					5 850.00		3 744 000.00
12	31	转40－5/6	结转领用材料成本				4 500		2 880 000.00		1 350.00		864 000.00
12	31		本月合计	3 000.00		1 920 000.00	4 500		2 880 000.00		1 350.00		864 000.00

11－9 原材料明细账

名称：油漆　　规格：______

编号：______　　计量单位：升　　计划价格：100　　分页：______

2017年		凭证号	摘要	借方			贷方			核对号	余额		
月	日			数量	单价	金额	数量	单价	金额		数量	单价	金额
12	1		期初余额								6 528.00		652 800.00
12	15	转23	购入油漆入库	1 200.00		120 000.00					7 728.00		772 800.00
12	31	转40－5/6	结转领用材料成本				7 500		750 000.00		228.00		22 800.00
12	31		本月合计	1 200.00		120 000.00	7 500		750 000.00		228.00		22 800.00

11－10 原材料——辅助材料明细账

名称：20#扁铁丝　　规格：______
编号：______　　计量单位：公斤　　计划价格：3.04　　分页：______

2017年		凭证号	摘要	借方			贷方			核对号	余额		
月	日			数量	单价	金额	数量	单价	金额		数量	单价	金额
12	1		期初余额								1 500.00		4 560.00
12	8	转7	购入扁铁丝	1 500.00	3.04	4 560.00					3 000.00		9 120.00
12	31	转40－6/6	结转领用材料成本				500	3.04	1 520.00		2 500.00		7 600.00
12	31		本月合计	1 500.00		4 560.00	500		1 520.00		2 500.00		7 600.00

11－11 原材料——辅助材料明细账

名称：照明设备　　规格：______
编号：______　　计量单位：升　　计划价格：1 840　　分页：______

2017年		凭证号	摘要	借方			贷方			核对号	余额		
月	日			数量	单价	金额	数量	单价	金额		数量	单价	金额
12	1		期初余额								75.00	1 840	138 000.00
12	31	转40－6/6	结转领用材料成本				30		55 200.00		45.00		82 800.00
12	31		本月合计	0.00		0.00	30		55 200.00		45.00		82 800.00

11－12 原材料——辅助材料明细账

名称：16#扁铁丝　　规格：______
编号：______　　计量单位：升　　计划价格：280　　分页：______

2017年		凭证号	摘要	借方			贷方			核对号	余额		
月	日			数量	单价	金额	数量	单价	金额		数量	单价	金额
12	1		期初余额								750.00	2.8	2 100.00
12	31		本月合计	0.00		0.00	0		0.00		750.00		2 100.00

11－13 原材料——辅助材料明细账

名称：机油　　规格：______
编号：______　　计量单位：升　　计划价格：280　　分页：______

2017年		凭证号	摘要	借方			贷方			核对号	余额		
月	日			数量	单价	金额	数量	单价	金额		数量	单价	金额
12	1		期初余额								3 000.00	280	840 000.00
12	13	转15	购入美孚合成1#机油	600.00		168 000.00					3 600.00		1 008 000.00

续表

2017年		凭证号	摘要	借方			贷方			核对号	余额		
月	日			数量	单价	金额	数量	单价	金额		数量	单价	金额
12	31	转40－6/6	结转领用材料成本				900		252 000.00		2 700.00		756 000.00
12	31		本月合计	600.00		168 000.00	900		252 000.00		2 700.00		756 000.00

12－1 周转材料明细账

名称：工作服　　规格：______
编号：______　　计量单位：套　　计划价格：160　　分页：______

2017年		凭证号	摘要	借方			贷方			核对号	余额		
月	日			数量	单价	金额	数量	单价	金额		数量	单价	金额
12	1		期初余额								450.00	160	72 000.00
12	31	转40－4/6	结转领用材料成本				247		39 520.00				32 480.00
12	31		本月合计	0.00		0.00	247		39 520.00		203.00		32 480.00

12－2 周转材料明细账

名称：工作鞋　　规格：______
编号：______　　计量单位：双　　计划价格：54.4　　分页：______

2017年		凭证号	摘要	借方			贷方			核对号	余额		
月	日			数量	单价	金额	数量	单价	金额		数量	单价	金额
12	1		期初余额								300.00	54.4	16 320.00
12	31	转40－4/6	结转领用材料成本				235		12 784.00		65.00		3 536.00
12	31		本月合计	0.00		0.00	235		12 784.00		65.00		3 536.00

12－3 周转材料明细账

名称：手套　　规格：______
编号：______　　计量单位：付　　计划价格：12　　分页：______

2017年		凭证号	摘要	借方			贷方			核对号	余额		
月	日			数量	单价	金额	数量	单价	金额		数量	单价	金额
12	1		期初余额								750.00	12	9 000.00
12	31	转40－4/6	结转领用材料成本				293		3 516.00				5 484.00
12	31		本月合计	0.00		0.00	293		3 516.00		457.00		5 484.00

12－4 周转材料明细账

名称：包装纸箱　　规格：55cm×70cm
编号：______　　计量单位：付　　计划价格：12　　分页：______

2017年		凭证号	摘要	借方			贷方			核对号	余额		
月	日			数量	单价	金额	数量	单价	金额		数量	单价	金额
12	1		期初余额								180.00	36	6 480.00
12	31		本月合计	0.00		0.00	0		0.00		180.00	36	6 480.00

12－5 周转材料明细账

名称：包装纸箱　　规格：80cm×100cm
编号：______　　计量单位：个　　计划价格：40　　分页：______

2017年		凭证号	摘要	借方			贷方			核对号	余额		
月	日			数量	单价	金额	数量	单价	金额		数量	单价	金额
12	1		期初余额								30.00	40	1 200.00
12	31		本月合计	0.00		0.00	0		0.00		30.00		1 200.00

13 材料成本差异明细账

2017年		凭证号	摘要	借方	贷方	借或贷	金额
月	日						
12	1		期初余额			借	563 604.00
12	7	转3	液压件入库		7 280.00	借	556 324.00
12	8	转7	铸铁入库		36 000.00	借	520 324.00
12	8	转8	扁铁丝入库	440.00		借	520 764.00
12	8	转9	铝锭入库		576.00	借	520 188.00
12	11	转12	液压件入库		5 560.00	借	514 628.00
12	13	转15	机油入库	12 000.00		借	526 628.00
12	14	转20	电动机入库	61 200.00		借	587 828.00
12	15	转23	购入油漆入库		400.00	借	587 428.00
12	18	转27	铸铁入库		2 400.00	借	585 028.00
12	31	转41－1/4	结转材料差异	333 017.09		借	918 045.09
12	31		本月合计	406 657.09	52 216.00	借	918 045.09

14－1 库存商品明细账

名称：数控高密度机械手　　　　规格：______
编号：______　　　　计量单位：台　　　　计划价格：2 800　　　　分页：______

2017 年		凭证号	摘要	借方			贷方			核对号	余额		
月	日			数量	单价	金额	数量	单价	金额		数量	单价	金额
12	1		期初余额								525.00	2 800	1 470 000.00
12	19	转 28	委托代销数控高密度机械手				450		1 260 000.00		75.00		210 000.00
12	31	转 53	完工入库	1 800.00		5 027 004.34					1 875.00		5 237 004.34
12	31		本月合计	1 800.00		5 027 004.34	450		1 260 000.00		1 875.00		5 237 004.34

14－2 库存商品明细账

名称：螺旋输送机　　　　规格：LSY 型
编号：______　　　　计量单位：台　　　　计划价格：2 480　　　　分页：______

2017 年		凭证号	摘要	借方			贷方			核对号	余额		
月	日			数量	单价	金额	数量	单价	金额		数量	单价	金额
12	1		期初余额								390.00	2 480	967 200.00
12	31	转 53	完工入库	1 800.00	2 506.12	3 348 171.07					2 190.00		4 315 371.07
12	31	转 54	结转销售成本				120	2 506.12	300 734.40		2 070.00		4 014 636.67
12	31		本月合计	1 800.00		3 348 171.07	120		300 734.40		2 070.00		4 014 636.67

14－3 库存商品明细账

名称：螺旋输送机　　　　规格：GL
编号：______　　　　计量单位：台　　　　计划价格：2 632　　　　分页：______

2017 年		凭证号	摘要	借方			贷方			核对号	余额		
月	日			数量	单价	金额	数量	单价	金额		数量	单价	金额
12	1		期初余额								600.00	2 632	1 579 200.00
12	31	转 54	结转产品的销售成本				480	2 632.00	1 263 360.00		120.00		315 840.00
12	31		本月合计	0.00		0.00	480		1 263 360.00		120.00		315 840.00

14－4 库存商品明细账

名称：注塑机械手　　规格：AXV450RT
编号：______　　计量单位：台　　计划价格：3 040　　分页：______

2017年		凭证号	摘要	借方			贷方			核对号	余额		
月	日			数量	单价	金额	数量	单价	金额		数量	单价	金额
12	1		期初余额								750.00	3 040	2 280 000.00
12	31	转54	结转产品的销售成本				600		1 824 000.00		150.00		456 000.00
12	31		本月合计	0.00		0.00	600		1 824 000.00		150.00		456 000.00

14－5 库存商品明细账

名称：注塑机械手　　规格：XYS760－P
编号：______　　计量单位：台　　计划价格：1 707　　分页：______

2017年		凭证号	摘要	借方			贷方			核对号	余额		
月	日			数量	单价	金额	数量	单价	金额		数量	单价	金额
12	1		期初余额								640.00	1 707	1 092 480.00
12	31	转54	结转销售成本				500	1 707.00	853 500.00		140.00		238 980.00
12	31		本月合计	0.00		0.00	500		853 500.00		140.00		238 980.00

15 委托代销商品明细账

名称：数控高密度机械手　　规格：______
编号：______　　计量单位：台　　计划价格：2 800　　分页：______

2017年		凭证号	摘要	借方			贷方			核对号	余额		
月	日			数量	单价	金额	数量	单价	金额		数量	单价	金额
12	1		期初余额								0.00		0.00
12	19	转28	代销高密度机械手	450.00	2 800.00	1 260 000.00					450.00		1 260 000.00
12	31	转54	结转代销商品成本				300	2 792.78	837 834.00		150.00		422 166.00
12	31		本月合计	450.00		1 260 000.00	300		837 834.00		150.00		422 166.00

16－1 基本生产成本明细账

明细科目：下料车间　　　　子目：数控高密度机械手

2017 年		凭证号	摘要	借方	贷方	核对号	余额
月	日						
12	1		期初余额				2 054 200. 00
12	31	转 40－1/6	结转领用材料成本	2 119 680. 00			4 173 880. 00
12	31	转 41－1/4	转差异		49 812. 48		4 124 067. 52
12	31	转 42－1/4	分配工资费用	138 357. 07			4 262 424. 59
12	31	转 50－1/2	分配制造费用	322 528. 37			4 584 952. 96
12	31	转 51	结转下料车间成本		3 085 068. 88		1 499 884. 08
12	31		本月合计	2 580 565. 44	3 134 881. 36		1 499 884. 08

16－2 基本生产成本明细账

明细科目：下料车间　　　　子目：LSY 螺旋输送机

2017 年		凭证号	摘要	借方	贷方	核对号	余额
月	日						
12	1		期初余额				1 369 330. 00
12	31	转 40－1/6	结转领用材料成本	1 413 120. 00			2 782 450. 00
12	31	转 41－1/4	转差异		33 208. 32		2 749 241. 68
12	31	转 42－1/4	分配工资费用	92 238. 05			2 841 479. 73
12	31	转 50－1/2	分配制造费用	215 018. 91			3 056 498. 64
12	31	转 51	结转下料车间成本		2 048 440. 69		1 008 057. 95
12	31		本月合计	1 720 376. 96	2 081 649. 01		1 008 057. 95

16－3 基本生产成本明细账

明细科目：加工车间　　　　子目：LSY 螺旋输送机

2017 年		凭证号	摘要	借方	贷方	核对号	金额
月	日						
12	1		期初余额				505 970. 00
12	31	转 40－1/6	结转领用材料成本	2 000 160. 00			2 506 130. 00
12	31	转 41－1/4	转差异		47 003. 76		2 459 126. 24
12	31	转 42－1/4	分配工资费用	80 767. 68			2 539 893. 92
12	31	转 50－1/2	分配制造费用	246 826. 89			2 786 720. 81
12	31	转 51	结转下料车间成本	2 048 440. 69			4 835 161. 50
12	31	转 52	结转加工车间成本		2 649 249. 45		2 185 912. 05
12	31		本月合计	4 376 195. 26	2 696 253. 21		2 185 912. 05

16－4 基本生产成本明细账

明细科目：加工车间　　　　子目：数控高密度机械手

2017 年		凭证号	摘要	借方	贷方	核对号	余额
月	日						
12	1		期初余额				758 760.00
12	31	转 40－2/6	结转领用材料成本	3 000 240.00			3 759 000.00
12	31	转 41－1/4	转差异		70 505.64		3 688 494.36
12	31	转 42－1/4	分配工资费用	121 151.52			3 809 645.88
12	31	转 50－1/2	分配制造费用	370 240.34			4 179 886.22
12	31	转 51	结转下料车间成本	3 085 068.88			7 264 955.10
12	31	转 52	结转加工车间成本		3 495 980.29		3 768 974.81
12	31		本月合计	6 576 700.74	3 566 485.93		3 768 974.81

16－5 基本生产成本明细账

明细科目：装配车间　　　　子目：数控高密度机械手

2017 年		凭证号	摘要	借方	贷方	核对号	余额
月	日						
12	1		期初余额				114 188.00
12	31	转 40－1/6	结转领用材料成本	2 918 640.00			3 032 828.00
12	31	转 41－2/4	转差异		68 588.04		2 964 239.96
12	31	转 42－1/4	分配工资费用	205 652.16			3 169 892.12
12	31	转 50－1/2	分配制造费用	334 850.96			3 504 743.08
12	31	转 52	结转加工车间成本	3 495 980.29			7 000 723.37
12	31	转 53	产品完工入库		5 027 004.34		1 973 719.03
12	31		本月合计	6 955 123.41	5 095 592.38		1 973 719.03

16－6 基本生产成本明细账

明细科目：装配车间　　　　子目：LSY 螺旋输送机

2017 年		凭证号	摘要	借方	贷方	核对号	余额
月	日						
12	1		期初余额				76 252.00
12	31	转 40－2/6	结转领用材料成本	1 945 760.00			2 022 012.00
12	31	转 41－2/4	转差异		45 725.36		1 976 286.64
12	31	转 42－1/4	分配工资费用	137 101.44			2 113 388.08
12	31	转 50－1/2	分配制造费用	223 233.97			2 336 622.05

续表

2017 年		凭证号	摘要	借方	贷方	核对号	余额
月	日						
12	31	转 52	结转加工车间成本	2 649 249.45			4 985 871.50
12	31	转 53	产品完工入库		3 348 171.07		1 637 700.43
12	31		本月合计	4 955 344.86	3 393 896.43		1 637 700.43

17 –1 辅助生产成本明细账

明细科目：供电车间

2017 年		凭证号	摘要	借方	贷方	核对号	余额
月	日						
12	1		期初余额				0.00
12	6	银付 2	车间电话费	2 702.70			2 702.70
12	20	银付 16	购电脑软件	54 000.00			56 702.70
12	31	银付 24	付电费	155 904.00			212 606.70
12	31	银付 25	付水费	6 240.00			218 846.70
12	31	转 40 –3/6	结转领用材料成本	1 920.00			220 766.70
12	31	转 41 –3/4	转差异		45.12		220 721.58
12	31	转 42 –2/4	分配工资费用	41 741.28			262 462.86
12	31	转 44	计提折旧	72 500.60			334 963.46
12	31	转 48	分配供电车间辅助费用		334 963.46		0.00
12	31		本月合计	335 008.58	335 008.58		0.00

17 –2 辅助生产成本明细账

明细科目：机修车间

2017 年		凭证号	摘要	借方	贷方	核对号	余额
月	日						
12	1		期初余额				0.00
12	6	凭 5#	车间电话费	3 243.24			3 243.24
12	31	银付 25	付水费	10 270.00			13 513.24
12	31	转 40 –3/6	结转领用材料成本	576.00			14 089.24
12	31	转 41 –3/4	转差异		13.54		14 075.70
12	31	转 42 –2/4	分配工资费用	98 414.40			112 490.10
12	31	转 44	计提折旧	58 439.20			170 929.30

续表

2017年		凭证号	摘要	借方	贷方	核对号	余额
月	日						
12	31	转48	分配供电车间费用	37 899.54			208 828.84
12	31	转49	分配机修车间费用		208 828.84		0.00
12	31		本月合计	208 842.38	208 842.38		0.00

18－1 制造费用明细账

名称：下料车间

2017年		凭证号	摘要	借方	贷方	核对号	余额
月	日						
12	1		期初余额				0.00
12	6	银付5	车间电话费	2 162.16			2 162.16
12	31	银付25	付水费	115 200.00			117 362.16
12	31	转40－2/6	结转周转材料成本	14 304.00			131 666.16
12	31	转40－2/6	结转辅助材料成本	85 520.00			217 186.16
12	31	转41－3/4	转差异		336.14		216 850.02
12	31	转41－3/4	转差异		2 009.72		214 840.30
12	31	转42－1/4	分配工资费用	35 265.16			250 105.46
12	31	转44	计提折旧	132 036.40			382 141.86
12	31	转48	分配供电车间辅助费用	106 840.61			488 982.47
12	31	转49	分配机修车间辅助费用	48 564.81			537 547.28
12	31	转50	分配制造费用		537 547.28		0.00
12	31		本月合计	539 893.14	539 893.14		0.00

18－2 制造费用明细账

名称：加工车间

2017年		凭证号	摘要	借方	贷方	核对号	余额
月	日						
12	1		期初余额				0.00
12	6	银付5	车间电话费	1 945.95			1 945.95
12	31	银付25	付水费	177 600.00			179 545.95
12	31	转40－2/6	结转周转材料成本	16 360.80			195 906.75

续表

2017年		凭证号	摘要	借方	贷方	核对号	余额
月	日						
12	31	转40-3/6	结转辅助材料成本	126 000.00			321 906.75
12	31	转41-2/4	转周转材料差异		384.48		321 522.27
12	31	转41-3/4	转辅助材料差异		2 961.00		318 561.27
12	31	转42-1/4	分配工资费用	58 723.42			377 284.69
12	31	转44	计提折旧	86 512.40			463 797.09
12	31	转48	分配供电车间辅助费用	86 898.23			550 695.32
12	31	转49	分配机修车间辅助费用	66 371.91			617 067.23
12	31	转50	分配制造费用		617 067.23		0.00
12	31		本月合计	620 412.71	620 412.71		0.00

18-3 制造费用明细账

名称：装配车间

2017年		凭证号	摘要	借方	贷方	核对号	余额
月	日						
12	1		期初余额				0.00
12	6	银付5	车间电话费	2 810.81			2 810.81
12	31	银付25	付水费	168 000.00			170 810.81
12	31	转40-2/6	结转周转材料成本	22 659.20			193 470.01
12	31	转40-3/6	结转辅助材料成本	42 000.00			235 470.01
12	31	转41-2/4	转周转材料差异		532.49		234 937.52
12	31	转41-3/4	转辅助材料差异		987.00		233 950.52
12	31	转42-2/4	分配工资费用	138 357.07			372 307.59
12	31	转44	计提折旧	73 959.20			446 266.79
12	31	转48	分配供电车间辅助费用	68 219.17			514 485.96
12	31	转49	分配机修车间辅助费用	93 892.12			608 378.08
12	31	转50	分配制造费用		558 084.93		50 293.15
12	31		本月合计	609 897.57	559 604.42		50 293.15

19－1 固定资产 明细账

明细科目：机器设备　　　　子目______

2017年		凭证号数	摘要	借方	贷方	核对号	借或贷	余额
月	日							
12	1		期初余额				借	36 410 000.00
12	18	转24	生产设备报废清理		350 000.00		借	36 060 000.00
12	31		本月合计	0.00	350 000.00		借	36 060 000.00

19－2 固定资产明细账

明细科目：房屋建筑物　　　　子目______

2017年		凭证号数	摘要	借方	贷方	核对号	借或贷	余额
月	日							
12	1		期初余额				借	43 290 000.00
12	31		本月合计	0.00		0.00	借	43 290 000.00

19－3 固定资产明细账

明细科目：电子设备　　　　子目______

2017年		凭证号数	摘要	借方	贷方	核对号	借或贷	余额
月	日							
12	1		期初余额				借	269 360.00
12	31		本月合计	0.00		0.00	借	269 360.00

19－4 固定资产明细账

明细科目：办公设备　　　　子目______

2017年		凭证号数	摘要	借方	贷方	核对号	借或贷	余额
月	日							
12	1		期初余额				借	3 294 000.00
12	31		本月合计	0.00		0.00	借	3 294 000.00

19－5 固定资产明细账

明细科目：交通工具　　　　子目______

2017年		凭证号数	摘要	借方	贷方	核对号	借或贷	余额
月	日							
12	1		期初余额				借	1 540 640.00
12	11	转10	顶账入办公车辆	240 000.00			借	1 780 640.00

续表

2017年		凭证号数	摘要	借方	贷方	核对号	借或贷	余额
月	日							
12	11	银付11	付顶账车辆过户费	12 000.00			借	1 792 640.00
12	31		本月合计	252 000.00	0.00		借	1 792 640.00

20 固定资产清理记账凭证式总账

2017年		凭证号数	摘要	借方	贷方	核对号	借或贷	余额
月	日							
12	1		期初余额					0.00
12	18	转24	报废清理生产设备	17 500.00	0.00		借	17 500.00
12	18	现付3	清理劳务费	1 886.79			借	19 386.79
12	18	现收2	清理变价收入		12 500.00		借	6 886.79
12	18	转25	清理净损失结转		6 886.79		借	0.00
12	31		本月合计	19 386.79	19 386.79		平	

21 在建工程记账凭证式总账

2017年		凭证号数	摘要	借方	贷方	核对号	借或贷	余额
月	日							
12	1		期初余额				借	740 666.00
12	6	银付2	电话费	2 594.59			借	743 260.59
12	21	转30	领用工程物资	67 860.00			借	811 120.59
12	31	银付25	付水费	14 210.00			借	825 330.59
12	31	转42－2/4	分配工资费用	107 577.12			借	932 907.71
12	31	转46	计提长期负债利息	100 000.00			借	1 032 907.71
12	31	转48	供电车间费用分配	10 741.92			借	1 043 649.63
12	31		本月合计	302 983.63			借	1 043 649.63

22 累计折旧记账凭证式总账

2017年		凭证号数	摘要	借方	贷方	核对号	借或贷	余额
月	日							
12	1		期初余额					58 555 200.00
12	18	转24	报废清理生产设备	332 500.00	0.00		贷	58 222 700.00
12	31	转44	计提建筑物折旧		171 428.40		贷	58 394 128.40

续表

2017 年		凭证号数	摘要	借方	贷方	核对号	借或贷	余额
月	日							
12	31	转 44	计提机器设备折旧		288 367. 20		贷	58 682 495. 60
12	31	转 44	计提办公设备折旧		52 045. 20		贷	58 734 540. 80
12	31	转 44	计提交通工具折旧		30 504. 68		贷	58 765 045. 48
12	31	转 44	计提电子产品折旧		7 111. 10		贷	58 772 156. 58
12	31		本月合计	332 500. 00	549 456. 58		贷	58 772 156. 58

23 –1 应付票据明细账

明细科目：重庆铸铁有限公司　　　　子目______

2017 年		凭证号数	摘要	借方	贷方	核对号	借或贷	余额
月	日							
12	1		期初余额				贷	0. 00
12	18	转 26	购铸铁		322 920. 00		贷	322 920. 00
12	31		本月合计	0. 00	322 920. 00		贷	322 920. 00

23 –2 应付票据明细账

明细科目：老铁钢材股份有限公司　　　　子目______

2017 年		凭证号数	摘要	借方	贷方	核对号	借或贷	余额
月	日							
12	1		期初余额				贷	139 200. 00
12	14	转 17	签发汇票抵账		1 409 550. 00		贷	1 548 750. 00
12	31		本月合计	0. 00	1 409 550. 00		贷	1 548 750. 00

24 –1 应付账款明细账

明细科目：老铁钢材股份有限公司

2017 年		凭证号数	摘要	借方	贷方	核对号	借或贷	余额
月	日							
12	1		期初余额				贷	9 383 900. 00
12	11	转 11	购液压件		1 409 550. 00		贷	10 793 450. 00
12	14	转 17	以汇票抵 12 月 11 日液压件款	1 409 550. 00			贷	9 383 900. 00
12	31		本月合计	1 409 550. 00	1 409 550. 00		贷	9 383 900. 00

24－2 应付账款明细账

明细科目：成都五羊电器元件有限公司

2017年		凭证号数	摘要	借方	贷方	核对号	借或贷	余额
月	日							
12	1		期初余额				贷	41 500.00
12	22	银付20	付款	33 200.00			贷	8 300.00
12	22	转33	债务重组减让	8 300.00			贷	0.00
12	31		本月合计	41 500.00	0.00			0.00

24－3 应付账款明细账

明细科目：成都康迈液压器材有限公司　　　　子目______

2017年		凭证号数	摘要	借方	贷方	核对号	借或贷	余额
月	日							
12	1		期初余额				贷	0.00
12	15	转22	应付油漆款		139 812.00		贷	139 812.00
12	31		本月合计	0.00	139 812.00		贷	139 812.00

25 预收账款明细账

明细科目：土创建筑集团

2017年		凭证号数	摘要	借方	贷方	核对号	借或贷	余额
月	日							
12	1		期初余额				贷	5 147 640.00
12	31		本月合计	0.00	0.00		贷	5 147 640.00

26 应交税费——应交增值税明细账

2017年		凭证号数	摘要	借方	贷方	借或贷	余额
月	日						
12	1		期初余额				0.00
12	1	现付1	营改增培训费报销（进项）	360.00			－360.00
12	4	转1	报销差旅费（进项）	72.00			－432.00
12	6	银付2	电话费（进项）	2 735.14			－3 167.14
12	7	转2	预付款购液压件（进项）	101 060.00			－104 227.14
12	8	转5	销售GL螺旋输送机（销项）		107 385.60		3 158.46
12	8	银付6	购铸铁600吨（进项）	112 200.00			－109 041.54

续表

2017年		凭证号数	摘要	借方	贷方	借或贷	余额
月	日						
12	8	银付7	购20#扁铁丝（进项）	829.00			-109 870.54
12	11	转11	购液压件（进项）	204 550.00			-314 420.54
12	12	银付10	销售部购办公用品（进项）	1 700.00			-110 741.54
12	12	转14	售XYS760-P机械手（销项）		117 810.00		7 068.46
12	13	银付11	购机油（进项）	30 600.00			-23 531.54
12	13	银收3	预收安装工程款（销项）		212 500.00		188 968.46
12	13	转16	购电动机（进项）	332 672.00			-143 703.54
12	13	银付12	付包装费（进项）	1 700.00			-145 403.54
12	14	转18	售LSY螺旋输送机（销项）		57 120.00		-88 283.54
12	14	转19	售GL螺旋输送机（销项）		117 504.00		29 220.46
12	14	转21	电动机验收短缺（进项税额转出）		331.50		29 551.96
12	15	转22	购油漆（进项）	20 212.00			9 339.96
12	18	现付3	付清理劳务费（进项）	113.21			9 226.75
12	18	转26	购铸铁（进项）	46 920.00			-37 693.25
12	18	银收4	售铸铁边角料（销项）		54 400.00		16 706.75
12	21	银付19	购无形资产（进项）	1 920.00			14 786.75
12	22	转31	收到代销清单（销项）		161 976.00		176 762.75
12	22	转32	支付代销手续费（进项）	5 716.80			171 045.95
12	22	转34	销售庆阳五金机械手（销项）		367 200.00		538 245.95
12	26	转36	支付佣金（进项）	7.08	1 408.00		539 646.87
12	28	银收9	出租汽车收入（销项）				539 646.87
12	28	银付23	行政部门购买办公用品（进项）	23 800.00			515 846.87
12	31	转39	售XYS型注塑机械手（销项）		78 200.00		594 046.87
12	31	银付24	付电费（进项）	26 503.68			567 543.19
12	31	银付25	付水费（进项）	55 440.00			512 103.19
12	31		本月合计	969 110.91	1 275 835.10		306 724.19

27 应付职工薪酬记账凭证式总账

2017年		凭证号数	摘要	借方	贷方	借或贷	余额
月	日						
12	1		期初余额				3 216 000.00
12	1	现付1	营改增培训费报销	6 000.00			3 210 000.00
12	15	现付2	发放职工困难补助	180 000.00			3 030 000.00
12	31	转38	结算劳务成本		720 000.00		3 750 000.00
12	31	转42-3/4	分配工资费用		1 041 998.00		4 791 998.00
12	31	转42-3/4	分配养老保险费用		187 559.64		4 979 557.64
12	31	转42-3/4	分配医疗保险费用		93 779.82		5 073 337.46
12	31	转42-3/4	分配失业保险费用		9 377.98		5 082 715.44
12	31	转42-3/4	分配住房公积金费用		93 779.82		5 176 495.26
12	31	转42-4/4	分配工会经费		20 839.96		5 197 335.22
12	31	转42-4/4	分配职工教育经费		26 049.95		5 223 385.17
12	31	转48	分配辅助生产费用——供电车间	19 852.14			5 203 533.03
12	31		本月合计	205 852.14	2 193 385.17		5 203 533.03

28 管理费用记账凭证式总账

2017年		凭证号数	摘要	借方	贷方	核对号	借或贷	余额
月	日							
12	1		期初余额					0.00
12	4	转1	报销差旅费	3 028.00				3 028.00
12	6	银付2	电话费	9 405.41				12 433.41
12	11	银付8	付咨询费	2 000.00				14 433.41
12	28	银付23	行政部门购买办公用品	140 000.00				154 433.41
12	31	银付25	付水费	12 480.00				166 913.41
12	31	转42-2/4	分配工资费用	218 038.80				384 952.21
12	31	转44	计提折旧	106 936.78				491 888.99
12	31	转45	无形资产摊销	2 546.67				494 435.66
12	31	转48	分配电费	4 511.85				498 947.51
12	31	转45	长期待摊费用摊销	8 786.67				507 734.18
12	31	转56-1/2	期末结转损益		507 734.18		平	0.00
12	31		本月合计	507 734.18	507 734.18		平	

29 财务费用记账凭证式总账

2017年		凭证号数	摘要	借方	贷方	核对号	借或贷	余额
月	日							
12	1		期初余额					0.00
12	8	银付4	托收手续费	50.00				50.00
12	12	转13	现金折扣	12 633.60				12 683.60
12	20	转29	票据贴现利息	234.96				12 918.56
12	21	银收6	收银行存款利息		4 200.00			8 718.56
12	26	银付22	支付短期借款利息	4 680.00				13 398.56
12	31	转46	计提长期负债利息	156 000.00				169 398.56
12	31	转56-2/2	期末结转损益		169 398.56		平	0.00
12	31		本月合计	173 598.56	173 598.56		平	

30 销售费用记账凭证式总账

2017年		凭证号数	摘要	借方	贷方	核对号	借或贷	余额
月	日							
12	1		期初余额					0.00
12	11	银付8	付广告费	15 000.00				15 000.00
12	12	银付10	销售部购办公用品	10 000.00				25 000.00
12	22	转32	代销手续费	95 280.00				120 280.00
12	31	转44	计提折旧	15 112.00				135 392.00
12	31	转56-1/2	期末结转损益		135 392.00		平	0.00
12	31		本月合计	135 392.00	135 392.00		平	

31 主营业务收入记账凭证式总账

2017年		凭证号数	摘要	借方	贷方	核对号	借或贷	余额
月	日							
12	1		期初余额				平	0.00
12	8	转5	售GL螺旋输送机		631 680.00		贷	631 680.00
12	12	转14	售XYS760-P机械手		693 000.00		贷	1 324 680.00
12	14	转18	售LSY螺旋输送机（销项）		336 000.00		贷	1 660 680.00
12	14	转19	售GL螺旋输送机		691 200.00		贷	2 351 880.00
12	22	转31	收到代销清单		952 800.00		贷	3 304 680.00

续表

2017 年		凭证号数	摘要	借方	贷方	核对号	借或贷	余额
月	日							
12	22	转 34	销售庆阳五金机械手		2 160 000. 00		贷	5 464 680. 00
12	31	转 39	售 XYS 型注塑机械手（销项）		460 000. 00		贷	5 924 680. 00
12	31	转 57	期末结转损益	5 924 680. 00			平	0. 00
12	31		本月合计	5 924 680. 00	5 924 680. 00			

32 其他业务收入记账凭证式总账

2017 年		凭证号数	摘要	借方	贷方	核对号	借或贷	余额
月	日							
12	1		期初余额					0. 00
12	13	银收 3	预收安装工程款		1 250 000. 00			1 250 000. 00
12	18	银收 4	售铸铁边角料		320 000. 00			1 570 000. 00
12	28	银收 9	出租汽车收入		12 800. 00			1 582 800. 00
12	31	转 57	期末结转损益	1 582 800. 00			平	0. 00
12	31		本月合计	1 582 800. 00	1 582 800. 00		平	

33 其他业务成本记账凭证式总账

2017 年		凭证号数	摘要	借方	贷方	核对号	借或贷	余额
月	日							
12	1		期初余额				平	
12	31	转 38	结算劳务成本	720 000. 00			借	720 000. 00
12	31	转 40 - 3/6	结转销售材料成本	464 000. 00			借	1 184 000. 00
12	31	转 41 - 4/4	结转销售材料成本差异		10 904. 00		借	1 173 096. 00
12	31	转 44	计提折旧	3 960. 00			借	1 177 056. 00
12	31	转 56 - 2/2	期末结转损益		1 177 056. 00		平	0. 00
12	31		本月合计	1 187 960. 00	1 187 960. 00		平	

34 营业外支出记账凭证式总账

2017年		凭证号数	摘要	借方	贷方	核对号	借或贷	余额
月	日							
12	1		期初余额				平	0.00
12	14	转21	电动机验收短缺，保险赔偿	912.60				912.60
12	15	银付15	环保罚款支出	2 000.00				2 912.60
12	18	转25	非流动资产处置损失	6 886.79				9 799.39
12	20	银付17	向希望工程捐款	10 000.00				19 799.39
12	27	转37	预计赔偿损失	250 000.00				269 799.39
12	31	转56－2/2	期末结转损益		269 799.39		平	0.00
12	31		本月合计	269 799.39	269 799.39		平	

六、2017年12月经济业务的记账凭证及原始凭证

1. 12月1日，以现金报销财务人员张静、叶华在绵阳诚信达会计师事务所有限公司营改增培训费6 360元。

付款凭证

贷方科目：库存现金　　　　2017年12月1日　　　　现付字第1号

摘要	借方科目		记账	金额										
	总账科目	明细科目		亿	千	百	十	万	千	百	十	元	角	分
营改增培训费	应付职工薪酬	职工教育经费							6	0	0	0	0	0
营改增培训费	应交税费	应交增值税（进项税额）								3	6	0	0	0
合计金额								¥	6	3	6	0	0	0

附单据叁张

财会主管：　　记账：　　出纳：　　复核：　　制单：

原始凭证 1－1

绵阳机械股份有限公司

费用报销单

部门：财务部　　　　2017 年 12 月 1 日

报销金额	（大写）陆仟叁佰陆拾元整　　　　（小写）￥6 360.00			
开支内容	营改增培训费			
总经理	财务负责人	部门负责人	实物保管、验收人	经办人
	吴娟	吴娟		叶华
说明：				

（印章：绵阳机械股份有限公司 现金付讫）

原始凭证 1－2

5107171130

四川省增值税专用发票

发　票　联

No 26789987

开票日期：2017 年 11 月 25 日

购买方	名　　称：绵阳机械股份有限公司 纳税人识别号：510700603468168 地 址 、电 话：四川绵阳高新工业园区迎宾路 5 号 0816－87500852 开户行及账号：中国工商银行四川分行高新分理处 00381208010019	密码区	<65 > --7 * 85762896 -2 +1 +384035646 *6 73 <53764 - *06479 +876 *7 <-8640/426 < 7 <7/42765 +6374 >38 -2 << *534/25 >24.7 455445/6354/ <<58 -6 *536 *5 >43 <3 >60

货物或应税劳务、服务名称	规格型号	单位	数量	单价	金额	税率	税额
培训费					6 000.00	6%	360.00
合计					6 000.00		360.00
价税合计（大写）	陆仟叁佰陆拾元整				（小写）￥6 360.00		

销售方	名　　称：绵阳诚信达会计师事务所有限公司 纳税人识别号：450120326789987 地 址 、电 话：四川绵阳高新工业园区迎宾路30 号 0816－8705072 开户行及账号：中国建设银行绵阳分行高新分理处 4502900422259038560	备注	（印章：绵阳诚信达会计师事务所有限公司 450120326789987 发票专用章）

收款人：王涛　　复核：张志　　开票人：黄轩　　销售方：（章）

税总函〔2017〕268北京印钞有限公司

第三联 发票联 购买方记账凭证

原始凭证 1－3

5107171130　　　　**四川省增值税专用发票**

抵　扣　联　　　　No 26789987

开票日期：2017 年 11 月 25 日

购买方	名　　称：绵阳机械股份有限公司 纳税人识别号：510700603468168 地 址 、电 话：四川绵阳高新工业园区迎宾路 5 号 0816－87500852 开户行及账号：中国工商银行四川分行高新分理处 00381208010019	密码区	<65 > --7 * 85762896 -2 +1 +384035646 * 6 73 <53764 - * 06479 +876 * 7 <-8640/426 < 7 <7/42765 +6374 >38 -2 << * 534/25 >24. 7 455445/6354/ <<58 -6 * 536 * 5 >43 <3 >60

货物或应税劳务、服务名称	规格型号	单位	数量	单价	金额	税率	税额
培训费					6 000. 00	6%	360. 00
合计					6 000. 00		360. 00
价税合计（大写）	陆仟叁佰陆拾元整				（小写）￥6 360. 00		

销售方	名　　称：绵阳诚信达会计师事务所有限公司 纳税人识别号：450120326789987 地 址 、电 话：四川绵阳高新工业园区迎宾路 30 号 0816－8705072 开户行及账号：中国建设银行绵阳分行高新分理处 4502900422259038560	备注	绵阳诚信达会计师事务所有限公司 450120326789987 发票专用章

收款人：王涛　　复核：张志　　开票人：黄轩　　销售方：（章）

税总函（2017）268 北京印钞有限公司

第二联 抵扣联 购买方扣税凭证

2. 12 月 4 日，采购员白浅出差回来报销差旅费 3 100 元，上月已借款 5 000 元。

收款凭证

借方科目：库存现金　　2017 年 12 月 4 日　　现收字第 1 号

摘要	贷方科目		记账	金额										
	总账科目	明细科目		亿	千	百	十	万	千	百	十	元	角	分
报销差旅费	其他应收款	白浅							1	9	0	0	0	0
合计金额								￥	1	9	0	0	0	0

附单据 壹 张

财会主管：　　记账：　　出纳：　　复核：　　制单：

转账凭证

2017 年 12 月 4 日　　　　转　字第 1 号

摘要	会计科目		记账	借方金额											贷方金额										
	总账科目	明细科目		亿	千	百	十	万	千	百	十	元	角	分	亿	千	百	十	万	千	百	十	元	角	分
报销差旅费	管理费用	差旅费							3	0	2	8	0	0											
报销差旅费	应交税费	应交增值税（进项税额）									7	2	0	0											
报销差旅费	其他应收款	白浅																		3	1	0	0	0	0
合计金额								¥	3	1	0	0	0	0					¥	3	1	0	0	0	0

附单据伍张

财会主管：　　　　记账：　　　　复核：　　　　制单：

原始凭证 2－1

差旅费报销单

部门：采购部　　　　2017 年 12 月 4 日　　　　附件肆张

出差人：			白浅、冯悦					出差事由：				联系采购业务	
出发			到达			交通工具	交通费	出差补贴				其他费用	
月	日	地点	月	日	地点			标准	天数	人数	金额	项目	金额
11	20	绵阳	11	20	成都	火车	374.00	180	3	2	1 080.00	市内交通费	
11	23	成都	11	23	绵阳	火车	374.00					住宿费	1 200
												增值税	72
												其他	
合计（小写）¥3 100.00													
报销金额	人民币（大写）叁仟壹佰元整					预借差旅	¥5 000.00					补领金额	
												退还金额	¥1 900.00

财务主管：王娟　　　　部门负责人：邵兵　　　　出纳：李京　　　　领（退）款人：白浅

原始凭证 2－2

收据

2017 年 12 月 4 日　　　　第 171201 号

交款单位	采购部		收款方式		现金
人民币（大写）壹仟玖佰元整					¥1 900.00
事由：报销差旅费			现金		
			支票第　号		
收款单位	财务部	财务主管	张静	收款人	李京

第二联：记账凭证

原始凭证 2－3、原始凭证 2－4 四张实名为白浅的火车票，每张票价为 187 元，其中两张为绵阳至成都，两张为成都至绵阳，真实有效（火车票略）。

原始凭证 2－5

5107176130

四川省增值税专用发票

发 票 联

No 23789935

开票日期：2017 年 11 月 23 日

购买方	名　　　称：绵阳机械股份有限公司 纳税人识别号：510700603468168 地 址 、电 话：四川绵阳高新工业园区迎宾路 5 号 0816－87500852 开户行及账号：中国工商银行四川分行高新分理处 00381208010019				密码区	<65 > －－7＊85762896－2＋1＋384035646＊6 73＜53764－＊06479＋876＊7＜－8640/426＜ 7＜7/42765＋6374＞38－2＜＜＊534/25＞24. 7 455445/6354/＜＜58－6＊536＊5＞43＜3＞60		
货物或应税劳务、服务名称	规格型号	单位	数量	单价	金额	税率	税额	
住宿费		天	6	200	1 200. 00	6%	72. 00	
合计					1 200. 00		72. 00	
价税合计（大写）	壹仟贰佰柒拾贰元整				（小写）￥1 272. 00			
销售方	名　　　称：成都市双流区哲选宜家宾馆 纳税人识别号：92510122MA6CN8EPXK 地 址 、电 话：成都成华区邛崃山路 60 号 028－87350568 开户行及账号：中国农业银行成都青羊区浣花北路分理处　4502900422652038530				备注	成都市双流区哲选宜家宾馆 92510122MA6CN8EPXK 发票专用章		

收款人：李阳　　　复核：王晓　　　开票人：李阳　　　销售方：（章）

税总函（2017）268北京印钞有限公司

第三联　发票联　购买方记账凭证

原始凭证 2－6

5107176130

四川省增值税专用发票

抵 扣 联

No 23789935

开票日期：2017 年 11 月 23 日

购买方	名　　　称：绵阳机械股份有限公司 纳税人识别号：510700603468168 地 址 、电 话：四川绵阳高新工业园区迎宾路 5 号 0816－87500852 开户行及账号：中国工商银行四川分行高新分理处 00381208010019				密码区	<65 > －－7＊85762896－2＋1＋384035646＊6 73＜53764－＊06479＋876＊7＜－8640/426＜ 7＜7/42765＋6374＞38－2＜＜＊534/25＞24. 7 455445/6354/＜＜58－6＊536＊5＞43＜3＞60		
货物或应税劳务、服务名称	规格型号	单位	数量	单价	金额	税率	税额	
住宿费		天	6	200	1 200. 00	6%	72. 00	
合计					1 200. 00		72. 00	
价税合计（大写）	壹仟贰佰柒拾贰元整				（小写）￥1 272. 00			
销售方	名　　　称：成都市双流区哲选宜家宾馆 纳税人识别号：92510122MA6CN8EPXK 地 址 、电 话：成都成华区邛崃山路 60 号 028－87350568 开户行及账号：中国农业银行成都青羊区浣花北路分理处　4502900422652038530				备注	成都市双流区哲选宜家宾馆 92510122MA6CN8EPXK 发票专用章		

收款人：李阳　　　复核：王晓　　　开票人：李阳　　　销售方：（章）

税总函（2017）268北京印钞有限公司

第二联　抵扣联　购买方扣税

3. 12 月 5 日，上缴上月增值税 300 000 元，城建税 21 000（7%）元。

付款凭证

贷方科目：银行存款　　　　2017 年 12 月 5 日　　　　银付字第 1 号

摘要	借方科目		记账	金额											
	总账科目	明细科目		亿	千	百	十	万	千	百	十	元	角	分	
缴税	应交税费	未交增值税					3	0	0	0	0	0	0	0	附单据叁张
缴税		应交城市维护建设税						2	1	0	0	0	0	0	
合计金额						¥	3	2	1	0	0	0	0	0	

财会主管：　　记账：　　出纳：　　复核：　　制单：

原始凭证 3－1

四川省国税局电子缴款凭证

打印日期：2017 年 12 月 5 日　　　　川国电缴：No20171302653802

防伪码：D8BE7C88A9BBA1423849EA4400176130

纳税人识别号：510700603468168				税务征收机关：四川国税局绵阳国税分局		
纳税人全称：绵阳机械股份有限公司				银行账号：00381208010019		
系统税票号	税（费）种	税（品）目	所属时期：（年/月/日）	实缴金额	缴款日期	备注
44008924400176130	增值税	工业企业（制造业）	2017/11/1	300 000. 00	2017 年 12 月 5 日	1 次
44008924400176130	城建税	工业企业（制造业）	2017/11/1	21 000. 00	2017 年 12 月 5 日	1 次
大写（合计）金额：叁拾贰万壹仟元整				¥321 000. 00		
税务机关		说明：1. 本缴款凭证仅作为纳税人记账核算凭证用，电子缴款的，需与银行对账单电子划缴记录核对一致方有效。纳税人如需开具正式完税证明，请凭税务登记证或身份证明到主管税务机关开具。 2. 备注中显示的是本记录的打印次数				

4. 12 月 5 日，生产领用原材料和辅助材料。

部门	材料名称、规格	数量	计划单价	金额
下料车间	铝锭	365	5 280	1 927 200
	铸铁	750	1 160	870 000
	照明设备	30	1 840	55 200
	扁铁丝 20#	500	3. 04	1 520
	机油 4L	300	280	84 000
加工车间	标准件	180	4 800	864 000
	液压件	750	2 017. 6	1 513 200
	润滑油	750	280	210 000
	电器元件	450	1 520	684 000
	机油 4L	450	280	126 000
装配车间	电动机	1 500	640	960 000
	轴承	1 000	184. 4	184 400
	油漆	4 500	100	450 000
	润滑油	1 500	280	420 000
	机油 4L	150	280	42 000
合计	—	—	—	8 391 520

领料单

领料部门：下料车间　　用途：　　2017 年 12 月 5 日

编号	品名	规格型号	单位	数量		计划价格		实际价格	
				请领	实发	单价	总价	单价	总价
	铝锭		吨	365	365	5 280	1 927 200		
	铸铁		吨	750	750	1 160	870 000		
	照明设备		件	30	30	1 840	55 200		
	扁铁丝 20#		捆	500	500	3. 04	1 520		
	机油 4L		升	300	300	280	84 000		
合计				—	—	—	2 937 920		

领料单

领料部门：加工车间　　用途：　　2017 年 12 月 5 日

编号	品名	规格型号	单位	数量		计划价格		实际价格	
				请领	实发	单价	总价	单价	总价
	标准件		件	180	180	4 800	864 000		
	液压件		件	750	750	2 017. 6	1 513 200		
	润滑油		桶	750	750	280	210 000		
	电器元件		件	450	450	1 520	684 000		
	机油 4L		升	450	450	280	126 000		
合计				—	—	—	3 397 200		

领料单

领料部门：装配车间　　用途：　　2017 年 12 月 5 日

编号	品名	规格型号	单位	数量		计划价格		实际价格	
				请领	实发	单价	总价	单价	总价
	电动机		个	1 500	1 500	640	960 000		
	轴承		个	1 000	1 000	184.4	184 400		
	油漆		桶	4 500	4 500	100	450 000		
	润滑油		桶	1 500	1 500	280	420 000		
	机油 4L		升	150	150	280	42 000		
合计				—	—	—	2 056 400		

5. 12 月 6 日，支付电话费 27 600 元（含税，税率 11%）元。

付款凭证

贷方科目：银行存款　　2017 年 12 月 6 日　　银付字第 2 号

摘要	借方科目		记账	金额										
	总账科目	明细科目		亿	千	百	十	万	千	百	十	元	角	分
支付电话费	制造费用	下料车间（电话费）							2	1	6	2	1	6
支付电话费		加工车间（电话费）							1	9	4	5	9	5
支付电话费		装配车间（电话费）							2	8	1	0	8	1
支付电话费	生产成本	辅助生产成本——机修车间（电话费）							3	2	4	3	2	4
支付电话费		辅助生产成本——供电车间（电话费）							2	7	0	2	7	0
支付电话费	在建工程	电话费							2	5	9	4	5	9
支付电话费	管理费用	电话费							9	4	0	5	4	1
支付电话费	应交税费	应交增值税（进项税额）							2	7	3	5	1	4
合计金额							¥	2	7	6	0	0	0	0

附单据肆张

财会主管：　　记账：　　出纳：　　复核：　　制单：

原始凭证 5－1

公司电话费用记录

2017 年 12 月 6 日

部门	下料	加工	装配	机修	供电	在建工程	管理部门	合计
费用额	2 162.16	1 945.95	2 810.81	3 243.24	2 702.70	2 594.59	9 405.41	24 864.86
增值税	237.84	214.05	309.19	356.76	297.30	285.41	1 034.59	2 735.14

原始凭证 5－2

5107173130

四川省增值税专用发票

发 票 联

No 26359981

开票日期：2017 年 12 月 6 日

购买方	名　　称：绵阳机械股份有限公司 纳税人识别号：510700603468168 地 址 、电 话：四川绵阳高新工业园区迎宾路 5 号 0816－87500852 开户行及账号：中国工商银行四川分行高新分理处 00381208010019	密码区	<65 > －－7 * 85762896 －2 ＋1 ＋384035646 * 6 73 <53764 － * 06479 ＋876 * 7 <－8640/426 < 7 <7/42765 ＋6374 >38 －2 << * 534/25 >24. 7 455445/6354/ <<58 －6 * 536 * 5 >43 <3 >60

货物或应税劳务、服务名称	规格型号	单位	数量	单价	金额	税率	税额
电话费		度	31 081. 07	0. 8	24 864. 86	11%	2 735. 14
合计					24 864. 86		2 735. 14
价税合计（大写）	贰万柒仟陆佰元整				（小写）￥27 600. 00		

销售方	名　　称：四川省电信局绵阳分公司 纳税人识别号：450120861620065 地 址 、电 话：四川绵阳涪城区红星街 85 号 0816－87083826 开户行及账号：中国建设银行绵阳红星街支行 4502900422259098572	备注	四川省电信局绵阳分公司 450120861620065 发票专用章

收款人：马霞　　复核：刘雄　　开票人：马霞　　销售方：（章）

税总函（2017）268北京印钞有限公司

第三联 发票联 购买方记账凭证

原始凭证 5－3

5107173130

四川省增值税专用发票

抵 扣 联

No 26359981

开票日期：2017 年 12 月 6 日

购买方	名　　称：绵阳机械股份有限公司 纳税人识别号：510700603468168 地 址 、电 话：四川绵阳高新工业园区迎宾路 5 号 0816－87500852 开户行及账号：中国工商银行四川分行高新分理处 00381208010019	密码区	<65 > －－7 * 85762896 －2 ＋1 ＋384035646 * 6 73 <53764 － * 06479 ＋876 * 7 <－8640/426 < 7 <7/42765 ＋6374 >38 －2 << * 534/25 >24. 7 455445/6354/ <<58 －6 * 536 * 5 >43 <3 >60

货物或应税劳务、服务名称	规格型号	单位	数量	单价	金额	税率	税额
电话费		度	31 081. 07	0. 8	24 864. 86	11%	2 735. 14
合计					24 864. 86		2 735. 14
价税合计（大写）	贰万柒仟陆佰元整				（小写）￥27 600. 00		

销售方	名　　称：四川省电信局绵阳分公司 纳税人识别号：450120861620065 地 址 、电 话：四川绵阳涪城区红星街 85 号 0816－87083826 开户行及账号：中国建设银行绵阳红星街支行 4502900422259098572	备注	四川省电信局绵阳分公司 450120861620065 发票专用章

收款人：马霞　　复核：刘雄　　开票人：马霞　　销售方：（章）

税总函（2017）268北京印钞有限公司

第二联 抵扣联 购买方扣税凭证

原始凭证 5－4

ICBC 中国工商银行　业务回单（付款）

日期：2017 年 12 月 6 日　　回单编号：925673205

付款人户名：绵阳机械股份有限公司　　付款人开户行：工商银行高新分理处

付款人账号（卡号）：00381208010019

收款人户名：四川省电信局绵阳分公司　　收款人开户行：建设银行红星街支行

收款人账号（卡号）：4502900422259098572

金额：贰万柒仟陆佰元整　　小写：￥27 600.00

业务（产品）种类：跨行收款　　凭证种类：386086　　凭证号码：627838528170

摘要：电话费　　用途：电话费　　币种：人民币

交易机构：0510897289　　记账柜员：021　　交易代码：52094　　渠道：其他渠道

附言：

本回单为第一次打印，注意重复　打印日期：2017 年 12 月 6 日　打印柜员：5　验证码：4938B2E2015

（印章：工商银行四川分行高新分理处 结算专用章（5）（绵阳市））

6. 12 月 6 日，将货币资金 175 000 元转入证券公司投资账户。

付款凭证

贷方科目：银行存款　　2017 年 12 月 6 日　　银付字第 3 号

摘要	借方科目		记账	金额										
	总账科目	明细科目		亿	千	百	十	万	千	百	十	元	角	分
转入证券公司	其他货币资金	存出投资款					1	7	5	0	0	0	0	0
合计金额						￥	1	7	5	0	0	0	0	0

附单据壹张

财会主管：　　记账：　　出纳：　　复核：　　制单：

原始凭证 6－1

证券资金存取委托书

证券保证金账户	6883975629746365	银行存款账户	00381208010019
转账金额	175 000.00	转账方式	转入

兹委托中国工商银行办理上述证券资金存取业务，经核对银行打印内容正确无误。

客户签字：李京

2017 年 12 月 6 日

7. 12 月 7 日，上月预付款购买成都市康迈液压器材有限公司购液压件 300 件，单价 1 960 元，增值税税率 17%，发生运输费用 10 000 元，增值税税率 11%，现已到货，验收入库。

转账凭证

2017 年 12 月 7 日　　　　转　字第 2 号

摘要	会计科目		记账	借方金额											贷方金额										
	总账科目	明细科目		亿	千	百	十	万	千	百	十	元	角	分	亿	千	百	十	万	千	百	十	元	角	分
预付款购液压件	材料采购	液压件					5	9	8	0	0	0	0	0											
预付款购液压件	应交税费	应交增值税（进项税）					1	0	1	0	6	0	0	0											
预付款购液压件	预付账款	成都康迈																6	9	9	0	6	0	0	0
合计金额						¥	6	9	9	0	6	0	0	0			¥	6	9	9	0	6	0	0	0

财会主管：　　　　记账：　　　　复核：　　　　制单：

转账凭证

2017 年 12 月 7 日　　　　转　字第 3 号

摘要	会计科目		记账	借方金额											贷方金额										
	总账科目	明细科目		亿	千	百	十	万	千	百	十	元	角	分	亿	千	百	十	万	千	百	十	元	角	分
预付款购液压件	原材料	液压件					6	0	5	2	8	0	0	0											
预付款购液压件	材料采购	液压件																5	9	8	0	0	0	0	0
预付款购液压件	材料成本差异																			7	2	8	0	0	0
合计金额						¥	6	0	5	2	8	0	0	0			¥	6	0	5	2	8	0	0	0

财会主管：　　　　记账：　　　　复核：　　　　制单：

原始凭证 7－1

5107174130

四川省增值税专用发票

发　票　联

No 36789132

开票日期：2017 年 12 月 7 日

购买方	名　　　称：绵阳机械股份有限公司 纳税人识别号：510700603468168 地 址 、电 话：四川绵阳高新工业园区迎宾路 5 号 0816－87500852 开户行及账号：中国工商银行四川分行高新分理处 00381208010019	密码区	<65 > －－7 ∗85762896 －2 +1 +384035646 ∗6 73 <53764 － ∗06479 +876 ∗7 <－8640/426 < 7 <7/42765 +6374 >38 －2 << ∗534/25 >24.7 455445/6354/ <<58 －6 ∗536 ∗5 >43 <3 >60

货物或应税劳务、服务名称	规格型号	单位	数量	单价	金额	税率	税额
液压件		件	300	1 960	588 000.00	17%	99 960.00
合计					588 000.00		99 960.00
价税合计（大写）	陆拾捌万柒仟玖佰陆拾元整				（小写）￥687 960.00		

销售方	名　　　称：成都市康迈液压器材有限公司 纳税人识别号：450168861625436 地 址 、电 话：成都市双楠小区少陵路 19 号 0816－870256826 开户行及账号：中国建设银行青羊支行 4502900435869098502	备注	成都市康迈液压器材有限公司 450168861625436 发票专用章

收款人：李雪　　　复核：刘兵　　　开票人：黄岛　　　销售方：（章）

税总函（2017）268北京印钞有限公司

第二联 抵扣联 购买方扣税

原始凭证 7－2

5107174130

四川省增值税专用发票

发　票　联

No 36789132

开票日期：2017 年 12 月 7 日

购买方	名　　　称：绵阳机械股份有限公司 纳税人识别号：510700603468168 地 址 、电 话：四川绵阳高新工业园区迎宾路 5 号 0816－87500852 开户行及账号：中国工商银行四川分行高新分理处 00381208010019	密码区	<65 > －－7 ∗85762896 －2 +1 +384035646 ∗6 73 <53764 － ∗06479 +876 ∗7 <－8640/426 < 7 <7/42765 +6374 >38 －2 << ∗534/25 >24.7 455445/6354/ <<58 －6 ∗536 ∗5 >43 <3 >60

货物或应税劳务、服务名称	规格型号	单位	数量	单价	金额	税率	税额
液压件		件	300	1 960	588 000.00	17%	99 960.00
合计					588 000.00		99 960.00
价税合计（大写）	陆拾捌万柒仟玖佰陆拾元整				（小写）￥687 960.00		

销售方	名　　　称：成都市康迈液压器材有限公司 纳税人识别号：450168861625436 地 址 、电 话：成都市双楠小区少陵路 19 号 0816－870256826 开户行及账号：中国建设银行青羊支行 4502900435869098502	备注	成都市康迈液压器材有限公司 450168861625436 发票专用章

收款人：李雪　　　复核：刘兵　　　开票人：黄岛　　　销售方：（章）

税总函（2017）268北京印钞有限公司

第三联 发票联 购买方记账凭证

原始凭证 7－3

5107174130

四川省增值税专用发票

抵扣联

No 26878325

开票日期：2017 年 12 月 7 日

购买方	名称：绵阳机械股份有限公司 纳税人识别号：510700603468168 地址、电话：四川绵阳高新工业园区迎宾路 5 号 0816－87500852 开户行及账号：中国工商银行四川分行高新分理处 00381208010019			密码区	<65>－－7＊85762896－2＋1＋384035646＊6 73<53764－＊06479＋876＊7<－8640/426< 7<7/42765＋6374>38－2<<＊534/25>24.7 455445/6354/<<58－6＊536＊5>43<3>60		
货物或应税劳务、服务名称	规格型号	单位	数量	单价	金额	税率	税额
运费					10 000.00	11%	1 100.00
合计					10 000.00		1 100.00
价税合计（大写）	壹万壹仟壹佰元整				（小写）¥11 100.00		
销售方	名称：绵阳远通运输公司 纳税人识别号：450118616208635 地址、电话：四川绵阳涪城区红星街 125 号 0816－87023698 开户行及账号：中国建设银行绵阳红星街支行 450365822259098 5720916			备注	绵阳远通运输公司 450118616208635 发票专用章		

收款人：张烨　　复核：刘琦　　开票人：赵江　　销售方：（章）

税总函（2017）268北京印钞有限公司

第二联 抵扣联 购买方扣税

原始凭证 7－4

5107174130

四川省增值税专用发票

发票联

No 26878325

开票日期：2017 年 12 月 7 日

购买方	名称：绵阳机械股份有限公司 纳税人识别号：510700603468168 地址、电话：四川绵阳高新工业园区迎宾路 5 号 0816－87500852 开户行及账号：中国工商银行四川分行高新分理处 00381208010019			密码区	<65>－－7＊85762896－2＋1＋384035646＊6 73<53764－＊06479＋876＊7<－8640/426< 7<7/42765＋6374>38－2<<＊534/25>24.7 455445/6354/<<58－6＊536＊5>43<3>60		
货物或应税劳务、服务名称	规格型号	单位	数量	单价	金额	税率	税额
运费					10 000.00	11%	1 100.00
合计					10 000.00		1 100.00
价税合计（大写）	壹万壹仟壹佰元整				（小写）¥11 100.00		
销售方	名称：绵阳远通运输公司 纳税人识别号：450118616208635 地址、电话：四川绵阳涪城区红星街 125 号 0816－87023698 开户行及账号：中国建设银行绵阳红星街支行 4503658222590985720916			备注	绵阳远通运输公司 450118616208635 发票专用章		

收款人：张烨　　复核：刘琦　　开票人：赵江　　销售方：（章）

税总函（2017）268北京印钞有限公司

第三联 发票联 购买方记账凭证

原始凭证 7－5

绵阳机械股份有限公司

材料入库单

仓库：原材料库　　　　入库日期：2017 年 12 月 7 日　　　　编号：yy171201

材料名称	规格型号	单位	数量		实际成本		计划成本	
			发票	实际	单价	金额	单价	金额
液压件		件	300	300	1 960.00	588 000.00	2 017.60	605 280.00

记账：　　　　保管员：杨洁　　　　采购员：高伟光

8. 12 月 7 日，收回 3 月已作为坏账转销的星星机械商贸有限公司欠款 25 000 元。

收款凭证

借方科目：银行存款　　　　2017 年 12 月 7 日　　　　银收字第 1 号

摘要	贷方科目		记账	金额										
	总账科目	明细科目		亿	千	百	十	万	千	百	十	元	角	分
收回星星机械坏账	应收账款	星星机械						2	5	0	0	0	0	0
合计金额							¥	2	5	0	0	0	0	0

附单据壹张

财会主管：　　　记账：　　　出纳：　　　复核：　　　制单：

转账凭证

2017 年 12 月 7 日　　　　转　字第 4 号

摘要	会计科目		记账	借方金额											贷方金额										
	总账科目	明细科目		亿	千	百	十	万	千	百	十	元	角	分	亿	千	百	十	万	千	百	十	元	角	分
收回星星机械坏账	应收账款	星星机械						2	5	0	0	0	0	0											
收回星星机械坏账	坏账准备	应收账款																	2	5	0	0	0	0	0
合计金额							¥	2	5	0	0	0	0	0				¥	2	5	0	0	0	0	0

附单据壹张

财会主管：　　　记账：　　　出纳：　　　复核：　　　制单：

原始凭证 8－1

ICBC 中国工商银行 业务回单（付款）

日期：2017 年 12 月 7 日　　回单编号：85673219

付款人户名：星星机械商贸有限公司　　付款人开户行：农业银行成都青羊支行

付款人账号（卡号）：6253681725010668123

收款人户名：绵阳机械股份有限公司　　收款人开户行：工商银行高新分理处

收款人账号（卡号）：00381208010019

金额：贰万伍仟元整　　小写：¥25 000.00

业务（产品）种类：跨行收款　　凭证种类：386　　凭证号码：6278385289452

摘要：收回已转销的坏账　　用途：货款　　币种：人民币

交易机构：0510897289　　记账柜员：036　　交易代码：52094　　渠道：其他渠道

附言：

本回单为第一次打印，注意重复　打印日期：2017 年 12 月 7 日　打印柜员：8　验证码：4938B2E3875

（印章：工商银行四川分行高新分理处 结算专用章（5）（绵阳市））

9. 12 月 8 日，销售给西安钱多多物资公司 GL 型螺旋输送机 240 台，单位售价 2 632 元/台，采用托收承付结算方式，货已发出，并已办理托收手续，支付托收手续费税费合计 50 元，代垫运费 6 000 元。公司给出的现金折扣条件为 2/10、1/20 和 n/30（折扣不考虑增值税）。

转账凭证

2017 年 12 月 8 日　　转　字第 5 号

摘要	会计科目		记账	借方金额											贷方金额										
	总账科目	明细科目		亿	千	百	十	万	千	百	十	元	角	分	亿	千	百	十	万	千	百	十	元	角	分
销售螺旋输送机	应收账款	西安钱多多					7	3	9	0	6	5	6	0											
销售螺旋输送机	主营业务收入	螺旋输送机																6	3	1	6	8	0	0	0
销售螺旋输送机	应交税费	应交增值税（销项税额）																1	0	7	3	8	5	6	0
合计金额						¥	7	3	9	0	6	5	6	0			¥	7	3	9	0	6	5	6	0

附单据　张

财会主管：　　记账：　　复核：　　制单：

付款凭证

贷方科目：银行存款　　　　2017 年 12 月 8 日　　　　银付字第 4 号

摘要	借方科目		记账	金额										
	总账科目	明细科目		亿	千	百	十	万	千	百	十	元	角	分
代垫运费	应收账款	西安钱多多							6	0	0	0	0	0
合计金额								¥	6	0	0	0	0	0

附单据壹张

财会主管：　　记账：　　出纳：　　复核：　　制单：

付款凭证

贷方科目：银行存款　　　　2017 年 12 月 8 日　　　　银付字第 5 号

摘要	借方科目		记账	金额										
	总账科目	明细科目		亿	千	百	十	万	千	百	十	元	角	分
托收手续费	财务费用										5	0	0	0
合计金额										¥	5	0	0	0

附单据贰张

原始凭证 9－1

绵阳机械股份有限公司

产品出库单

仓库：产成品库　　　　出库日期：2017 年 12 月 8 日　　　　编号：171201

产品编号	产品名称	规格型号	单位	数量	单位成本	总成本
202	螺旋输送机	GL 型	台	240	2 632.00	631 680.00
合计						631 680.00

保管员：张涛

原始凭证 9－2

发货通知单

编　　号　20171201　　　　订单号码　
客户名称　西安钱多多物资公司　　　　交货日期　2017 年 12 月 8 日
地　　址　西安市未央区大白杨东路 6 号中排 19 号　　　　交货方式　☑一次交货　　□分批交货

产品名称	产品编号	数量	单价	金额
GL 型螺旋输送机	202	240	2 632	631 680.00

仓库：　　　　主管：　　　　核准：　　　　填单：

原始凭证 9－3

5107174130　　　　四川省增值税专用发票

记　账　联　　　　No 34689061

开票日期：2017 年 12 月 8 日

购买方	名　　称：西安钱多多物资公司 纳税人识别号：610021162068139 地 址 、电 话：西安市未央区大白杨东路 6 号中排 19 号　029－37002782 开户行及账号：中国工商银行未央区分理处 62161208010019	密码区	<65 > －－7 ＊85762896 －2 ＋1 ＋384035646 ＊6 73 <53764 － ＊06479 ＋876 ＊7 <－8640/426 < 7 <7/42765 ＋6374 >38 －2 << ＊534/25 >24. 7 455445/6354/ <<58 －6 ＊536 ＊5 >43 <3 >60

货物或应税劳务、服务名称	规格型号	单位	数量	单价	金额	税率	税额
螺旋输送机	GL 型	台	240	2 632.00	631 680.00	17%	107 385.6
合计					631 680.00		107 385.60
价税合计（大写）	柒拾叁万玖仟零陆拾伍元陆角					（小写）	¥739 065.60

销售方	名　　称：绵阳机械股份有限公司 纳税人识别号：510700603468168 地 址 、电 话：四川绵阳高新工业园区迎宾路 5 号　0816－87500852 开户行及账号：中国工商银行四川分行高新分理处 00381208010019	备注	绵阳机械股份有限公司 510700603468168 合同专用章

收款人：李京　　　　复核：周立为　　　　开票人：齐凡　　　　销售方：（章）

税总函（2017）268北京印钞有限公司

第一联　记账联　销售方记账凭

原始凭证 9－4

ICBC 中国工商银行　业务回单（付款）

日期：2017 年 12 月 8 日　　回单编号：925673220

付款人户名：绵阳机械股份有限公司　　付款人开户行：工商银行高新分理处
付款人账号（卡号）：00381208010019
收款人户名：绵阳远通运输公司　　收款人开户行：建设银行红星街支行
收款人账号（卡号）：4503658222590985720916
金额：陆仟元整　　小写：￥6 000.00
业务（产品）种类：跨行收款　　凭证种类：386086　　凭证号码：6278385281350
摘要：代垫运费　　用途：付运费　　币种：人民币
交易机构：0510897289　　记账柜员：021　　交易代码：52094　　渠道：其他渠道
附言：
本回单为第一次打印，注意重复　打印日期：2017 年 12 月 8 日　打印柜员：5　验证码：4938B2E2106

工商银行四川分行高新分理处
结算专用章（5）
（绵阳市）

原始凭证 9－5

托收凭证（受理回单）

委托日期 2017 年 12 月 8 日

<table>
<tr><td colspan="2">业务类型</td><td colspan="4">委托收款：□起划□电划</td><td colspan="14">托收承付：□起划☑电划</td></tr>
<tr><td rowspan="3">出票人</td><td>全称</td><td colspan="3">西安钱多多物资公司</td><td rowspan="3">收款人</td><td>全称</td><td colspan="13">绵阳机械股份有限公司</td></tr>
<tr><td>账号</td><td colspan="3">62161208010019</td><td>账号</td><td colspan="13">00381208010019</td></tr>
<tr><td>地址</td><td>陕西省西安市/县</td><td>开户行</td><td>工行未央区分理处</td><td>地址</td><td>四川省绵阳市/县</td><td>开户行</td><td colspan="11">工行高新分理处</td></tr>
<tr><td rowspan="2">金额</td><td colspan="6" rowspan="2">人民币
（大写）柒拾肆万伍仟零陆拾伍元陆角</td><td>亿</td><td>千</td><td>百</td><td>十</td><td>万</td><td>千</td><td>百</td><td>十</td><td>元</td><td>角</td><td>分</td></tr>
<tr><td></td><td></td><td>￥</td><td>7</td><td>4</td><td>5</td><td>0</td><td>6</td><td>5</td><td>6</td><td>0</td></tr>
<tr><td>款项内容</td><td colspan="2">货款及代垫运费</td><td>托收凭据名称
增值税专用发票</td><td colspan="2">增值税专用发票
公路运输增值税专用发票</td><td colspan="3">附寄单证张数</td><td colspan="11">2</td></tr>
<tr><td colspan="3">商品发运情况</td><td colspan="2">公路运输</td><td colspan="4">合同名称号码</td><td colspan="11">001758</td></tr>
</table>

工商银行四川分行高新分理处
结算专用章（5）
（绵阳市）

原始凭证 9－6

051071711302

四川省增值税普通发票
发　票　联

No 75310978

开票日期：2017 年 12 月 8 日

购买方	名　　称：绵阳机械股份有限公司 纳税人识别号：510700603468168 地 址 、电 话：四川绵阳高新工业园区迎宾路 5 号 0816－87500852 开户行及账号：中国工商银行四川分行高新分理处 00381208010019	密码区	<65 > ――7＊85762896－2＋1＋384035646＊6 73<53764－＊06479＋876＊7<－8640/426< 7<7/42765＋6374>38－2<<＊534/25>24.7 455445/6354/<<58－6＊536＊5>43/160

货物或应税劳务、服务名称	规格型号	单位	数量	单价	金额	税率	税额
手续费					47.17	6%	2.83
合计					47.17		2.83
价税合计（大写）	伍拾元整				（小写）￥50.00		

销售方	名　　称：工商银行四川分行高新分理处 纳税人识别号：450135676816816 地 址 、电 话：四川绵阳高新工业园区迎宾路25 号 0816－87001365 开户行及账号：中国工商银行四川分行高新分理处 621423101498752306	备注	（印章：工商银行四川分行高新分理处 450135676816816 发票专用章）

收款人：周铭　　复核：张萍　　开票人：马昌　　销售方：（章）

税总函（2017）268北京印钞有限公司

第二联　发票联　购买方记账凭证

原始凭证 9－7

ICBC 中国工商银行　业务回单（付款）

日期：2017 年 12 月 8 日　　回单编号：925673220

付款人户名：绵阳机械股份有限公司　　付款人开户行：工商银行高新分理处

付款人账号（卡号）：00381208010019

收款人户名：绵阳远通运输公司　　收款人开户行：工商银行高新分理处

收款人账号（卡号）：621423101498752306

金额：伍拾元整　　小写：￥50.00

业务（产品）种类：同行收款　　凭证种类：386086　　凭证号码：6278385281350

摘要：托收手续费　　用途：托收手续费　　币种：人民币

交易机构：0510897289　　记账柜员：021　　交易代码：52094　　渠道：其他渠道

附言：

本回单为第一次打印，注意重复　打印日期：2017 年 12 月 8 日　打印柜员：5　验证码：4938B2E2106

（印章：工商银行四川分行高新分理处 结算专用章（5）（绵阳市））

10. 12 月 8 日，经确认石乐志物流有限公司有一笔应收账款 38 000 元无法收回。

转账凭证

2017年12月8日　　　　转　字第6号

摘要	会计科目		记账	借方金额											贷方金额										
	总账科目	明细科目		亿	千	百	十	万	千	百	十	元	角	分	亿	千	百	十	万	千	百	十	元	角	分
发生坏账	坏账准备	应收账款						3	8	0	0	0	0	0											
发生坏账	应收账款	石乐志物流																	3	8	0	0	0	0	0
合计金额							¥	3	8	0	0	0	0	0				¥	3	8	0	0	0	0	0

附单据壹张

财会主管：　　记账：　　复核：　　制单：

原始凭证 10－1

坏账核销单

2017年12月8日

应收账款单位	金额	批示意见
石乐志物流有限公司	38 000.00	同意作为坏账核销 批示人：吴娟

11. 12月8日，从四川铸铁股份有限公司购入铸铁600吨，单价1 100元/吨，款已付，材料已到达企业并验收入库。

付款凭证

贷方科目：银行存款　　2017年12月8日　　银付字第6号

摘要	借方科目		记账	金额										
	总账科目	明细科目		亿	千	百	十	万	千	百	十	元	角	分
购入铸铁	材料采购	铸铁					6	6	0	0	0	0	0	0
购入铸铁	应交税费	应交增值税（进项数额）					1	1	2	2	0	0	0	0
合计金额						¥	7	7	2	2	0	0	0	0

附单据叁张

财会主管：　　记账：　　出纳：　　复核：　　制单：

转账凭证

2017 年 12 月 8 日　　　　转　字第 7 号

摘要	会计科目		记账	借方金额											贷方金额										
	总账科目	明细科目		亿	千	百	十	万	千	百	十	元	角	分	亿	千	百	十	万	千	百	十	元	角	分
购入铸铁	原材料	铸铁					6	9	6	0	0	0	0	0											
购入铸铁	材料采购	铸铁																6	6	0	0	0	0	0	0
购入铸铁	材料成本差异																		3	6	0	0	0	0	0
合计金额						¥	6	9	6	0	0	0	0	0			¥	6	9	6	0	0	0	0	0

附单据壹张

财会主管：　　　　记账：　　　　复核：　　　　制单：

原始凭证 11－1

5107174130　　　　四川省增值税专用发票

抵　扣　联　　　　No 42573175

开票日期：2017 年 12 月 8 日

购买方	名　　称：绵阳机械股份有限公司 纳税人识别号：510700603468168 地 址 、电 话：四川绵阳高新工业园区迎宾路 5 号 0816－87500852 开户行及账号：中国工商银行四川分行高新分理处 00381208010019			密码区	<65 > －－7 ＊85762896 －2 ＋1 ＋384035646 ＊6 73 <53764 － ＊06479 ＋876 ＊7 <－8640/426 < 7 <7/42765 ＋6374 >38 －2 << ＊534/25 >24. 7 455445/6354/ <<58 －6 ＊536 ＊5 >43 <3 >60		
货物或应税劳务、服务名称	规格型号	单位	数量	单价	金额	税率	税额
铸铁		吨	600	1 100	660 000. 00	17%	112 200. 00
合计					660 000. 00		112 200. 00
价税合计（大写）	柒拾柒万贰仟贰佰元整				（小写）¥772 200. 00		
销售方	名　　称：四川铸铁股份有限公司 纳税人识别号：450165461637432 地 址 、电 话：成都市双楠小区少陵路 143 号 0816－873256486 开户行及账号：中国建设银行青羊支行 4502902835853098601			备注	四川铸铁股份有限公司 450165461637432 发票专用章		

收款人：李光达　　　　复核：刘副　　　　开票人：黄琪　　　　销售方：（章）

税总函（2017）268北京印钞有限公司

第二联 抵扣联 购买方扣税

原始凭证 11 －2

5107174130

四川省增值税专用发票

发　票　联

No 42573175

开票日期：2017 年 12 月 8 日

购买方	名　　称：绵阳机械股份有限公司 纳税人识别号：510700603468168 地 址 、电 话：四川绵阳高新工业园区迎宾路 5 号 0816 －87500852 开户行及账号：中国工商银行四川分行高新分理处 00381208010019	密码区	<65 > －－7 ＊85762896 －2 ＋1 ＋384035646 ＊6 73 <53764 － ＊06479 ＋876 ＊7 <－8640/426 < 7 <7/42765 ＋6374 >38 －2 << ＊534/25 >24.7 455445/6354/ <<58 －6 ＊536 ＊5 >43 <3 >60

货物或应税劳务、服务名称	规格型号	单位	数量	单价	金额	税率	税额
铸铁		吨	600	1 100	660 000. 00	17%	112 200. 00
合计					660 000. 00		112 200. 00
价税合计（大写）	柒拾柒万贰仟贰佰元整				（小写）￥772 200. 00		

销售方	名　　称：四川铸铁股份有限公司 纳税人识别号：450165461637432 地 址 、电 话：成都市双楠小区少陵路 21 号 0816 －873256486 开户行及账号：中国建设银行青羊支行 4502902835853098601	备注	四川铸铁股份有限公司 450165461637432 发票专用章

收款人：李光达　　　复核：刘副　　　开票人：黄琪　　　销售方：（章）

税总函（2017）268北京印钞有限公司

第三联 发票联 购买方记账凭证

原始凭证 11 －3

中国工商银行

转账支票存根

BB　27344568

02

附加信息

绵阳机械股份…… 财务专用……

出票日期 2017 年 12 月 8 日

收款人：四川铸铁股份有限公司	
金额：772 200. 00	
用途：购料	

单位主管　　　　会计

原始凭证 11 -4

材料入库单

仓库：原材料库　　　　入库日期：2017 年 12 月 8 日　　　　编号：zt171201

材料名称	规格型号	单位	数量		实际成本		计划成本	
			发票	实际	单价	金额	单价	金额
铸铁		吨	600	600	1 100	660 000	1 160	696 000

记账：　　　　保管员：杨洁　　　　采购员：高伟光

12. 12 月 8 日，从成都源纳丝网制品有限公司购入 20#扁铁丝 1 500 公斤，单价 3.10 元，货已到达企业并验收入库，运输费 350 元，货款及运费当即支付。

付款凭证

贷方科目：银行存款　　　　2017 年 12 月 8 日　　　　银付字第 7 号

摘要	借方科目		记账	金额										
	总账科目	明细科目		亿	千	百	十	万	千	百	十	元	角	分
购入扁铁丝	材料采购	辅助材料——20#扁铁丝							5	0	0	0	0	0
购入扁铁丝	应交税费	应交增值税（进项税额）								8	2	9	0	0
合计金额								¥	5	8	2	9	0	0

附单据陆张

财会主管：　　记账：　　出纳：　　复核：　　制单：

转账凭证

2017 年 12 月 8 日　　　　转　字第 8 号

摘要	会计科目		记账	借方金额											贷方金额										
	总账科目	明细科目		亿	千	百	十	万	千	百	十	元	角	分	亿	千	百	十	万	千	百	十	元	角	分
扁铁丝入库	原材料	辅助材料——20#扁铁丝							4	5	6	0	0	0											
扁铁丝入库	材料成本差异									4	4	0	0	0											
扁铁丝入库	材料采购	辅助材料——20#扁铁丝																		5	0	0	0	0	0
合计金额								¥	5	0	0	0	0	0					¥	5	0	0	0	0	0

附单据壹张

财会主管：　　记账：　　复核：　　制单：

原始凭证 12－1

绵阳机械股份有限公司

材料入库单

仓库：原材料库　　　　入库日期：2017 年 12 月 8 日　　　　编号：ts171201

材料名称	规格型号	单位	数量		实际成本		计划成本	
			发票	实际	单价	金额	单价	金额
20#扁铁丝		公斤	1 500	1 500	3.1	4 650＋350	3.04	4 560.00

记账：　　　　保管员：杨洁　　　　采购员：高伟光

原始凭证 12－2

5107174130

四川省增值税专用发票

抵　扣　联

No 27439562

开票日期：2017 年 12 月 8 日

购买方	名　　称：绵阳机械股份有限公司 纳税人识别号：510700603468168 地 址 、电 话：四川绵阳高新工业园区迎宾路 5 号 0816－87500852 开户行及账号：中国工商银行四川分行高新分理处 00381208010019	密码区	<65＞－－7＊85762896－2＋1＋384035646＊6 73＜53764－＊06479＋876＊7＜－8640/426＜7 ＜7/42765＋6374＞38－2＜＜＊534/25＞24.74 55445/6354/＜＜58－6＊536＊5＞43＜3＞60

货物或应税劳务、服务名称	规格型号	单位	数量	单价	金额	税率	税额
20#扁铁丝		公斤	1 500	3.10	4 650.00	17%	790.50
合计					4 650.00		790.50
价税合计（大写）	伍仟肆佰肆拾元伍角				（小写）￥5 440.50		

销售方	名　　称：成都源纳丝网制品有限公司 纳税人识别号：450165832637792 地 址 、电 话：成都市长顺街 32 号 0816－875259364 开户行及账号：中国建设银行青羊支行 4502378835862098571	备注	成都源纳丝网制品有限公司 450165832637792 发票专用章

收款人：王海　　　　复核：赵子迈　　　　开票人：陈生　　　　销售方：（章）

税总函（2017）268北京印钞有限公司

第二联 抵扣联 购买方扣税凭证

原始凭证 12－3

5107174130　　四川省增值税专用发票

发 票 联　　No 27439562

开票日期：2017 年 12 月 8 日

购买方	名　　称：绵阳机械股份有限公司 纳税人识别号：510700603468168 地 址 、电 话：四川绵阳高新工业园区迎宾路 5 号 0816－87500852 开户行及账号：中国工商银行四川分行高新分理处 00381208010019
密码区	<65 > －－7 ＊85762896 －2 ＋1 ＋384035646 ＊6 73 <53764 － ＊06479 ＋876 ＊7 <－8640/426 <7 <7/42765 ＋6374 >38 －2 << ＊534/25 >24. 74 55445/6354/ <<58 －6 ＊536 ＊5 >43 <3 >60

货物或应税劳务、服务名称	规格型号	单位	数量	单价	金额	税率	税额
20#扁铁丝		公斤	1 500	3. 10	4 650. 00	17%	790. 50
合计					4 650. 00		790. 50
价税合计（大写）	伍仟肆佰肆拾元伍角				（小写） ￥5 440. 50		

销售方	名　　称：成都源纳丝网制品有限公司 纳税人识别号：450165832637792 地 址 、电 话：成都市长顺街 32 号 0816－875259364 开户行及账号：中国建设银行青羊支行 4502378835862098571
备注	成都源纳丝网制品有限公司 450165832637792 发票专用章

收款人：王海　　复核：赵子迈　　开票人：陈生　　销售方：（章）

税总函（2017）268北京印钞有限公司

第三联 发票联 购买方记账凭证

原始凭证 12－4

5107175130　　四川省增值税专用发票

抵 扣 联　　No 26878336

开票日期：2017 年 12 月 7 日

购买方	名　　称：绵阳机械股份有限公司 纳税人识别号：510700603468168 地 址 、电 话：四川绵阳高新工业园区迎宾路 5 号 0816－87500852 开户行及账号：中国工商银行四川分行高新分理处 00381208010019
密码区	<65 >－－7 ＊85762896 －2 ＋1 ＋384035646 ＊6 73 <53764 － ＊06479 ＋876 ＊7 < －8640/426 <7 <7/42765 ＋6374 >38 －2 <<＊534/25 >24. 7 455445/6354/ <<58 －6 ＊536 ＊5 >43 <3 >60

货物或应税劳务、服务名称	规格型号	单位	数量	单价	金额	税率	税额
运费					350. 00	11%	38. 50
合计					350. 00		38. 50
价税合计（大写）	叁佰捌拾捌元伍角				（小写） ￥388. 50		

销售方	名　　称：绵阳远通运输公司 纳税人识别号：450118616208635 地 址 、电 话：四川绵阳涪城区红星街 125 号 0816－87023698 开户行及账号：中国建设银行绵阳红星街支行 4503658222590985720916
备注	绵阳远通运输公司 450118616208635 发票专用章

收款人：张烨　　复核：刘琦　　开票人：赵江　　销售方：（章）　　货方：（章）

税总函（2017）268北京印钞有限公司

第二联 抵扣联 购买方扣税凭证

原始凭证 12－5

5107175130

四川省增值税专用发票

发　票　联

No 26878336

开票日期：2017 年 12 月 7 日

购买方	名　　称：绵阳机械股份有限公司 纳税人识别号：510700603468168 地 址 、电 话：四川绵阳高新工业园区迎宾路 5 号 0816－87500852 开户行及账号：中国工商银行四川分行高新分理处 00381208010019	密码区	<65 >－－7＊85762896－2＋1＋384035646＊6 73 <53764－＊06479＋876＊7 < －8640/426 <7 <7/42765＋6374 >38－2 << ＊534/25 >24. 74 55445/6354/ <<58－6＊536＊5 >43 <3 >60

货物或应税劳务、服务名称	规格型号	单位	数量	单价	金额	税率	税额
运费					350. 00	11%	38. 50
合计					350. 00		38. 50
价税合计（大写）	叁佰捌拾捌元伍角				（小写）￥388. 50		

销售方	名　　称：绵阳远通运输公司 纳税人识别号：450118616208635 地 址 、电 话：四川绵阳涪城区红星街 125 号 0816－87023698 开户行及账号：中国建设银行绵阳红星街支行 4503658222590985720916	备注	绵阳远通运输公司 450118616208635 发票专用章

收款人：张烨　　复核：刘琦　　开票人：赵江　　销售方：（章）

税总函（2017）268北京印钞有限公司

第三联　发票联　购买方记账凭证

原始凭证 12－6

中国工商银行

转账支票存根

BB　27344569

02

附加信息

出票日期 2017 年 12 月 8 日

收款人：绵阳远通运输公司	
金额：388. 50	
用途：运费	

单位主管　　会计

绵阳机械股份……财务专用……

原始凭证 12－7

中国工商银行　电汇凭证（回单）

委托日期 2017 年 12 月 8 日

出票人	全　称	绵阳机械股份有限公司	收款人	全　称	成都源纳丝网制品有限公司
	账　号	00381208010019		账　号	4502378835862098571
	汇出地点	四川　省　绵阳　市　县		汇入地点	四川　省　绵阳　市　县
汇出行名称		中国工商银行四川分行高新分理处	汇入行名称		中国建设银行青羊支行

金额	人民币（大写）伍仟肆佰肆拾元伍角	亿	千	百	十	万	千	百	十	元	角	分
						¥	5	4	4	0	5	0

汇出行签章	支付密码
	附加信息及用途：付购料款
	复核：　记账：

工商银行四川分行高新分理处 结算专用章（5）（绵阳市）

此联是汇出行给汇款人的回单

13. 12 月 8 日，上月从土创建筑集团购入的原材料铝锭 36 吨已到达企业并验收入库，购入时单价为 5 264 元/吨，计划价为 5 280 元/吨。

转账凭证

2017 年 12 月 8 日　　转　字第 9 号

摘要	会计科目		记账	借方金额											贷方金额										
	总账科目	明细科目		亿	千	百	十	万	千	百	十	元	角	分	亿	千	百	十	万	千	百	十	元	角	分
购入铝锭	原材料	铝锭					1	9	0	0	8	0	0	0											
购入铝锭	材料采购	铝锭																1	8	9	5	0	4	0	0
购入铝锭	材料成本差异																				5	7	6	0	0
合计金额						¥	1	9	0	0	8	0	0	0			¥	1	9	0	0	8	0	0	0

附单据　壹　张

财会主管：　　记账：　　出纳：　　复核：　　制单：

原始凭证 13－1

绵阳机械股份有限公司

材料入库单

仓库：原材料库　　入库日期：2017 年 12 月 8 日　　编号：ld171201

材料名称	规格型号	单位	数量		实际成本		计划成本	
			发票	实际	单价	金额	单价	金额
铝锭		吨	36	36	5 264.00	189 504.00	5 280.00	190 080.00

记账：　　保管员：杨洁　　采购员：高伟光

14. 12 月 11 日，支付法律咨询费 2 000 元，广告费 15 000 元。

付款凭证

贷方科目：银行存款　　　　2017 年 12 月 11 日　　　　银付字第 8 号

摘要	借方科目		记账	金额										
	总账科目	明细科目		亿	千	百	十	万	千	百	十	元	角	分
付法律咨询费、广告费	管理费用	法律咨询费							2	0	0	0	0	0
付法律咨询费、广告费	销售费用	广告费						1	5	0	0	0	0	0
合计金额							¥	1	7	0	0	0	0	0

附单据陆张

财会主管：　　记账：　　出纳：　　复核：　　制单：

原始凭证 14－1

绵阳机械股份有限公司
费用报销单

部门：法务部　　　　2017 年 12 月 11 日

报销金额	（大写）贰仟元整　　（小写）¥2 000.00				
开支内容	法律咨询费				
总经理		财务负责人	部门负责人	实物保管、验收人	经办人
		吴娟	于浩		王强
说明：					

原始凭证 14－2

ICBC 中国工商银行　业务回单（付款）

日期：2017 年 12 月 11 日　　回单编号：924323268

付款人户名：绵阳机械股份有限公司　　付款人开户行：工商银行高新分理处

付款人账号（卡号）：00381208010019

收款人户名：广达律师事务所绵阳分所　　收款人开户行：建设银行红星街支行

收款人账号（卡号）：4503486262590736520948

金额：贰仟元整　　小写：¥2 000.00

业务（产品）种类：跨行收款　　凭证种类：386086　　凭证号码：6275375282680

摘要：法律咨询费　　用途：法律咨询费　　币种：人民币

交易机构：0510897289　　记账柜员：021　　交易代码：52094　　渠道：其他渠道

附言：

本回单为第一次打印，注意重复　打印日期：2017 年 12 月 11 日　打印柜员：5　验证码：4938B2E2106

（印章：工商银行四川分行高新分理处　结算专用章　（绵阳市））

转账凭证

2017 年 12 月 11 日　　　　转　字第 10 号

摘要	会计科目		记账	借方金额											贷方金额										
	总账科目	明细科目		亿	千	百	十	万	千	百	十	元	角	分	亿	千	百	十	万	千	百	十	元	角	分
汽车抵债	固定资产	交通工具					2	4	0	0	0	0	0	0											
汽车抵债	坏账准备	应收账款						6	0	0	0	0	0	0											
汽车抵债	应收账款	凉凉家具																3	0	0	0	0	0	0	0
合计金额						¥	3	0	0	0	0	0	0	0			¥	3	0	0	0	0	0	0	0

附单据贰张

财会主管：　　　记账：　　　复核：　　　制单：

付款凭证

贷方科目：银行存款　　　　2017 年 12 月 11 日　　　　银付字第 9 号

摘要	借方科目		记账	金额										
	总账科目	明细科目		亿	千	百	十	万	千	百	十	元	角	分
付汽车过户费、补价	固定资产	交通工具						1	2	0	0	0	0	0
合计金额							¥	1	2	0	0	0	0	0

附单据叁张

财会主管：　　　记账：　　　出纳：　　　复核：　　　制单：

原始凭证 15－1

债务重组协议

甲方：凉凉家具厂

乙方：绵阳机械股份有限公司

甲方 2017 年因向乙方采购形成 30 万元的应付账款，到期后至今未能偿还（已提坏账准备 60 000 元）。故乙方向甲方提出债务重组，为了保障债权人（乙方）最大限度地收回债权，同时也为了缓解债务人（甲方）的资金困难，经协商，双方达成如下协议：

（1）同意凉凉家具厂以一辆办公用汽车（经评估公允价值为 250 000 元）抵偿该债务。

（2）乙方以现金 10 000 元支付补价给甲方。

（3）约定抵债设备移交手续和现金支付手续在 12 月 11 日完成。发生的相关税费由乙方负担。

甲方法定代表人签字：姜文　　　　乙方法定代表人签字：周海洋

2017 年 12 月 5 日　　　　2017 年 12 月 5 日

原始凭证 15－2

中国工商银行
转账支票存根
BB 27344570
02
附加信息

（印章：绵阳机械股份有限公司 财务专用章）

出票日期2017年12月11日

收款人：凉凉家具厂
金额：10 000.00
用途：债务重组补价

单位主管　　会计

原始凭证 15－3

中国工商银行
转账支票存根
BB 27344571
02
附加信息

（印章：绵阳机械股份有限公司 财务专用章）

出票日期2017年12月11日

收款人：绵阳市公安局车辆管理
金额：2 000.00
用途：车辆过户费

单位主管　　会计

原始凭证 15－4

四川省事业单位收费收据

交款单位或个人：绵阳机械股份有限公司　2017年12月11日

川财字〔2015〕 00103

项目	单位	数量	标准	金额								说明
				十	万	千	百	十	元	角	分	说明：①本收据限用于事业单位非经营性收据，其他无效。②本收据需加盖收款单位或收款人印章。
车辆过户费						2	0	0	0	0	0	
合计人民币（大写）贰仟元整				（小写）￥2 000.00								

第二联 收据

收款人：绵阳市公安局车辆管理所

原始凭证 15 –5

绵阳机械股份有限公司

固定资产验收单

使用单位：行政部门　　验收日期：2017 年 12 月 11 日　　验收单号：g171201

材料名称	规格型号	单位	数量	单价	金额	分类号
汽车	奥迪 A6	辆	1		252 000.00	05036
合计：（大写）	贰拾伍万贰仟元整				¥252 000.00	

设备处经办人：魏雨浓　　经领人：张波　　填报人：海洋

16. 12 月 11 日，从老铁钢材股份有限公司购买液压件 600 件，不含税价 2 000 元/件，发生不含税运输费用 5 000 元。现已验收入库，货款尚未支付。

转账凭证

2017 年 12 月 11 日　　转　字第 11 号

摘要	会计科目		记账	借方金额											贷方金额										
	总账科目	明细科目		亿	千	百	十	万	千	百	十	元	角	分	亿	千	百	十	万	千	百	十	元	角	分
购液压件	材料采购	液压件				1	2	0	5	0	0	0	0	0											
购液压件	应交税费	应交增值税（进项税额）					2	0	4	5	5	0	0	0											
购液压件	应付账款	老铁钢材															1	4	0	9	5	5	0	0	0
合计金额					¥	1	4	0	9	5	5	0	0	0		¥	1	4	0	9	5	5	0	0	0

附单据肆张

财会主管：　　记账：　　复核：　　制单：

转账凭证

2017 年 12 月 11 日　　转　字第 12 号

摘要	会计科目		记账	借方金额											贷方金额										
	总账科目	明细科目		亿	千	百	十	万	千	百	十	元	角	分	亿	千	百	十	万	千	百	十	元	角	分
购液压件	原材料	液压件				1	2	1	0	5	6	0	0	0											
购液压件	材料采购	液压件															1	2	0	5	0	0	0	0	0
购液压件	材料成本差异																			5	5	6	0	0	0
合计金额					¥	1	2	1	0	5	6	0	0	0		¥	1	2	1	0	5	6	0	0	0

附单据壹张

财会主管：　　记账：　　出纳　　复核：　　制单：

原始凭证 16－1

5107174130

四川省增值税专用发票

抵　扣　联

No 36789157

开票日期：2017 年 12 月 11 日

购买方	名　　　称：绵阳机械股份有限公司 纳税人识别号：510700603468168 地 址 、电 话：四川绵阳高新工业园区迎宾路 5 号 0816－87500852 开户行及账号：中国工商银行四川分行高新分理处 00381208010019			密码区	<65 >--7 * 85762896 -2 +1 +384035646 * 6 73 <53764 -* 06479 +876 * 7 <-8640/426 <7 <7/42765 +6374 >38 -2 <<* 534/25 >24. 74 55445/6354/<<58 -6 * 536 * 5 >43 <3 >60			
货物或应税劳务、服务名称	规格型号	单位	数量	单价	金额	税率	税额	
液压件		件	600	2 000	1 200 000. 00	17%	204 000. 00	
合计					1 200 000. 00		204 000. 00	
价税合计（大写）	壹佰肆拾万零肆仟元整				（小写）￥1 404 000. 00			
销售方	名　　　称：老铁钢材股份有限公司 纳税人识别号：510021162068913 地 址 、电 话：成都市成华区猛追湾街道 231 号 028－37004278 开户行及账号：中国工商银行成华区分理处 62161208019863			备注	老铁钢材股份有限公司 510021162068913 发票专用章			

收款人：刘岩　　　复核：付丽　　　开票人：黄岛　　　销售方：（章）

税总函（2017）268北京印钞有限公司

第二联　抵扣联　购买方扣税

原始凭证 16－2

5107174130

四川省增值税专用发票

发　票　联

No 36789157

开票日期：2017 年 12 月 11 日

购买方	名　　　称：绵阳机械股份有限公司 纳税人识别号：510700603468168 地 址 、电 话：四川绵阳高新工业园区迎宾路 5 号 0816－87500852 开户行及账号：中国工商银行四川分行高新分理处 00381208010019			密码区	<65 >--7 * 85762896 -2 +1 +384035646 * 6 73 <53764 -* 06479 +876 * 7 <-8640/426 <7 <7/42765 +6374 >38 -2 <<* 534/25 >24. 74 55445/6354/<<58 -6 * 536 * 5 >43 <3 >60			
货物或应税劳务、服务名称	规格型号	单位	数量	单价	金额	税率	税额	
液压件		件	600	2 000	1 200 000. 00	17%	204 000. 00	
合计					1 200 000. 00		204 000. 00	
价税合计（大写）	壹佰肆拾万零肆仟元整				（小写）￥1 404 000. 00			
销售方	名　　　称：老铁钢材股份有限公司 纳税人识别号：510021162068913 地 址 、电 话：成都市成华区猛追湾街道 231 号 028－37004278 开户行及账号：中国工商银行成华区分理处 62161208019863			备注	老铁钢材股份有限公司 510021162068913 发票专用章			

收款人：刘岩　　　复核：付丽　　　开票人：黄岛　　　销售方：（章）

税总函（2017）268北京印钞有限公司

第三联　发票联　购买方记账凭证

原始凭证 16 -3

5107175130

四川省增值税专用发票

抵 扣 联

No 26878330

开票日期：2017 年 12 月 11 日

购买方	名　　称：绵阳机械股份有限公司 纳税人识别号：510700603468168 地 址 、电 话：四川绵阳高新工业园区迎宾路 5 号 0816 -87500852 开户行及账号：中国工商银行四川分行高新分理处 00381208010019			密码区	<65 >--7 *85762896 -2 +1 +384035646 *6 73 <53764 -*06479 +876 *7 <-8640/426 <7 <7/42765 +6374 >38 -2 <<*534/25 >24.74 55445/6354/<<58 -6 *536 *5 >43 <3 >60		
货物或应税劳务、服务名称	规格型号	单位	数量	单价	金额	税率	税额
运费					5 000.00	11%	550.00
合计					5 000.00		550.00
价税合计（大写）	伍仟伍佰伍拾元整				（小写）￥5 550.00		
销售方	名　　称：绵阳远通运输公司 纳税人识别号：450118616208635 地 址 、电 话：四川绵阳涪城区红星街 125 号 0816 -87023698 开户行及账号：中国建设银行绵阳红星街支行 4503658222590985720916			备注	绵阳远通运输公司 450118616208635 发票专用章		

收款人：张烨　　复核：刘琦　　开票人：赵江　　销售方：（章）

税总函（2017）268北京印钞有限公司

第二联 抵扣联 购买方扣税

原始凭证 16 -4

5107175130

四川省增值税专用发票

发 票 联

No 26878330

开票日期：2017 年 12 月 11 日

购买方	名　　称：绵阳机械股份有限公司 纳税人识别号：510700603468168 地 址 、电 话：四川绵阳高新工业园区迎宾路 5 号 0816 -87500852 开户行及账号：中国工商银行四川分行高新分理处 00381208010019			密码区	<65 >--7 *85762896 -2 +1 +384035646 *6 73 <53764 -*06479 +876 *7 <-8640/426 <7 <7/42765 +6374 >38 -2 <<*534/25 >24.74 55445/6354/<<58 -6 *536 *5 >43 <3 >60		
货物或应税劳务、服务名称	规格型号	单位	数量	单价	金额	税率	税额
运费					5 000.00	11%	550.00
合计					5 000.00		550.00
价税合计（大写）	伍仟伍佰伍拾元整				（小写）￥5 550.00		
销售方	名　　称：绵阳远通运输公司 纳税人识别号：450118616208635 地 址 、电 话：四川绵阳涪城区红星街 125 号 0816 -87023698 开户行及账号：中国建设银行绵阳红星街支行 4503658222590985720916			备注	绵阳远通运输公司 450118616208635 发票专用章		

收款人：张烨　　复核：刘琦　　开票人：赵江　　销售方：（章）

税总函（2017）268北京印钞有限公司

第三联 发票联 购买方记账凭证

原始凭证 16－5

绵阳机械股份有限公司

材料入库单

仓库：原材料库　　　　入库日期：2017 年 12 月 12 日　　　　编号：yy171202

材料名称	规格型号	单位	数量		实际成本		计划成本	
			发票	实际	单价	金额	单价	金额
液压件		件	600	600	2 000	1 205 000.00	2 017.60	1 210 560.00

记账：　　　　保管员：杨洁　　　　采购员：高伟光

17. 12 月 12 日，收到西安钱多多物资公司 12 月 8 日赊购的货款，存入银行。

收款凭证

借方科目：银行存款　　　　2017 年 12 月 12 日　　　　银收字第 2 号

摘要	贷方科目		记账	金额										
	总账科目	明细科目		亿	千	百	十	万	千	百	十	元	角	分
收到赊购货款	应收账款	西安钱多多					7	3	2	4	3	2	0	0
合计金额						¥	7	3	2	4	3	2	0	0

附单据壹张

财会主管：　　记账：　　出纳：　　复核：　　制单：

转账凭证

2017 年 12 月 12 日　　　　转　字第 13 号

摘要	会计科目		记账	借方金额											贷方金额										
	总账科目	明细科目		亿	千	百	十	万	千	百	十	元	角	分	亿	千	百	十	万	千	百	十	元	角	分
收款现金折扣	财务费用							1	2	6	3	3	6	0											
	应收账款	西安钱多多																	1	2	6	3	3	6	0
合计金额							¥	1	2	6	3	3	6	0				¥	1	2	6	3	3	6	0

附单据壹张

财会主管：　　记账：　　复核：　　制单：

原始凭证 17 -1

ICBC 中国工商银行 业务回单（收款）

日期：2017 年 12 月 12 日　　回单编号：85673235

付款人户名：西安钱多多物资公司　　付款人开户行：工商银行未央区分理处

付款人账号（卡号）：62161208010019

收款人户名：绵阳机械股份有限公司　　收款人开户行：工商银行高新分理处

收款人账号（卡号）：00381208010019

金额：柒拾叁万贰仟肆佰叁拾贰元整　　小写：￥732 432. 00

业务（产品）种类：同行收款　　凭证种类：386　　凭证号码：6278385289462

摘要：收货款　　用途：货款　　币种：人民币

交易机构：0510897289　　记账柜员：036　　交易代码：52094　　渠道：其他渠道

附言：

本回单为第一次打印，注意重复　打印日期：2017 年 12 月 12 日　打印柜员：2　验证码：4938B2E981

工商银行四川分行高新分理处 结算专用章（5）（绵阳市）

绵阳机械股份有限公司
应收账款现金折扣计算表

2017 年 12 月 11 日

付款单位	销售日期	销售价款	付款日期	折扣条件	折扣金额	应收金额	收回款项
西安钱多多	12 月 8 日	631 680	12 月 12 日	2/10　1/20　n/30 （不考虑增值税）	12 633. 6	745 065. 6	732 432

18. 12 月 12 日，开出转账支票，为销售部门购买办公用品 11 700 元。

付款凭证

贷方科目：银行存款　　2017 年 12 月 12 日　　银付字第 10 号

摘要	借方科目		记账	金额										
	总账科目	明细科目		亿	千	百	十	万	千	百	十	元	角	分
销售部购办公用品	销售费用	办公费						1	0	0	0	0	0	0
销售部购办公用品	应交税费	应交增值税（进项税额）							1	7	0	0	0	0
合计金额							￥	1	1	7	0	0	0	0

附单据伍张

财会主管：　　记账：　　出纳：　　复核：　　制单：

原始凭证 18－1

费用报销单

部门：销售部　　　　2017 年 12 月 12 日

报销金额	（大写）壹万壹仟柒佰元整　　（小写）¥11 700.00				
开支内容	办公用品				
总经理		财务负责人	部门负责人	实物保管、验收人	经办人
		吴娟	杨帆		高良
说明：					

原始凭证 18－2

办公用品采购明细表（略）

原始凭证 18－3

中国工商银行

转账支票存根

BB　27344572

02

附加信息

出票日期 2017 年 12 月 12 日

收款人：家乐福超市	
金额：11 700.00	
用途：购买办公用品	

单位主管　　　　会计

原始凭证 18 –4

5107174130

四川省增值税专用发票

抵 扣 联

No 27439579

开票日期：2017 年 12 月 12 日

税总函（2017）268北京印钞有限公司

购买方	名　　　称：绵阳机械股份有限公司 纳税人识别号：510700603468168 地 址 、电 话：四川绵阳高新工业园区迎宾路 5 号 0816 –87500852 开户行及账号：中国工商银行四川分行高新分理处 00381208010019	密码区	<65 >--7 ∗85762896 –2 +1 +384035646 ∗6 73 <53764 –∗06479 +876 ∗7 <–8640/426 <7 <7/42765 +6374 >38 –2 <<∗534/25 >24. 74 55445/6354/<<58 –6 ∗536 ∗5 >43 <3 >60

货物或应税劳务、服务名称	规格型号	单位	数量	单价	金额	税率	税额
办公用品					10 000. 00	17%	1 700. 00
合计					10 000. 00		1 700. 00
价税合计（大写）	壹万壹仟柒佰元整				（小写） ￥11 700. 00		

销售方	名　　　称：四川省绵阳市家乐福超市 纳税人识别号：450165832620478 地 址 、电 话：绵阳市绵兴东路 8 号 0816 –87547860 开户行及账号：中国建设银行青羊支行 4502378835862013805	备注	四川省绵阳市家乐福超市 450165832620478 发票专用章

收款人：申海波　　复核：谢婧　　开票人：许嵩　　销售方：（章）

第二联 抵扣联 购买方扣税凭证

原始凭证 18 –5

5107174130

四川省增值税专用发票

发 票 联

No 27439562

开票日期：2017 年 12 月 12 日

税总函（2017）268北京印钞有限公司

购买方	名　　　称：绵阳机械股份有限公司 纳税人识别号：510700603468168 地 址 、电 话：四川绵阳高新工业园区迎宾路 5 号 0816 –87500852 开户行及账号：中国工商银行四川分行高新分理处 00381208010019	密码区	<65 >--7 ∗85762896 –2 +1 +384035646 ∗6 73 <53764 –∗06479 +876 ∗7 <–8640/426 <7 <7/42765 +6374 >38 –2 <<∗534/25 >24. 74 55445/6354/<<58 –6 ∗536 ∗5 >43 <3 >60

货物或应税劳务、服务名称	规格型号	单位	数量	单价	金额	税率	税额
办公用品					10 000. 00	17%	1 700. 00
合计					10 000. 00		1 700. 00
价税合计（大写）	壹万壹仟柒佰元整				（小写） ￥11 700. 00		

销售方	名　　　称：四川省绵阳市家乐福超市 纳税人识别号：450165832620478 地 址 、电 话：绵阳市绵兴东路 8 号 0816 –87547860 开户行及账号：中国建设银行青羊支行 4502378835862013805	备注	四川省绵阳市家乐福超市 450165832620478 发票专用章

收款人：申海波　　复核：谢婧　　开票人：许嵩　　销售方：（章）

第三联 发票联 购买方记账凭证

19. 12 月 12 日，出售给云南超越新能源汽车有限责任公司 XYS760 - P 型注塑机械手 300 台，单位售价 2 310 元/台，款未收。

转账凭证

2017 年 12 月 12 日　　　　转　字第 14 号

摘要	会计科目		记账	借方金额											贷方金额										
	总账科目	明细科目		亿	千	百	十	万	千	百	十	元	角	分	亿	千	百	十	万	千	百	十	元	角	分
售机械手 300 台	应收账款	云南超越					8	1	0	8	1	0	0	0											
售机械手 300 台	主营业务收入	XYS760 - P 型注塑机械手																6	9	3	0	0	0	0	0
售机械手 300 台	应交税费	应交增值税（销项税额）																1	1	7	8	1	0	0	0
合计金额						¥	8	1	0	8	1	0	0	0			¥	8	1	0	8	1	0	0	0

附单据叁张

财会主管：　　记账：　　复核：　　制单：

原始凭证 19 - 1

绵阳机械股份有限公司

产品出库单

仓库：产成品库　　出库日期：2017 年 12 月 12 日　　编号：171202

产品编号	产品名称	规格型号	单位	数量	单位成本	总成本
302	注塑机械手	XYS760 - P	台	200	1 707. 00	341 400. 00

原始凭证 19 - 2

发货通知单

编　　号 20171202　　订单号码

客户名称 云南超越新能源汽车有限责任公司　　交货日期 2017 年 12 月 12 日

地　　址 昆明市春融东路 69 号　　交货方式 ☑一次交货　　□分批交货

产品名称	产品编号	数量	单价	金额
XYS760 - P 型注塑机械手	302	200	2 310	462 000. 00

仓库：　　主管：　　核准：　　填单：

原始凭证 19－3

四川省增值税专用发票

记 账 联

No 34689062

开票日期：2017 年 12 月 12 日

税总函（2017）268北京印钞有限公司

购买方	名　　　称：云南超越新能源汽车有限责任公司 纳税人识别号：530100162068084 地 址 、电 话：昆明市春融东路 69 号 0871－3135302 开户行及账号：中国工商银行春融东路支行 62169164010003				密码区	<65>－－7＊85762896－2＋1＋384035646＊6 73<53764－＊06479＋876＊7<－8640/426<7 <7/42765＋6374>38－2<<＊534/25>24.74 55445/6354/<<58－6＊536＊5>43/160	
货物或应税劳务、服务名称	规格型号	单位	数量	单价	金额	税率	税额
注塑机械手	XYS760－P	台	300	2 310.00	693 000.00	17%	117 810.00
合计					693 000.00		117 810.00
价税合计（大写）	捌拾壹万零捌佰壹拾元整				（小写）￥810 810.00		
销售方	名　　　称：绵阳机械股份有限公司 纳税人识别号：510700603468168 地 址 、电 话：四川绵阳高新工业园区迎宾路 5 号 0816－87500852 开户行及账号：中国工商银行四川分行高新分理处 00381208010019				备注	绵阳机械股份有限公司 510700603468168 合同专用章	

第一联 记账联 销售方记账凭证

收款人：李京　　　复核：周立为　　　开票人：齐凡　　　销售方：（章）

20. 12 月 13 日，从本市汉江油品公司购入美孚合成 1#机油 600 升，不含税单价 300 元。销货方将机油送达公司并已验收入库，款已付讫。

付款凭证

贷方科目：银行存款　　　2017 年 12 月 13 日　　　银付字第 11 号

摘要	借方科目		记账	金额										
	总账科目	明细科目		亿	千	百	十	万	千	百	十	元	角	分
购 1#机油	材料采购	辅助材料——机油					1	8	0	0	0	0	0	0
购 1#机油	应交税费	应交增值税（进项税额）						3	0	6	0	0	0	0
合计金额						￥	2	1	0	6	0	0	0	0

附单据叁张

财会主管：　　　记账：　　　出纳：　　　复核：　　　制单：

转账凭证

2017 年 12 月 13 日　　　　转　字第 15 号

摘要	会计科目		记账	借方金额											贷方金额										
	总账科目	明细科目		亿	千	百	十	万	千	百	十	元	角	分	亿	千	百	十	万	千	百	十	元	角	分
1#机油入库	原材料	辅助材料——机油					1	6	8	0	0	0	0	0											
	材料成本差异							1	2	0	0	0	0	0											
	材料采购	机油																1	8	0	0	0	0	0	0
合计金额						¥	1	8	0	0	0	0	0	0			¥	1	8	0	0	0	0	0	0

附单据　壹　张

财会主管：　　　　记账：　　　　复核：　　　　制单：

原始凭证 20－1

5107174130

四川省增值税专用发票

抵　扣　联

No 36789132

开票日期：2017 年 12 月 13 日

购买方	名　　　称：绵阳机械股份有限公司 纳税人识别号：510700603468168 地 址 、电 话：四川绵阳高新工业园区迎宾路 5 号 0816－87500852 开户行及账号：中国工商银行四川分行高新分理处 00381208010019	密码区	<65 >－－7 ＊85762896 －2 +1 +384035646 ＊6 73 <53764 －＊06479 +876 ＊7 <－8640/426 <7 <7/42765 +6374 >38 －2 <<＊534/25 >24. 74 55445/6354/<<58 －6 ＊536 ＊5 >43 <3 >60

货物或应税劳务、服务名称	规格型号	单位	数量	单价	金额	税率	税额
机油	美孚合成1#	升	600	300	180 000. 00	17%	30 600. 00
合计					180 000. 00		30 600. 00
价税合计（大写）	贰拾壹万零陆佰元整				（小写）¥210 600. 00		

销售方	名　　　称：绵阳市汉江油品公司 纳税人识别号：450128860325415 地 址 、电 话：昆明市园艺街 58 号 0816－35586820 开户行及账号：中国建设银行青羊支行 4502456435813098504	备注	绵阳市汉江油品公司 450128860325415 发票专用章

收款人：李雪　　　　复核：刘邦汉　　　　开票人：黄书岛　　　　销售方：（章）

税总函（2017）268北京印钞有限公司

第二联　抵扣联　购买方扣税凭证

原始凭证 20－2

5107174130

四川省增值税专用发票

发　票　联

No 36789132

开票日期：2017 年 12 月 13 日

购买方	名　　　称：绵阳机械股份有限公司 纳税人识别号：510700603468168 地 址 、电 话：四川绵阳高新工业园区迎宾路 5 号 0816－87500852 开户行及账号：中国工商银行四川分行高新分理处 00381208010019	密码区	<65 >－－7 ＊85762896 －2 ＋1 ＋384035646 ＊6 73 <53764 －＊06479 ＋876 ＊7 <－8640/426 <7 <7/42765 ＋6374 >38 －2 <<＊534/25 >24. 74 55445/6354/ <<58 －6 ＊536 ＊5 >43 <3 >60

货物或应税劳务、服务名称	规格型号	单位	数量	单价	金额	税率	税额
机油	美孚合成1#	升	600	300	180 000. 00	17%	30 600. 00
合计					180 000. 00		30 600. 00
价税合计（大写）	贰拾壹万零陆佰元整				（小写）￥210 600. 00		

销售方	名　　　称：绵阳市汉江油品公司 纳税人识别号：450128860325415 地 址 、电 话：昆明市园艺街 58 号 0816－35586820 开户行及账号：中国建设银行青羊支行 4502456435813098504	备注	绵阳市汉江油品公司 450128860325415 发票专用章

税总函（2017）268北京印钞有限公司

第三联　发票联　购买方记账凭证

收款人：李雪　　　　复核：刘邦汉　　　　开票人：黄书岛　　　　销售方：（章）

原始凭证 20－3

绵阳机械股份有限公司

材料入库单

仓库：原材料库　　　　入库日期：2017 年 12 月 13 日　　　　编号：jy171201

材料名称	规格型号	单位	数量		实际成本		计划成本	
			发票	实际	单价	金额	单价	金额
机油		升	600	600	300. 00	18 000. 00	280. 00	168 000. 00

记账：　　　　保管员：杨洁　　　　采购员：李肇星

原始凭证 20－4

ICBC 中国工商银行　业务回单（付款）

日期：2017 年 12 月 13 日　　回单编号：924323275

付款人户名：绵阳机械股份有限公司　　付款人开户行：工商银行高新分理处

付款人账号（卡号）：00381208010019

收款人户名：绵阳市汉江油品公司　　收款人开户行：建设银行青羊支行

收款人账号（卡号）：4502456435813098504

金额：贰拾壹万零陆佰元整　　小写：￥210 600.00

业务（产品）种类：跨行收款　　凭证种类：386086　　凭证号码：6275375282692

摘要：购机油　　用途：购机油　　币种：人民币

交易机构：0510897289　　记账柜员：021　　交易代码：52094　　渠道：其他渠道

附言：

本回单为第一次打印，注意重复　打印日期：2017 年 12 月 13 日　打印柜员：5　验证码：4938B2E2126

21. 12 月 13 日，公司工程队承接四川省工业设备安装公司安装一台工业设备的合同。合同总造价为 2 500 000 元，预计安装总成本为 1 800 000 元。预计安装期为 5 个月，当日预收款 1 462 500 万元，其余款项在交付使用时一次付清。

收款凭证

借方科目：银行存款　　2017 年 12 月 13 日　　银收字第 3 号

摘要	贷方科目		记账	金额										
	总账科目	明细科目		亿	千	百	十	万	千	百	十	元	角	分
承接设备安装业务	其他业务收入					1	2	5	0	0	0	0	0	0
	应交税费	应交增值税（销项税额）					2	1	2	5	0	0	0	0
合计金额					￥	1	4	6	2	5	0	0	0	0

附单据贰张

财会主管：　　记账：　　出纳：　　复核：　　制单：

原始凭证 21－1

工程安装合同

甲方：四川省工业设备安装公司

乙方：绵阳机械股份有限公司

甲方与乙方就工业设备安装业务达成一致，签订合同。合同总造价为 2 500 000.00 元，预计安装期为 5 个月，甲方须在 2017 年 12 月 13 日将 1 462 500.00 元打入乙方指定账户，其余款项在工程达到预定开始用状态时一次付清。乙方须按照甲方要求，在 2018 年 5 月 12 日前完成安装业务。

本合同一式两份，甲乙双方各持一份，合同签章即生效。

四川省工业设备安装公司：公章　　绵阳机械股份有限公司：公章

授权代表：陈诚　　授权代表：杨帆

2017 年 12 月 12 日　　2017 年 12 月 12 日

原始凭证 21 -2

ICBC 中国工商银行 业务回单（收款）

日期：2017 年 12 月 13 日　　回单编号：85673246

付款人户名：四川省工业设备安装公司　　付款人开户行：建设银行青羊区支行

付款人账号（卡号）：62161375801001925

收款人户名：绵阳机械股份有限公司　　收款人开户行：工商银行高新分理处

收款人账号（卡号）：00381208010019

金额：壹佰肆拾陆万贰仟伍佰元整　　小写：¥1 462 500.00

业务（产品）种类：跨行收款　　凭证种类：386　　凭证号码：6278385289453

摘要：预收工程款　　用途：预收工程款　　币种：人民币

交易机构：0510897289　　记账柜员：023　　交易代码：52128　　渠道：其他渠道

附言：

本回单为第一次打印，注意重复　打印日期：2017 年 12 月 13 日　打印柜员：2　验证码：4938B2E986

（印章：工商银行四川分行高新分理处 结算专用章（5）（绵阳市））

22. 12 月 13 日，从广东省东莞电机有限公司购入电动机 3 000 台，单价 650 元/台，发生包装费 10 000 元，运输费用 10 000 元，保险费 1 200 元，货款及运输保险费已于上月预付 3 000 000 元。包装费以银行存款支付。材料尚未到达。

转账凭证

2017 年 12 月 13 日　　　　转　字第 16 号

摘要	会计科目		记账	借方金额											贷方金额										
	总账科目	明细科目		亿	千	百	十	万	千	百	十	元	角	分	亿	千	百	十	万	千	百	十	元	角	分
购料款、运保费	材料采购	电动机				1	9	7	1	2	0	0	0	0											
购料款、运保费	应交税费	应交增值税（进项税额）					3	3	2	6	7	2	0	0											
购料款、运保费	预付账款	东莞电机															2	3	0	3	8	7	2	0	0
合计金额					¥	2	3	0	3	8	7	2	0	0		¥	2	3	0	3	8	7	2	0	0

附单据陆张

财会主管：　　记账：　　复核：　　制单：

付款凭证

贷方科目：银行存款　　　　2017 年 12 月 13 日　　　　银付字第 12 号

摘要	借方科目		记账	金额										
	总账科目	明细科目		亿	千	百	十	万	千	百	十	元	角	分
包装费	材料采购	电动机						1	0	0	0	0	0	0
包装费	应交税费	应交增值税（进项税额）							1	7	0	0	0	0
合计金额							¥	1	1	7	0	0	0	0

附单据叁张

财会主管：　　记账：　　出纳：　　复核：　　制单：

原始凭证 22－1

4419174130

广东省增值税专用发票

抵　扣　联

No 36789539

开票日期：2017 年 12 月 13 日

购买方		密码区	
	名　　称：绵阳机械股份有限公司 纳税人识别号：510700603468168 地 址 、电 话：四川绵阳高新工业园区迎宾路 5 号 0816－87500852 开户行及账号：中国工商银行四川分行高新分理处 00381208010019		<65 >--7 * 85762896 -2 +1 +384035646 * 6 73 <53764 -* 06479 +876 * 7 < -8640/426 <7 <7/42765 +6374 >38 -2 <<* 534/25 >24. 74 55445/6354/ <<58 -6 * 536 * 5 >43 <3 >56

货物或应税劳务、服务名称	规格型号	单位	数量	单价	金额	税率	税额
电动机		台	3 000	650	1 950 000. 00	17%	331 500. 00
合计					1 950 000. 00		331 500. 00
价税合计（大写）	贰佰贰拾捌万壹仟伍佰元整				（小写）¥2 281 500. 00		

销售方		备注	
	名　　称：广东省东莞电机有限公司 纳税人识别号：441968861625319 地 址 、电 话：广东省东莞市鸿福西路 126 号 0769－870256213 开户行及账号：中国建设银行青羊支行 4502900430999098126		广东省东莞电机有限公司 441968861625319 发票专用章

收款人：李健　　复核：黄轩　　开票人：周璐　　销售方：（章）

税总函（2017）268北京印钞有限公司

第二联　抵扣联　购买方扣税凭证

原始凭证 22－2

4419174130　　　　广东省增值税专用发票

发　票　联　　　　No 36789539

开票日期：2017 年 12 月 13 日

购买方	名　　　称：绵阳机械股份有限公司 纳税人识别号：510700603468168 地 址 、电 话：四川绵阳高新工业园区迎宾路 5 号 0816－87500852 开户行及账号：中国工商银行四川分行高新分理处 00381208010019	密码区	<65 >－－7＊85762896－2＋1＋384035646＊6 73 <53764－＊06479＋876＊7 <－8640/426 <7 <7/42765＋6374 >38－2 <<＊534/25 >24. 74 55445/6354/ <<58－6＊536＊5 >43 <3 >5

货物或应税劳务、服务名称	规格型号	单位	数量	单价	金额	税率	税额
电动机		台	3 000	650	1 950 000. 00	17%	331 500. 00
合计					1 950 000. 00		331 500. 00
价税合计（大写）	贰佰贰拾捌万壹仟伍佰元整				（小写）￥2 281 500. 00		

销售方	名　　　称：广东省东莞电机有限公司 纳税人识别号：441968861625319 地 址 、电 话：广东省东莞市鸿福西路 126 号 0769－870256213 开户行及账号：中国建设银行青羊支行 4502900430999098126	备注	广东省东莞电机有限公司 441968861625319 发票专用章

收款人：李健　　　复核：黄轩　　　开票人：周璐　　　销售方：（章）

税总函（2017）268北京印钞有限公司

第三联　发票联　购买方记账凭证

原始凭证 22－3

5107175130　　　　四川省增值税专用发票

抵　扣　联　　　　No 26878358

开票日期：2017 年 12 月 13 日

购买方	名　　　称：绵阳机械股份有限公司 纳税人识别号：510700603468168 地 址 、电 话：四川绵阳高新工业园区迎宾路 5 号 0816－87500852 开户行及账号：中国工商银行四川分行高新分理处 00381208010019	密码区	<65 >－－7＊85762896－2＋1＋384035646＊ 673 <53764－＊06479＋876＊7 <－8640/426 <7 <7/42765＋6374 >38－2 <<＊534/25 >24. 74 55445/6354/ <<58－6＊536＊5 >43 <3 >6

货物或应税劳务、服务名称	规格型号	单位	数量	单价	金额	税率	税额
运费					10 000. 00	11%	1 100. 00
合计					10 000. 00		1 100. 00
价税合计（大写）	壹万壹仟壹佰元整				（小写）￥11 100. 00		

销售方	名　　　称：绵阳远通运输公司 纳税人识别号：450118616208635 地 址 、电 话：四川绵阳涪城区红星街 125 号 0816－87023698 开户行及账号：中国建设银行绵阳红星街支行 4503658222590985720916	备注	绵阳远通运输公司 450118616208635 发票专用章

收款人：张烨　　　复核：刘琦　　　开票人：赵江　　　销售方：（章）

税总函（2017）268北京印钞有限公司

第二联　抵扣联　购买方扣税凭证

原始凭证 22－4

5107175130　　　　四川省增值税专用发票
发　票　联　　　　No 26878358
开票日期：2017 年 12 月 13 日

<table>
<tr><td>购买方</td><td colspan="4">名　　　称：绵阳机械股份有限公司
纳税人识别号：510700603468168
地 址 、电 话：四川绵阳高新工业园区迎宾路 5 号 0816－87500852
开户行及账号：中国工商银行四川分行高新分理处 00381208010019</td><td>密码区</td><td colspan="3"><65>－－7＊85762896－2＋1＋384035646＊6
73<53764－＊06479＋876＊7<－8640/426<7
<7/42765＋6374>38－2<<＊534/25>24.74
55445/6354/<<58－6＊536＊5>43<3></td></tr>
<tr><td colspan="2">货物或应税劳务、服务名称</td><td>规格型号</td><td>单位</td><td>数量</td><td>单价</td><td>金额</td><td>税率</td><td>税额</td></tr>
<tr><td colspan="2">运费</td><td></td><td></td><td></td><td></td><td>10 000.00</td><td>11%</td><td>1 100.00</td></tr>
<tr><td colspan="2">合计</td><td></td><td></td><td></td><td></td><td>10 000.00</td><td></td><td>1 100.00</td></tr>
<tr><td colspan="2">价税合计（大写）</td><td colspan="7">壹万壹仟壹佰元整　　（小写）￥11 100.00</td></tr>
<tr><td>销售方</td><td colspan="4">名　　　称：绵阳远通运输公司
纳税人识别号：450118616208635
地 址 、电 话：四川绵阳涪城区红星街 125 号 0816－87023698
开户行及账号：中国建设银行绵阳红星街支行 45036582225909857 20916</td><td>备注</td><td colspan="3">绵阳远通运输公司
450118616208635
发票专用章</td></tr>
</table>

收款人：张烨　　复核：刘琦　　开票人：赵江　　销售方：（章）

税总函（2017）268 北京印钞有限公司

第三联　发票联　购买方记账凭证

原始凭证 22－5

广东省增值税专用发票
抵　扣　联　　　　No 36789612
开票日期：2017 年 12 月 13 日

<table>
<tr><td>购买方</td><td colspan="4">名　　　称：绵阳机械股份有限公司
纳税人识别号：510700603468168
地 址 、电 话：四川绵阳高新工业园区迎宾路 5 号 0816－87500852
开户行及账号：中国工商银行四川分行高新分理处 00381208010019</td><td>密码区</td><td colspan="3"><65>－－7＊85762896－2＋1＋384035646＊6
73<53764－＊06479＋876＊7<－8640/426<7
<7/42765＋6374>38－2<<＊534/25>24.74
55445/6354/<<58－6＊536＊5>43<3>5</td></tr>
<tr><td colspan="2">货物或应税劳务、服务名称</td><td>规格型号</td><td>单位</td><td>数量</td><td>单价</td><td>金额</td><td>税率</td><td>税额</td></tr>
<tr><td colspan="2">保险费</td><td></td><td></td><td></td><td></td><td>1 200.00</td><td>6%</td><td>72.00</td></tr>
<tr><td colspan="2">合计</td><td></td><td></td><td></td><td></td><td>1 200.00</td><td></td><td>72.00</td></tr>
<tr><td colspan="2">价税合计（大写）</td><td colspan="7">壹仟贰佰柒拾贰元整　　（小写）￥1 272.00</td></tr>
<tr><td>销售方</td><td colspan="4">名　　　称：广东省东莞平安保险公司
纳税人识别号：441937861625137
地 址 、电 话：广东省东莞市鸿福西路 126 号 0769－870278914
开户行及账号：中国建设银行青羊支行 4502900430999008753</td><td>备注</td><td colspan="3">广东省东莞平安保险公司
441937861625137
发票专用章</td></tr>
</table>

收款人：万象　　复核：肖杰　　开票人：陈芳　　销售方：（章）

税总函（2017）268 北京印钞有限公司

第二联　抵扣联　购买方扣税凭证

原始凭证 22－6

4419174130　　　　广东省增值税专用发票

发票联

No 36789612

开票日期：2017 年 12 月 13 日

税总函（2017）268北京印钞有限公司

购买方	名　　　称：绵阳机械股份有限公司 纳税人识别号：510700603468168 地 址 、电 话：四川绵阳高新工业园区迎宾路 5 号 0816－87500852 开户行及账号：中国工商银行四川分行高新分理处 00381208010019			密码区	<65 >--7 * 85762896 -2 +1 +384035646 * 6 73 <53764 -* 06479 +876 * 7 <-8640/426 <7 <7/42765 +6374 >38 -2 <<* 534/25 >24. 74 55445/6354/ <<58 -6 * 536 * 5 >43 <3 >5		
货物或应税劳务、服务名称	规格型号	单位	数量	单价	金额	税率	税额
保险费					1 200. 00	6%	72. 00
合计					1 200. 00		72. 00
价税合计（大写）	壹仟贰佰柒拾贰元整				（小写）￥1 272. 00		
销售方	名　　　称：广东省东莞平安保险公司 纳税人识别号：441937861625137 地 址 、电 话：广东省东莞市鸿福西路 126 号 0769－870278914 开户行及账号：中国建设银行青羊支行 4502900430999008753			备注	广东省东莞平安保险公司 441937861625137 发票专用章		

第三联 发票联 购买方记账凭证

收款人：万象　　　复核：肖杰　　　开票人：陈芳　　　销售方：（章）

原始凭证 22－7

4419174130　　　　广东省增值税专用发票

抵扣联

No 36789545

开票日期：2017 年 12 月 13 日

税总函（2017）268北京印钞有限公司

购买方	名　　　称：绵阳机械股份有限公司 纳税人识别号：510700603468168 地 址 、电 话：四川绵阳高新工业园区迎宾路 5 号 0816－87500852 开户行及账号：中国工商银行四川分行高新分理处 00381208010019			密码区	<65 >--7 * 85762896 -2 +1 +384035646 * 6 73 <53764 -* 06479 +876 * 7 <-8640/426 <7 <7/42765 +6374 >38 -2 <<* 534/25 >24. 74 55445/6354/ <<58 -6 * 536 * 5 >43 <3 >5		
货物或应税劳务、服务名称	规格型号	单位	数量	单价	金额	税率	税额
包装费					10 000. 00	17%	1 700. 00
合计					10 000. 00		1 700. 00
价税合计（大写）	壹万壹仟柒佰元整				（小写）￥11 700. 00		
销售方	名　　　称：广东省东莞电机有限公司 纳税人识别号：441968861625319 地 址 、电 话：广东省东莞市鸿福西路 126 号 0769－870256213 开户行及账号：中国建设银行青羊支行 4502900430999098126			备注	广东省东莞电机有限公司 441968861625319 发票专用章		

第二联 抵扣联 购买方扣税凭证

收款人：李健　　　复核：黄轩　　　开票人：周璐　　　销售方：（章）

原始凭证 22－8

4419174130　　　　广东省增值税专用发票

发　票　联

No 36789545

开票日期：2017 年 12 月 13 日

购买方	名　　　称：绵阳机械股份有限公司 纳税人识别号：510700603468168 地 址 、电 话：四川绵阳高新工业园区迎宾路 5 号 0816－87500852 开户行及账号：中国工商银行四川分行高新分理处 00381208010019	密码区	<65 > --7 *85762896 -2 +1 +384035646 *6 73 <53764 - *06479 +876 *7 <-8640/426 < 7 <7/42765 +6374 >38 -2 <<*534/25 >24.7 455445/6354/ <<58 -6 *536 *5 >43 <3 >5

货物或应税劳务、服务名称	规格型号	单位	数量	单价	金额	税率	税额
包装费					10 000.00	17%	1 700.00
合计					10 000.00		1 700.00
价税合计（大写）	壹万壹仟柒佰元整				（小写）￥11 700.00		

销售方	名　　　称：广东省东莞电机有限公司 纳税人识别号：441968861625319 地 址 、电 话：广东省东莞市鸿福西路 126 号 0769－870256213 开户行及账号：中国建设银行青羊支行 4502900430999098126	备注	广东省东莞电机有限公司 441968861625319 发票专用章

收款人：李健　　　复核：黄轩　　　开票人：周璐　　　销售方：（章）

税总函（2017）268北京印钞有限公司

第三联　发票联　购买方记账凭证

原始凭证 22－9

中国工商银行 转账支票存根 BB　27344573 02
附加信息
出票日期 2017 年 12 月 13 日
收款人：广东省东莞电机有限公司
金额：11 700.00
用途：包装费
单位主管　　　　会计

23. 12月14日，签发为期3个月商品承兑汇票一张，抵向老铁钢材股份有限公司购买液压件款。

转账凭证

2017年12月14日　　　　转　字第17号

摘要	会计科目		记账	借方金额											贷方金额										
	总账科目	明细科目		亿	千	百	十	万	千	百	十	元	角	分	亿	千	百	十	万	千	百	十	元	角	分
签发汇票抵账	应付账款	老铁钢材				1	4	0	9	5	5	0	0	0											
签发汇票抵账	应付票据	老铁钢材															1	4	0	9	5	5	0	0	0
合计金额					¥	1	4	0	9	5	5	0	0	0		¥	1	4	0	9	5	5	0	0	0

附单据壹张

财会主管：　　记账：　　复核：　　制单：

原始凭证23－1

商业承兑汇票

15278631

签发日期（大写）：贰零壹柒年壹拾贰月壹拾肆日　　第0085号

付款人	全称	绵阳机械股份有限公司			收款人	全称	老铁钢材股份有限公司		
	账号	00381208010019				账号	62161208019863		
	开户银行	工行	行号	441928		开户银行	工行	行号	443552

汇票金额	人民币（大写）壹佰肆拾万零玖仟伍佰伍拾元整	千	百	十	万	千	百	十	元	角	分
		¥	1	4	0	9	5	5	0	0	0

汇票到期日	2018年1月14日	交易合同号	

本汇票已经本单位承兑，到期日无条件支付票款。此致
收款人

付款人盖章（绵阳机械股份有限公司 财务专用章）

负责 吴之娟印 经办 周立为印

2017年12月14日

汇票签发人盖章（绵阳机械股份有限公司 财务专用章）

负责 吴之娟印 经办 周立为印

此联（承兑人）付款人留存

24. 12 月 14 日，公司采用分期收款方式，销售给皮皮虾造船厂 LSY 型螺旋输送机 120 台，2 800 元/吨，库存产品成本 2 480 元/台，按合同规定交货时收款 60% 货款，其余款平均分两年收回。代垫运输 14 000 元。折现率为年 6%。

转账凭证

2017 年 12 月 14 日　　　　转　字第 18 号

摘要	会计科目		记账	借方金额											贷方金额										
	总账科目	明细科目		亿	千	百	十	万	千	百	十	元	角	分	亿	千	百	十	万	千	百	十	元	角	分
售螺旋输送机	应收账款	皮皮虾造船					3	9	3	1	2	0	0	0											
售螺旋输送机	主营业务收入	LSY 型螺旋输送机																3	3	6	0	0	0	0	0
	应交税费	应交增值税（销项税额）																	5	7	1	2	0	0	0
合计金额						¥	3	9	3	1	2	0	0	0			¥	3	9	3	1	2	0	0	0

附单据伍张

财会主管：　　记账：　　复核：　　制单：

付款凭证

贷方科目：银行存款　　2017 年 12 月 14 日　　银付字第 13 号

摘要	借方科目		记账	金额										
	总账科目	明细科目		亿	千	百	十	万	千	百	十	元	角	分
售 LSY 型螺旋输送机	应收账款	皮皮虾造船						1	4	0	0	0	0	0
合计金额														

附单据壹张

财会主管：　　记账：　　出纳：　　复核：　　制单：

原始凭证 24－1

5107171130　　　　四川省增值税专用发票

记　账　联　　　　No 34689063

开票日期：2017 年 12 月 14 日

购买方	名　　称：皮皮虾造船厂 纳税人识别号：610022152061893 地 址 、电 话：西安市未央区大白杨西路 52 号 029－37002163 开户行及账号：中国工商银行未央区分理处 62161208013490			密码区	<65 >－－7 ＊85762896 －2 ＋1 ＋384035646 ＊6 73 <53764 －＊06479 ＋876 ＊7 <－8640/426 <7 <7/42765 ＋6374 >38 －2 <<＊534/25 >24. 74 55445/6354/ <<58 －6 ＊536 ＊5 >43/160		
货物或应税劳务、服务名称	规格型号	单位	数量	单价	金额	税率	税额
螺旋输送机	LSY 型	台	120	2 800. 00	336 000. 00	17%	57 120. 00
合计					336 000. 00		57 120. 00
价税合计（大写）	叁拾玖万叁仟壹佰贰拾元整				（小写）￥393 120. 00		
销售方	名　　称：绵阳机械股份有限公司 纳税人识别号：510700603468168 地 址 、电 话：四川绵阳高新工业园区迎宾路 5 号 0816－87500852 开户行及账号：中国工商银行四川分行高新分理处 00381208010019			备注	绵阳机械股份有限公司 510700603468168 合同专用章		

税总函（2017）268北京印钞有限公司

第一联 记账联 销售方记账凭证

收款人：李京　　　复核：周立为　　　开票人：齐凡　　　销售方：（章）

原始凭证 24－2

ICBC 中国工商银行　**业务回单**（付款）

日期：2017 年 12 月 14 日　　回单编号：925673227

付款人户名：绵阳机械股份有限公司　　付款人开户行：工商银行高新分理处

付款人账号（卡号）：00381208010019

收款人户名：绵阳远通运输公司　　收款人开户行：工商银行红星街支行

收款人账号（卡号）：4503658222590985720916

金额：壹万肆仟元整　　小写：￥14 000. 00

业务（产品）种类：同行付款　　凭证种类：386086　　凭证号码：6278385281368

摘要：代垫运费　　用途：代垫运费　　币种：人民币

交易机构：0510897289　　记账柜员：021　　交易代码：52094　　渠道：其他渠道

附言：

本回单为第一次打印，注意重复　打印日期：2017 年 12 月 14 日　打印柜员：5　验证码：4938B2E215

工商银行四川分行高新分理处 结算专用章（5）（绵阳市）

原始凭证 24－3

托收凭证（受理回单）

委托日期 2017 年 12 月 14 日

<table>
<tr><td colspan="2">业务类型</td><td colspan="4">委托收款：□起划　□电划</td><td colspan="4">托收承付：□起划　☑电划</td></tr>
<tr><td rowspan="3">出票人</td><td>全　称</td><td colspan="3">皮皮虾造船厂</td><td rowspan="3">收款人</td><td>全　称</td><td colspan="3">绵阳机械股份有限公司</td></tr>
<tr><td>账　号</td><td colspan="3">62161208013490</td><td>账　号</td><td colspan="3">00381208010019</td></tr>
<tr><td>地　址</td><td>陕西 省 西安 市/县</td><td>开户行</td><td>工行未央区分理处</td><td>地　址</td><td>四川 省 绵阳 市/县</td><td>开户行</td><td>工行高新分理处</td></tr>
<tr><td>金额</td><td colspan="5">人民币
（大写）贰拾肆万玖仟捌佰柒拾贰元整</td><td colspan="4">亿 千 百 十 万 千 百 十 元 角 分
¥ 2 4 9 8 7 2 0 0</td></tr>
<tr><td>款项内容</td><td colspan="2">货款及代垫运费</td><td>托收凭据名称</td><td colspan="2">增值税专用发票
公路运输增值税专用发票</td><td>附寄单证张数</td><td colspan="3">2</td></tr>
<tr><td colspan="3">商品发运情况</td><td colspan="2">公路运输</td><td colspan="3">合同名称号码</td><td colspan="2">001762</td></tr>
</table>

工商银行四川分行高新分理处 结算专用章（5）（绵阳市）

原始凭证 24－4

绵阳机械股份有限公司

产品出库单

仓库：产成品库　　出库日期：2017 年 12 月 14 日　　编号：171203

产品编号	产品名称	规格型号	单位	数量	单位成本	总成本
201	螺旋输送机	LSY 型	台	120		
合计				120		

保管员：张涛

原始凭证 24－5

发货通知单

编　号　20171202　　订单号码

客户名称　皮皮虾造船厂　　交货日期　2017 年 12 月 14 日

地　址　西安市未央区大白杨西路 52 号　　交货方式　☑一次交货　□分批交货

产品名称	产品编号	数量	单价	金额
LSY 型螺旋输送机	201	120	2 800	336 000.00

仓库：　　主管：　　核准：　　填单：

原始凭证 24 -6

代销协议

甲方：绵阳机械股份有限公司

乙方：皮皮虾造船厂

甲方委托乙方销售 LSY 型螺旋输送机 120 台，2 800 元/吨，库存产品成本 2 480 元/台，按合同规定交货时收款 60%，其余款平均分两年收回。甲方为乙方代垫运输 14 000 元，与货款一同收回。

甲方法定代表人签字：周海洋　　　乙方法定代表人签字：白雪

（绵阳机械股份有限公司 510700603468168 合同专用章）　　　（皮皮虾造船厂 610022152061893 合同专用章）

2017 年 12 月 14 日　　　2017 年 12 月 14 日

25. 12 月 14 日，销售给老铁钢材股份有限公司 GL 型螺旋输送机 240 台，2 880 元/台，货已出库，款暂未收，成本为 2 632 元/台。

转账凭证

2017 年 12 月 14 日　　　转　字第 19 号

摘要	会计科目		记账	借方金额											贷方金额										
	总账科目	明细科目		亿	千	百	十	万	千	百	十	元	角	分	亿	千	百	十	万	千	百	十	元	角	分
售螺旋输送机	应收账款	老铁钢材					8	0	8	7	0	4	0	0											
售螺旋输送机	主营业务收入	GL 型螺旋输送机																6	9	1	2	0	0	0	0
售螺旋输送机	应交税费	应交增值税（销项税额）																1	1	7	5	0	4	0	0
合计金额						¥	8	0	8	7	0	4	0	0			¥	8	0	8	7	0	4	0	0

附单据　张

财会主管：　　记账：　　复核：　　制单：

原始凭证 25 -1

绵阳机械股份有限公司

产品出库单

仓库：产成品库　　　出库日期：2017 年 12 月 14 日　　　编号：171204

产品编号	产品名称	规格型号	单位	数量	单位成本	总成本
202	螺旋输送机	GL 型	台	240	2 632.00	631 680.00
合计						631 680.00

保管员：张涛

原始凭证 25－2

5101171130

四川省增值税专用发票

记 账 联

No 34689064

开票日期：2017 年 12 月 14 日

税总函（2017）268北京印钞有限公司

购买方	名　　　称：老铁钢材股份有限公司 纳税人识别号：510021162068913 地 址 、电 话：成都市成华区猛追湾街道 231 号 028－37004278 开户行及账号：中国工商银行成华区分理处 62161208019863	密码区	<65>－－7＊85762896－2＋1＋384035646＊6 73<53764－＊06479＋876＊7<－8640/426<7 <7/42765＋6374>38－2<<＊534/25>24.74 55445/6354/<<58－6＊536＊5>43/160

货物或应税劳务、服务名称	规格型号	单位	数量	单价	金额	税率	税额
螺旋输送机	GL 型	台	240	2 880.00	691 200.00	17%	117 504.00
合计					691 200.00		117 504.00
价税合计（大写）	捌拾万零捌仟柒佰零肆元整				（小写）￥808 704.00		

销售方	名　　　称：绵阳机械股份有限公司 纳税人识别号：510700603468168 地 址 、电 话：四川绵阳高新工业园区迎宾路 5 号 0816－87500852 开户行及账号：中国工商银行四川分行高新分理处 00381208010019	备注	绵阳机械股份有限公司 510700603468168 发票专用章

第一联 记账联 销售方记账凭证

收款人：李京　　复核：周立为　　开票人：齐凡　　销售方：（章）

原始凭证 25－3

托收凭证（受理回单）

委托日期 2017 年 12 月 14 日

业务类型		委托收款：□起划 □电划			托收承付：□起划 ☑电划		
出票人	全　称	老铁钢材股份有限公司		收款人	全　称	绵阳机械股份有限公司	
	账　号	62161208019863			账　号	00381208010019	
	地　址	四川 省 成都 市/县	开户行：工行成华区分理处		地　址	四川 省 绵阳 市/县	开户行：工行高新分理处

金额	人民币（大写）捌拾万零捌仟柒佰零肆元整	亿	千	百	十	万	千	百	十	元	角	分
					8	0	8	7	0	4	0	0

工商银行四川分行高新分理处 结算专用章（5）（绵阳市）

款项内容	货款	托收凭据名称	增值税专用发票	附寄单证张数	1
商品发运情况	公路运输	合同名称号码	001765		

原始凭证 25 –4

发货通知单

编　　号　20171203　　　　订单号码
客户名称　云南超越新能源汽车有限责任公司　　　　交货日期　2017 年 12 月 14 日
地　　址　昆明市春融东路 69 号　　　　交货方式　☑一次交货　　☐分批交货

产品名称	产品编号	数量	单价	金额
GL 型螺旋输送机	202	240	2 880	691 200.00

仓库：　　　　主管：　　　　核准：　　　　填单：

26. 12 月 14 日，业务 22 从广东省东莞电机有限公司购入电动机 3 000 台已到达企业并验收入库，发现短缺 3 台，经查明是运输途中由于自然原因造成，根据与保险公司签订的保险合同，应按货物价税合计金额的 60% 取得保险赔款。

转账凭证

2017 年 12 月 24 日　　　　转　字第 20 号

摘要	会计科目		记账	借方金额											贷方金额										
	总账科目	明细科目		亿	千	百	十	万	千	百	十	元	角	分	亿	千	百	十	万	千	百	十	元	角	分
电动机验收入库	原材料	电动机				1	9	2	0	0	0	0	0	0											
电动机验收入库	材料成本差异							6	1	2	0	0	0	0											
电动机验收入库	材料采购	电动机															1	9	8	1	2	0	0	0	0
合计金额					¥	1	9	8	1	2	0	0	0	0		¥	1	9	8	1	2	0	0	0	0

附单据壹张

财会主管：　　　　记账：　　　　复核：　　　　制单：

原始凭证 26 –1

绵阳机械股份有限公司

材料入库单

仓库：原材料库　　　　入库日期：2017 年 12 月 14 日　　　　编号：ddj171201

材料名称	规格型号	单位	数量		实际成本		计划成本	
			发票	实际	单价	金额	单价	金额
电动机		台	3 000	2 997	650	1 969 250	640	1 920 000.00

记账：　　　　保管员：杨洁　　　　采购员：陆光

转账凭证

2017 年 12 月 14 日　　　　转　字第 21 号

摘要	会计科目		记账	借方金额											贷方金额										
	总账科目	明细科目		亿	千	百	十	万	千	百	十	元	角	分	亿	千	百	十	万	千	百	十	元	角	分
验收短缺	其他应收款	保险赔偿							1	3	6	8	9	0											
验收短缺	营业外支出	非常损失								9	1	2	6	0											
验收短缺	材料采购	电动机																		1	9	5	0	0	0
验收短缺	应交税费	应交增值税（进项税额转出）																			3	3	1	5	0
合计金额								¥	2	2	8	1	5	0					¥	2	2	8	1	5	0

附单据壹张

财会主管：　　记账：　　复核：　　制单：

原始凭证 26－2

绵阳机械股份有限公司
保险赔款计算表

2017 年 12 月 14 日

合同名称	合同编号	赔偿办法	应赔偿金额
运输保险合同	2017039	运输途中因自然灾害等不可抗原因造成的损失，保险公司按损失数量的价税合计数的60%予以赔偿	3 台×650 元/台×（1＋17%）×60%＝1 368.90 元

27. 12 月 15 日，提取现金发放职工困难补助款 180 000 元。

付款凭证

贷方科目：银行存款　　2017 年 12 月 15 日　　银付字第 14 号

摘要	借方科目		记账	金额										
	总账科目	明细科目		亿	千	百	十	万	千	百	十	元	角	分
提取现金	库存现金						1	8	0	0	0	0	0	0
合计金额						¥	1	8	0	0	0	0	0	0

附单据壹张

财会主管：　　记账：　　出纳：　　复核：　　制单：

付款凭证

贷方科目：库存现金　　　　2017 年 12 月 15 日　　　　现付字第 2 号

摘要	借方科目		记账	金额										
	总账科目	明细科目		亿	千	百	十	万	千	百	十	元	角	分
用现金发放职工困难补助	应付职工薪酬	职工福利费					1	8	0	0	0	0	0	0
合计金额						¥	1	8	0	0	0	0	0	0

附单据壹张

财会主管：　　记账：　　出纳：　　复核：　　制单：

原始凭证 27－1

现金支票

中国工商银行

现金支票存根

BB　23344520

02

附加信息

出票日期 2017 年 12 月 15 日

收款人：绵阳机械股份有限公司
金额：180 000. 00
用途：发放职工困难补助

单位主管　　会计

原始凭证 27－2

职工困难补助明细表

2017 年 12 月 15 日

部门	补助金额	签字	备注
下料车间	42 000	王林	
加工车间	30 828	李莉	
装配车间	55 464	朱玲	
辅助车间	15 480	王晓涵	
管理部门	36 228	徐丽	
合　计	180 000		

财务负责人：张静　　　　出纳：李京

28. 12月15日，由于生产需要购入成都康迈液压器材有限公司油漆1 200升，单价98元/升，运输费用2 220元，由对方垫付，款未付，材料已运达企业验收入库。

转账凭证

2017年12月15日　　　　转　字第22号

摘要	会计科目		记账	借方金额									贷方金额								
	总账科目	明细科目		百	十	万	千	百	十	元	角	分	百	十	万	千	百	十	元	角	分
购入油漆	材料采购	油漆			1	1	9	6	0	0	0	0									
购入油漆	应交税费	应交增值税（进项税额）				2	0	2	1	2	0	0									
购入油漆	应付账款	成都康迈												1	3	9	8	1	2	0	0
合计金额				¥	1	3	9	8	1	2	0	0	¥	1	3	9	8	1	2	0	0

附单据肆张

财会主管：　　记账：　　复核：　　制单：

转账凭证

2017年12月15日　　　　转　字第23号

摘要	会计科目		记账	借方金额									贷方金额								
	总账科目	明细科目		百	十	万	千	百	十	元	角	分	百	十	万	千	百	十	元	角	分
油漆入库	原材料	油漆			1	2	0	0	0	0	0	0									
油漆入库	材料采购	油漆												1	1	9	6	0	0	0	0
油漆入库	材料成本差异	油漆															4	0	0	0	0
合计金额				¥	1	2	0	0	0	0	0	0	¥	1	2	0	0	0	0	0	0

附单据壹张

财会主管：　　记账：　　复核：　　制单：

原始凭证 28－1

5107174130

四川省增值税专用发票

抵 扣 联

No 36789321

开票日期：2017 年 12 月 15 日

购买方	名 称：绵阳机械股份有限公司 纳税人识别号：510700603468168 地 址 、电 话：四川绵阳高新工业园区迎宾路 5 号 0816－87500852 开户行及账号：中国工商银行四川分行高新分理处 00381208010019			密码区	<65 >－－7＊85762896－2＋1＋384035646＊6 73 <53764－＊06479＋876＊7 <－8640/426 < 7 <7/42765＋6374 >38－2 <<＊534/25 >24.74 55445/6354/ <<58－6＊536＊5 >43 <3 >		
货物或应税劳务、服务名称	规格型号	单位	数量	单价	金额	税率	税额
油漆		升	1 200	98	117 600.00	17%	19 992.00
合计					177 600.00		19 992.00
价税合计（大写）	壹拾叁万柒仟伍佰玖拾贰元整				（小写）￥137 592.00		
销售方	名 称：成都市康迈液压器材有限公司 纳税人识别号：450168861625436 地 址 、电 话：成都市双楠小区少陵路 19 号 0816－870256826 开户行及账号：中国建设银行青羊支行 4502900435869098502			备注	成都市康迈液压器材有限公司 450168861625436 发票专用章		

收款人：李雪　　复核：刘兵　　开票人：黄岛　　销售方：（章）

税总函（2017）268北京印钞有限公司

第二联 抵扣联 购买方扣税凭证

原始凭证 28－2

5107174130

四川省增值税专用发票

发 票 联

No 36789321

开票日期：2017 年 12 月 15 日

购买方	名 称：绵阳机械股份有限公司 纳税人识别号：510700603468168 地 址 、电 话：四川绵阳高新工业园区迎宾路 5 号 0816－87500852 开户行及账号：中国工商银行四川分行高新分理处 00381208010019			密码区	<65 >－－7＊85762896－2＋1＋384035646＊6 73 <53764－＊06479＋876＊7 <－8640/426 < 7 <7/42765＋6374 >38－2 <<＊534/25 >24.74 55445/6354/ <<58－6＊536＊5 >43 <3 >		
货物或应税劳务、服务名称	规格型号	单位	数量	单价	金额	税率	税额
油漆		升	1 200	98	117 600.00	17%	19 992.00
合计					177 600.00		19 992.00
价税合计（大写）	壹拾叁万柒仟伍佰玖拾贰元整				（小写）￥137 592.00		
销售方	名 称：成都市康迈液压器材有限公司 纳税人识别号：450168861625436 地 址 、电 话：成都市双楠小区少陵路 19 号 0816－870256826 开户行及账号：中国建设银行青羊支行 4502900435869098502			备注	成都市康迈液压器材有限公司 450168861625436 发票专用章		

收款人：李雪　　复核：刘兵　　开票人：黄岛　　销售方：（章）

税总函（2017）268北京印钞有限公司

第三联 发票联 购买方记账凭证

原始凭证 28 – 3

5107173130　　　　四川省增值税专用发票

抵　扣　联　　　　No 26878336

开票日期：2017 年 12 月 15 日

购买方	名　　称：绵阳机械股份有限公司 纳税人识别号：510700603468168 地 址 、电 话：四川绵阳高新工业园区迎宾路 5 号 0816 – 87500852 开户行及账号：中国工商银行四川分行高新分理处 00381208010019			密码区	<65 >--7 * 85762896 -2 +1 +384035646 * 6 73 <53764 - * 06479 +876 * 7 <-8640/426 < 7 <7/42765 +6374 >38 -2 << * 534/25 >24. 74 55445/6354/ <<58 -6 * 536 * 5 >43 <3 >		
货物或应税劳务、服务名称	规格型号	单位	数量	单价	金额	税率	税额
运费					2 000. 00	11%	220. 00
合计					2 000. 00		220. 00
价税合计（大写）	贰仟贰佰贰拾元整				（小写）￥2 220. 00		
销售方	名　　称：绵阳远通运输公司 纳税人识别号：450118616208635 地 址 、电 话：四川绵阳涪城区红星街 125 号 0816 – 87023698 开户行及账号：中国建设银行绵阳红星街支行 450365822590985720916			备注	成都玖启软件股份有限公司 4501170811246 发票专用章		

收款人：张烨　　　　复核：刘琦　　　　开票人：赵江　　　　销售方：（章）

税总函（2017）268北京印钞有限公司

第二联　抵扣联　购买方扣税凭证

原始凭证 28 – 4

5107173130　　　　四川省增值税专用发票

发　票　联　　　　No 26878336

开票日期：2017 年 12 月 15 日

购买方	名　　称：绵阳机械股份有限公司 纳税人识别号：510700603468168 地 址 、电 话：四川绵阳高新工业园区迎宾路 5 号 0816 – 87500852 开户行及账号：中国工商银行四川分行高新分理处 00381208010019			密码区	<65 >--7 * 85762896 -2 +1 +384035646 * 6 73 <53764 - * 06479 +876 * 7 <-8640/426 < 7 <7/42765 +6374 >38 -2 << * 534/25 >24. 74 55445/6354/ <<58 -6 * 536 * 5 >43 <3 >		
货物或应税劳务、服务名称	规格型号	单位	数量	单价	金额	税率	税额
运费					2 000. 00	11%	220. 00
合计					2 000. 00		220. 00
价税合计（大写）	贰仟贰佰贰拾元整				（小写）￥2 220. 00		
销售方	名　　称：绵阳远通运输公司 纳税人识别号：450118616208635 地 址 、电 话：四川绵阳涪城区红星街 125 号 0816 – 87023698 开户行及账号：中国建设银行绵阳红星街支行 450365822590985720916			备注	绵阳远通运输公司 450118616208635 发票专用章		

收款人：张烨　　　　复核：刘琦　　　　开票人：赵江　　　　销售方：（章）

税总函（2017）268北京印钞有限公司

第三联　发票联　购买方记账凭证

原始凭证 28 –5

绵阳机械股份有限公司

材料入库单

仓库：原材料库　　　　入库日期：2017 年 12 月 7 日　　　　编号：yq171201

材料名称	规格型号	单位	数量		实际成本		计划成本	
			发票	实际	单价	金额	单价	金额
油漆		升	1 200	1 200	98	117 600 +2 000	100	120 000

记账：　　　　保管员：杨洁　　　　采购员：高伟光

29. 12 月 15 日，接到环保部门的通知，因废水排放未完全达标，被环保局除以罚款 2 000 元。

付款凭证

贷方科目：银行存款　　　　2017 年 12 月 15 日　　　　银付字第 15 号

摘要	借方科目		记账	金额											
	总账科目	明细科目		亿	千	百	十	万	千	百	十	元	角	分	
罚款支出	营业外支出	罚款支出							2	0	0	0	0	0	附单据
															贰
															张
合计金额								¥	2	0	0	0	0	0	

财会主管：　　记账：　　出纳：　　复核：　　制单：

原始凭证 29－1

索引号：015113446－201805－137266　　主题分类：行政处罚
发布机构：绵阳市环保局　　发文日期：2017－12－15 09：11
名称：绵阳市环境保护局行政处罚决定书（绵环罚〔2017〕16号）
文号：　　关键字：

绵阳市环境保护局
行政处罚决定书
绵环罚字〔2017〕16号

单位：绵阳机械股份有限公司
统一社会信用代码：510700603468168
法定代表人（单位）：周海洋
详细地址：绵阳市云西街288号
一、环境违法事实和证据

经绵阳市危险废物监督管理所2017年11月20日对你公司进行现场检查时发现：(1) 废水处理污泥暂存库废矿物油包装容器均未设置危险废物识别标志；(2) 废水处理污泥暂存库有废水处理污泥（中和渣）流失到库房外场地上；(3) 废水处理污泥暂存库中流失的废水处理污泥（中和渣）与废弃包装袋、废弃覆盖物等混合露天堆放。

以上事实，有绵阳市危险废物监督管理所《现场检查（勘察）笔录》、《调查询问笔录》、照片、《授权委托书》、《营业执照》等证据为证。

你公司上述行为违反了《中华人民共和国固体废物污染环境防治法》第五十二条：……（本教材略）的规定。

我局于2017年11月25日告知你公司违法事实、处罚依据和拟作出的处罚决定，并告知你公司有权进行陈述、申辩和要求听证。你公司在法定期限内未提出陈述、申辩和听证。

以上事实，有我局2017年11月25日《行政处罚事先（听证）告知书》（绵环罚告（听）字〔2017〕9号)、2017年11月26日《送达回证》等材料为证。

二、责令改正和行政处罚的依据、种类

《中华人民共和国固体废物污染环境防治法》第七十五条：……（本教材略）。

《绵阳市环境保护局行政处罚自由裁量权规范标准（2016年修改）》第一一八项：未设置危险废物识别标志等规定的（二）规范的具体处罚标准。

……（本教材略）

根据上述规定，我局对你公司作出如下决定：

1. 对未设置危险废物识别标志的违法行为，责令停止违法行为，限期10天内改正完成，罚款1 000元；

2. 对未采取相应防范措施造成危险废物扬散、流失的违法行为，责令停止违法行为，限期10天内改正完成，罚款1 000元。

三、责令限制生产和行政处罚决定的履行方式和期限

（一）关于责令改正违法行为的履行方式和期限

你公司应于接到本处罚决定书之日起对未设置危险废物识别标志、未采取相应防范措施造成危险废物扬散、流失、将危险废物混入非危险废物中储存的违法行为立即停止违法行为，并积极采取整改措施，10天内整改完成。

（二）关于罚款的履行方式和期限

以上罚款总计贰仟元整（2 000.00 元），根据《中华人民共和国行政处罚法》和《罚款决定与罚款收缴分离实施办法》的规定，你公司应于接到本处罚决定书之日起 15 日内，持我局出具的“绵阳市罚款上缴通知书”将罚款缴至绵阳市国库（户名：绵阳市财政局非税收入解缴专户 账号：2017004582）。

你公司缴纳罚款后，应将缴款凭据复印件报送我局备案。逾期不缴纳罚款，我局将每日按罚款数额的3%加处罚款。

（三）履行情况的报告和后督察

请你公司应于接到本决定书之日起 15 日内将履行处罚决定的情况书面报告我局、绵阳市危险废物监督管理所。我局委托绵阳市危险废物监督管理所对你公司履行处罚决定的情况实施环境行政执法后督察。

四、申请行政复议或者提起行政诉讼的途径和期限

如不服本处罚决定，可在接到本决定书之日起六十日内向四川省环境保护厅或者成都市人民政府申请复议，也可以在六个月内直接向高新区人民法院提起行政诉讼。

逾期不申请行政复议，也不向人民法院提起行政诉讼，又不履行本处罚决定的，我局将依法申请人民法院强制执行。

绵阳市环境保护局

2017 年 12 月 10 日

原始凭证 29－2

中国工商银行
转账支票存根
BB 23344574
02 附加信息   出票日期 2017 年 12 月 15 日
收款人：绵阳机械股份有限公司
金额：2 000.00
用途：环保罚款
单位主管　　　　会计

30. 12 月 18 日，机修车间一台铸机报废，账面原始价值 350 000 元，已提折旧 332 500 元，清理过程中变价收入 12 500 元，发生劳务费 2 000 元［1 886. 79 ×（1 +6%）］。

转账凭证

2017 年 12 月 18 日　　　　转　字第 24 号

摘要	会计科目		记账	借方金额									贷方金额								
	总账科目	明细科目		百	十	万	千	百	十	元	角	分	百	十	万	千	百	十	元	角	分
生产设备报废	固定资产清理					1	7	5	0	0	0	0									
生产设备报废	累计折旧				3	3	2	5	0	0	0	0									
生产设备报废	固定资产	机器设备												3	5	0	0	0	0	0	0
合计金额				¥	3	5	0	0	0	0	0	0	¥	3	5	0	0	0	0	0	0

附单据壹张

财会主管：　　记账：　　复核：　　制单：

付款凭证

贷方科目：库存现金　　　　2017 年 12 月 18 日　　　　现付字第 3 号

摘要	借方科目		记账	金额										
	总账科目	明细科目		亿	千	百	十	万	千	百	十	元	角	分
清理劳务费	固定资产清理		√						1	8	8	6	7	9
清理劳务费	应交税费	应交增值税（进项税额）	√							1	1	3	2	1
合计金额								¥	2	0	0	0	0	0

附单据叁张

财会主管：　　记账：　　出纳：　　复核：　　制单：

收款凭证

借方科目：库存现金　　　　2017 年 12 月 18 日　　　　现收字第 2 号

摘要	贷方科目		记账	金额										
	总账科目	明细科目		亿	千	百	十	万	千	百	十	元	角	分
清理变价收入	固定资产清理							1	2	5	0	0	0	0
合计金额							¥	1	2	5	0	0	0	0

附单据壹张

财会主管：　　记账：　　出纳：　　复核：　　制单：

转账凭证

2017 年 12 月 18 日　　转　字第 25 号

摘要	总账科目	明细科目	记账	借方金额 百	十	万	千	百	十	元	角	分	贷方金额 百	十	万	千	百	十	元	角	分
结转清理净损失	营业外支出	非流动资产处置损失					6	8	8	6	7	9									
	固定资产清理															6	8	8	6	7	9
合计金额						¥	6	8	8	6	7	9			¥	6	8	8	6	7	9

附单据肆张

财会主管：　　记账：　　复核：　　制单：

原始凭证 30 -1

绵阳机械股份有限公司

设备报废申请书

2017 年 12 月 18 日　　设备编号：JG0012

名称	铸机	购入时间	2008 年 12 月	出厂编号	0015
型号、规格	66	已使用年限	120 个月	单位	1 台
制造厂	南京机床厂	使用车间	机修车间		
原值（元）	350 000. 00	折余价值（元）	17 500. 00		
已折旧（元）	332 500. 00	预计净残值率（元）	5%		
报废原因	设备陈旧无使用价值				
资产管理部门意见	同意报废　2017 年 12 月 18 日	厂部意见	同意报废　2017 年 12 月 18 日		

原始凭证 30 -2

5107173130

四川省增值税专用发票

发　票　联

No 42573216

开票日期：2017 年 12 月 18 日

购买方	名　　称：绵阳机械股份有限公司 纳税人识别号：510700603468168 地 址 、电 话：四川绵阳高新工业园区迎宾路 5 号 0816 -87500852 开户行及账号：中国工商银行四川分行高新分理处 00381208010019		密码区	<65 >--7 * 85762896 -2 +1 +384035646 * 6 73 <53764 - * 06479 +876 * 7 <-8640/426 < 7 <7/42765 +6374 >38 -2 << * 534/25 >24. 74 55445/6354/ <<58 -6 * 536 * 5 >43 <3 >60		
货物或应税劳务、服务名称	规格型号	单位	数量	单价	金额	税率	税额
劳务费					1 886. 79	6%	113. 21
合计					1 886. 79		113. 21
价税合计（大写）	贰仟元整			（小写）￥2 000. 00			
销售方	名　　称：卓越人力劳务公司 纳税人识别号：450165461634727 地 址 、电 话：绵阳市高新工业园区迎宾路 163 号 0816 -87018007 开户行及账号：中国建设银行青羊支行 4502902385853098204		备注	（印章：卓越人力劳务公司 450165461634727 发票专用章）		

税总函（2017）268北京印钞有限公司

第三联　发票联　购买方记账凭证

收款人：于东　　复核：夏至　　开票人：赵莉　　销售方：（章）

原始凭证 30－3

5107173130

四川省增值税专用发票

抵 扣 联

No 42573216

开票日期：2017 年 12 月 18 日

购买方	名 称：绵阳机械股份有限公司 纳税人识别号：510700603468168 地 址 、电 话：四川绵阳高新工业园区迎宾路 5 号 0816－87500852 开户行及账号：中国工商银行四川分行高新分理处 00381208010019			密码区	<65 >－－7＊85762896－2＋1＋384035646＊6 73 <53764－＊06479＋876＊7 <－8640/426 < 7 <7/42765＋6374 >38－2 <<＊534/25 >24. 74 55445/6354/ <<58－6＊536＊5 >43 <3 >60			
货物或应税劳务、服务名称	规格型号	单位	数量	单价	金额	税率	税额	
劳务费					1 886. 79	6%	113. 21	
合计					1 886. 79		113. 21	
价税合计（大写）	贰仟元整				（小写）￥2 000. 00			
销售方	名 称：卓越人力劳务公司 纳税人识别号：450165461634727 地 址 、电 话：绵阳市高新工业园区迎宾路 163 号 0816－87018007 开户行及账号：中国建设银行青羊支行 4502902385853098204			备注	卓越人力劳务公司 450165461634727 发票专用章			

收款人：于东　　复核：夏至　　开票人：赵莉　　销售方：（章）

税总函（2017）268北京印钞有限公司

第二联 抵扣联 购买方扣税凭证

原始凭证 30－4

收款收据

No 2076395

2017 年 12 月 18 日

今收到 绵阳机械股份有限公司

交 来 报废固定资产清理劳务费

人民币 贰仟元整　　￥2 000. 00

（印章：卓越人力劳务公司 财务专用章）

收款单位：　　收款人：李子雄　　缴款人：王力

第一联 存根联

原始凭证 30－5

收款收据

No 171202

2017 年 12 月 18 日

今收到 中宇废品回收公司

交 来 报废固定资产残值变价收入

人民币 壹万贰仟伍佰元整　　￥12 500

（印章：绵阳机械股份有限公司 财务专用章；绵阳机械股份有限公司 现金付讫）

收款单位：　　收款人：李京　　缴款人：钱奋

第二联 收据联

31. 12 月 18 日，将固定资产变价收入的现金 12 500 元存入银行。

付款凭证

贷方科目：库存现金　　　　2017 年 12 月 18 日　　　　现付字第 4 号

摘要	借方科目		记账	金额										
	总账科目	明细科目		亿	千	百	十	万	千	百	十	元	角	分
固定资产变价收入现金送存银行	银行存款		√					1	2	5	0	0	0	0
合计金额							¥	1	2	5	0	0	0	0

附单据壹张

财会主管：　　记账：　　出纳：　　复核：　　制单：

原始凭证 31－1

中国工商银行 Industrial and Commercial Bank of China　现金缴款单

2017 年 12 月 18 日　　　　序号：

客户填写部分	收款人户名	绵阳机械股份有限公司																
	收款人账号	00381208010019					收款人开户行	中国工商银行四川分行高新分理处										
	缴款人						款项来源	固定资产变价收入										
	币种（√）	人民币☑ 外　币☐	大写：壹拾贰万伍仟元整						亿	千	百	十	万	千	百	十	元	角	分
											¥	1	2	5	0	0	0	0	0
	卷别	100 元	50 元	20 元	10 元	5 元	2 元	1 元					辅币（金额）					
	张数	125																
银行填写	日期	日志号		交易码：			币种：											
	金额	终端号		主管：			柜员：											

工商银行高新分理处　现金收讫

第二联　收款人入账通知

32. 12 月 18 日，从重庆铸铁股份有限公司购入铸铁 240 吨，单价 1 150 元/吨，签发一张商业承兑汇票，付款期限 6 个月，材料已到达企业并验收入库。

转账凭证

2017 年 12 月 18 日　　　　转　字第 26 号

摘要	会计科目		记账	借方金额											贷方金额										
	总账科目	明细科目		亿	千	百	十	万	千	百	十	元	角	分	亿	千	百	十	万	千	百	十	元	角	分
购入重庆铸铁	材料采购	铸铁					2	7	6	0	0	0	0	0											
购入重庆铸铁	应交税费	应交增值税（进项税）						4	6	9	2	0	0	0											
购入重庆铸铁	应付票据	重庆铸铁																3	2	2	9	2	0	0	0
合计金额						¥	3	2	2	9	2	0	0	0			¥	3	2	2	9	2	0	0	0

附单据叁张

财会主管：　　　记账：　　　复核：　　　制单：

转账凭证

2017 年 12 月 18 日　　　　转　字第 27 号

摘要	会计科目		记账	借方金额											贷方金额										
	总账科目	明细科目		亿	千	百	十	万	千	百	十	元	角	分	亿	千	百	十	万	千	百	十	元	角	分
购入铸铁入库	原材料	铸铁					2	7	8	4	0	0	0	0											
购入铸铁入库	材料采购																	2	7	6	0	0	0	0	0
购入铸铁入库	材料成本差异																			2	4	0	0	0	0
合计金额						¥	2	7	8	4	0	0	0	0			¥	2	7	8	4	0	0	0	0

附单据壹张

财会主管：　　　记账：　　　复核：　　　制单：

原始凭证 32－1

绵阳机械股份有限公司

材料入库单

仓库：原材料库　　　入库日期：2017 年 12 月 18 日　　　编号：zl171202

材料名称	规格型号	单位	数量		实际成本		计划成本	
			发票	实际	单价	金额	单价	金额
铸铁		吨	240	240	1 150.00	276 000.00	1 160.00	278 400.00

记账：　　　保管员：杨洁　　　采购员：高伟光

原始凭证 32－2

5000172130

重庆市增值税专用发票

抵　扣　联

No 36789132

开票日期：2017 年 12 月 18 日

税总函（2017）268北京印钞有限公司

购买方	名　　　称：绵阳机械股份有限公司 纳税人识别号：510700603468168 地 址 、电 话：四川绵阳高新工业园区迎宾路 5 号 0816－87500852 开户行及账号：中国工商银行四川分行高新分理处 00381208010019	密码区	<65 >－－7 ＊85762896 －2 ＋1 ＋384035646 ＊6 73 <53764 －＊06479 ＋876 ＊7 <－8640/426 < 7 <7/42765 ＋6374 >38 －2 <<＊534/25 >24. 74 55445/6354/ <<58 －6 ＊536 ＊5 >43 <3 >

货物或应税劳务、服务名称	规格型号	单位	数量	单价	金额	税率	税额
铸铁		吨	240	1 150. 00	276 000. 00	17%	46 920. 00
合计					276 000. 00		46 920. 00
价税合计（大写）	叁拾贰万贰仟玖佰贰拾元整				（小写） ￥322 920. 00		

销售方	名　　　称：重庆铸铁股份有限公司 纳税人识别号：500056789015324 地 址 、电 话：重庆市沙坪坝区少陵路 38 号 023－870256826 开户行及账号：中国建设银行沙坪坝区支行 4502900435869058924	备注	重庆铸铁股份有限公司 500056789015324 发票专用章

第二联 抵扣联 购买方扣税凭证

收款人：高明　　　复核：黄渝　　　开票人：周婕　　　销售方：（章）

原始凭证 32－3

5000172130

重庆市增值税专用发票

发　票　联

No 36789132

开票日期：2017 年 12 月 18 日

税总函（2017）268北京印钞有限公司

购买方	名　　　称：绵阳机械股份有限公司 纳税人识别号：510700603468168 地 址 、电 话：四川绵阳高新工业园区迎宾路 5 号 0816－87500852 开户行及账号：中国工商银行四川分行高新分理处 00381208010019	密码区	<65 >－－7 ＊85762896 －2 ＋1 ＋384035646 ＊6 73 <53764 －＊06479 ＋876 ＊7 <－8640/426 < 7 <7/42765 ＋6374 >38 －2 <<＊534/25 >24. 74 55445/6354/ <<58 －6 ＊536 ＊5 >43 <3 >

货物或应税劳务、服务名称	规格型号	单位	数量	单价	金额	税率	税额
铸铁		吨	240	1 150. 00	276 000. 00	17%	46 920. 00
合计					276 000. 00		46 920. 00
价税合计（大写）	叁拾贰万贰仟玖佰贰拾元整				（小写） ￥322 920. 00		

销售方	名　　　称：重庆铸铁股份有限公司 纳税人识别号：500056789015324 地 址 、电 话：重庆市沙坪坝区少陵路 38 号 023－870256826 开户行及账号：中国建设银行沙坪坝区支行 4502900435869058924	备注	重庆铸铁股份有限公司 500056789015324 发票专用章

第三联 发票联 购买方记账凭证

收款人：高明　　　复核：黄渝　　　开票人：周婕　　　销售方：（章）

原始凭证 32－4

商业承兑汇票

15278631

签发日期（大写）：贰零壹柒年壹拾贰月壹拾捌日　　第 0086 号

付款人	全称	绵阳机械股份有限公司			收款人	全称	重庆铸铁股份有限公司									
	账号	00381208010019				账号	4502900435869058924									
	开户银行	工行	行号	441928		开户银行	建行	行号	441958							
汇票金额	人民币（大写）叁拾贰万贰仟玖佰贰拾元整						千	百	十	万	千	百	十	元	角	分
								¥	3	2	2	9	2	0	0	0
汇票到期日	2018 年 2 月 18 日				交易合同号											
本汇票已经本单位承兑，到期日无条件支付票款。此致 收款人 付款人盖章 负责 吴之娟印　经办 周立为印　2017 年 12 月 18 日					汇票签发人盖章 负责 吴之娟印　经办 周立为印											

此联（承兑人）付款人留存

33. 12 月 18 日，由于绵阳合田钢厂生产急需，公司将库存铸铁边角料 400 吨进行调剂销售，单价 800 元/吨，由对方自行提货，款已收到。

收款凭证

借方科目：银行存款　　2017 年 12 月 18 日　　银收字第 4 号

摘要	贷方科目		记账	金额										
	总账科目	明细科目		亿	千	百	十	万	千	百	十	元	角	分
销售库存铸铁边角料	其他业务收入						3	2	0	0	0	0	0	0
	应交税费	应交增值税（销项税）						5	4	4	0	0	0	0
合计金额						¥	3	7	4	4	0	0	0	0

附单据 肆 张

财会主管：　　记账：　　出纳：　　复核：　　制单：

原始凭证 33－1

ICBC 中国工商银行　业务回单（收款）

日期：2017 年 12 月 18 日　　回单编号：85673326

付款人户名：绵阳合田钢厂　　付款人开户行：建设银行青羊区支行
付款人账号（卡号）：6216137580100l204
收款人户名：绵阳机械股份有限公司　　收款人开户行：工商银行高新分理处
收款人账号（卡号）：00381208010019
金额：叁拾柒万肆仟肆佰元整　　小写：¥374 400.00
业务（产品）种类：跨行收款　　凭证种类：386　　凭证号码：6278385289534
摘要：销售铸铁货款　　用途：销售铸铁货款　　币种：人民币
交易机构：0510897289　　记账柜员：023　　交易代码：52128　　渠道：其他渠道
附言：

（工商银行四川分行高新分理处 结算专用章（5）（绵阳市））

本回单为第一次打印，注意重复　　打印日期：2017 年 12 月 18 日　　打印柜员：2　　验证码：4938B3E215

原始凭证 33－2

绵阳机械股份有限公司

材料出库单

仓库：原材料库　领料部门：销售部　用途：销售　出库日期：2017 年 12 月 18 日　编号：171205

产品编号	产品名称	规格型号	单位	数量	单位成本	总成本
	铸铁	边角料	吨	400	1 160. 00	464 000. 00
合计						

保管员：杨洁　领料：张帆

原始凭证 33－3

发货通知单

编　　号　20171204
客户名称　绵阳合田钢厂
地　　址　绵阳市春融东路 83 号
订单号码
交货日期　2017 年 12 月 18 日
交货方式　☑一次交货　☐分批交货

产品名称	产品编号	数量	单价	金额
铸铁		400	800	320 000. 00

仓库：　主管：　核准：　填单：

原始凭证 33－4

5107171130

四川省增值税专用发票

记　账　联

No 34689065

开票日期：2017 年 12 月 18 日

购买方	名　　称：绵阳合田钢厂 纳税人识别号：530100162064808 地 址 、电 话：绵阳市春融东路 83 号 0871－3165032 开户行及账号：建设银行青羊区支行 62161375801001204	密码区	<65 >－－7 ＊85762896 －2 ＋1 ＋384035646 ＊6 73 <53764 －＊06479 ＋876 ＊7 < －8640/426 < 7 <7/42765 ＋6374 >38 －2 <<＊534/25 >24. 7 455445/6354/ <<58 －6 ＊536 ＊5 >43/160

货物或应税劳务、服务名称	规格型号	单位	数量	单价	金额	税率	税额
铸铁		吨	400	800. 00	320 000. 00	17%	54 400. 00
合计					320 000. 00		54 400. 00
价税合计（大写）	叁拾柒肆仟肆佰元整					（小写）	¥374 400. 00

销售方	名　　称：绵阳机械股份有限公司 纳税人识别号：510700603468168 地 址 、电 话：四川绵阳高新工业园区迎宾路 5 号 0816－87500852 开户行及账号：中国工商银行四川分行高新分理处 00381208010019	备注	

收款人：李京　复核：周立为　开票人：齐凡　销售方：（章）

税总函（2017）268 北京印钞有限公司

第一联　记账联　销售方记账凭证

34. 12 月 19 日，车间领用劳动保护品 55 820 元，采用一次摊销法。

原始凭证 34 - 1

车间领用劳动保护品记录

2017 年 12 月 19 日

领料部门	明细项目	单位价格	数量
下料车间	工作服	160	60
	工作鞋	54.4	60
	手套	12	120
加工车间	工作服	160	72
	工作鞋	54.4	72
	手套	12	77
装配车间	工作服	160	103
	工作鞋	54.4	103
	手套	12	48
机修车间	手套	12	48
供电车间	工作服	160	12

领料单

编号	品名	规格型号	单位	数量		计划价格	
				请领	实发	单价	总价
	工作服		件	60	60	160	9 600
	工作鞋		双	60	60	54.4	3 264
	手套		副	120	120	12	1 440
合计							14 304

领料单

编号	品名	规格型号	单位	数量		计划价格	
				请领	实发	单价	总价
	工作服		件	72	72	160	11 520
	工作鞋		双	72	72	54.4	3 916.8
	手套		副	77	77	12	924
合计							16 360.8

领料单

编号	品名	规格型号	单位	数量		计划价格	
				请领	实发	单价	总价
	工作服		件	103	103	160	16 480
	工作鞋		双	103	103	54. 4	5 603. 2
	手套		副	48	48	12	576
	毛巾		条	96	96	4	384
合计							23 043. 2

领料单

编号	品名	规格型号	单位	数量		计划价格	
				请领	实发	单价	总价
	手套		副	48	48	12	576
	毛巾		条	96	96	4	384
合计							960

领料单

编号	品名	规格型号	单位	数量		计划价格	
				请领	实发	单价	总价
	工作服		件	12	12	160	1 920
合计							1 920

35. 12 月 19 日，采用收取手续费方式委托老铁钢材股份有限公司代销数控高密度机械手 450 台，单价 3 176 元/台，单位成本 2 800 元/台。

转账凭证

2017 年 12 月 19 日　　　　转　字第 28 号

摘要	会计科目		记账	借方金额											贷方金额										
	总账科目	明细科目		亿	千	百	十	万	千	百	十	元	角	分	亿	千	百	十	万	千	百	十	元	角	分
委托代销	委托代销商品					1	2	6	0	0	0	0	0	0											
	库存商品	数控高密度机械手															1	2	6	0	0	0	0	0	0
合计金额					¥	1	2	6	0	0	0	0	0	0		¥	1	2	6	0	0	0	0	0	0

附单据叁张

财会主管：　　　记账：　　　复核：　　　制单：

原始凭证 35－1

委托代销协议

委托方（甲方）：绵阳机械股份有限公司

受托方（乙方）：老铁钢材股份有限公司

今由甲方绵阳机械股份有限公司以收取代销手续费的方式委托乙方老铁钢材股份有限公司代销甲方所产数控高密度机械手 450 台，单价 3 176 元/台，乙方不得随意调整售价，运费由甲方承担。甲方在收到代销清单时开具增值税专用发票给乙方，乙方收到发票后，扣除应按售价的 10% 收取的手续费后，以电汇形式结算货款给甲方。

本合同一式两份，甲乙双方各持一份，签章即生效。

委托方（绵阳机械股份有限公司）：公章　　受托方（老铁钢材股份有限公司）：公章

授权代表：杨帆　　授权代表：范哲

2017 年 12 月 5 日　　2017 年 12 月 5 日

原始凭证 35－2

绵阳机械股份有限公司

产品出库单

仓库：产成品库　　2017 年 12 月 19 日　　编号：171206

产品编号	产品名称	规格型号	单位	数量	单位成本	总成本
101	数控高密度机械手		台	450	2 800.00	1 260 000.00
合计						

保管员：张涛

原始凭证 35－3

发货通知单

编　　号 20171205　　订单号码

客户名称 老铁钢材股份有限公司　　交货日期 2017 年 12 月 19 日

地　　址 成都市成华区猛追湾街道 231 号　　交货方式 ☑一次交货　□分批交货

产品名称	产品编号	数量	单价	金额
数控高密度机械手	101	450	3 176	1 429 200.00

仓库：　　主管：　　核准：　　填单：

36. 12 月 19 日，生产领用材料（月末做账）。

原始凭证 36 - 1

领料记录

2017 年 12 月 19 日

部门	材料名称、规格	数 量（吨）	计划单价	金额（元）
一车间——下料车间	铝锭	30	5 280	158 400
	铸铁	450	1 160	522 000
二车间——加工车间	液压件	750	2 017.6	1 513 200
	标准件	45	4 800	216 000
三车间——装配车间	电动机	3 000	640	1 920 000
	润滑油	2 250	280	630 000
	油漆	3 000	100	300 000
合计				5 259 600

原始凭证 36 - 2

领料单

领料部门：一车间——下料车间

用途：

200×年 12 月 19 日

编号	品名	规格型号	单位	数量		计划价格		实际价格	
				请领	实发	单价	总价	单价	总价
	铝锭		吨	30	30	5 280	158 400		
	铸铁		吨	450	450	1 160	522 000		
合计							680 400		

原始凭证 36 - 3

领料单

领料部门：二车间——加工车间

用途：

200×年 12 月 19 日

编号	品名	规格型号	单位	数量		计划价格		实际价格	
				请领	实发	单价	总价	单价	总价
	液压件		件	750	750	2 017.6	1 513 200		
	标准件		件	45	45	4 800	216 000		
合计							1 729 200		

原始凭证 36 – 4

领料单

领料部门：三车间——装配车间

用途： 200×年12月19日

编号	品名	规格型号	单位	数量		计划价格		实际价格	
				请领	实发	单价	总价	单价	总价
	电动机		个	3 000	3 000	640	1 920 000		
	润滑油		桶	2 250	2 250	280	630 000		
	油漆		桶	3 000	3 000	100	300 000		
合计							2 850 000		

37. 12月20日，供电车间购电脑软件用于数据分析，价值54 000元，以银行存款支付。

付款凭证

贷方科目：银行存款 200×年12月20日 银付字第16号

摘要	借方科目		记账	金额										
	总账科目	明细科目		亿	千	百	十	万	千	百	十	元	角	分
购买电脑软件	生产成本	辅助生产成本（供电车间）						5	4	0	0	0	0	0
合计金额							¥	5	4	0	0	0	0	0

附单据贰张

财会主管： 记账： 出纳： 复核： 制单：

原始凭证 37 – 1

中国工商银行 电汇凭证（回单）

委托日期2017年12月20日

出票人	全称	绵阳机械股份有限公司	收款人	全称	成都玖启软件股份有限公司
	账号	00381208010019		账号	4502378836582098518
	汇出地点	四川 省 绵阳 市 县		汇入地点	四川 省 成都 市 县
汇出行名称		中国工商银行四川分行高新分理处	汇入行名称		中国建设银行青羊支行

金额	人民币（大写）伍万肆仟元整	亿	千	百	十	万	千	百	十	元	角	分
					¥	5	4	0	0	0	0	0

支付密码

附加信息及用途：付购料款

汇出行签章

复核： 记账：

（印章：工商银行四川分行高新分理处 结算专用章（5）（绵阳市））

此联是汇出行给汇款人的回单

原始凭证 37 -2

051071711302

四川省增值税普通发票

发 票 联

No 75311373

开票日期：2017 年 12 月 20 日

货物或应税劳务、服务名称	规格型号	单位	数量	单价	金额	税率	税额
购买方：名称：绵阳机械股份有限公司 纳税人识别号：510700603468168 地址、电话：四川绵阳高新工业园区迎宾路 5 号 0816 -87500852 开户行及账号：中国工商银行四川分行高新分理处 00381208010019	密码区：<65 >--7 *85762896 -2 +1 +384035646 *6 73 <53764 -*06479 +876 *7 < -8640/426 < 7 <7/42765 +6374 >38 -2 << *534/25 >24.7 455445/6354/ <<58 -6 *536 *5 >43/160						
软件购买					46 153.85	17%	7 846.15
合计					46 153.85		7 846.15
价税合计（大写）	伍万肆仟元整				（小写）￥54 000.00		
销售方：名称：成都玖启软件股份有限公司 纳税人识别号：4501170811246 地址、电话：四川成都双流区迎宾路 54 号 028 -87083292 开户行及账号：中国建设银行跃进路支行 4502378836582098577	备注：成都玖启软件股份有限公司 4501170811246 发票专用章						

收款人：范冰江　　复核：张毅　　开票人：霍建起　　销售方：（章）

税总函（2017）268北京印钞有限公司

第二联 发票联 购买方记账凭证

38. 12 月 20 日，向希望工程捐款 10 000 元。

付款凭证

贷方科目：银行存款　　2017 年 12 月 20 日　　银付字第 17 号

摘要	借方科目：总账科目	借方科目：明细科目	记账	亿	千	百	十	万	千	百	十	元	角	分
向希望工程捐款	营业外支出	捐赠支出						1	0	0	0	0	0	0
合计金额							￥	1	0	0	0	0	0	0

附单据贰张

财会主管：　　记账：　　出纳：　　复核：　　制单：

原始凭证 38 - 1

中国工商银行　电汇凭证（回单）

委托日期 2017 年 12 月 20 日

出票人	全　称	绵阳机械股份有限公司	收款人	全　称	希望工程四川省青少年发展基金会
	账　号	00381208010019		账　号	6253835830162029094
	汇出地点	四川　省　绵阳　市　县		汇入地点	四川　省　成都　市　县
汇出行名称		中国工商银行四川分行高新分理处	汇入行名称		中国建设银行青羊支行

金额		亿	千	百	十	万	千	百	十	元	角	分
	人民币（大写）壹万元整				¥	1	0	0	0	0	0	0

汇出行签章 工商银行四川分行高新分理处 结算专用章（5）（绵阳市）	支付密码 附加信息及用途：向希望工程捐款 复核：　　记账：

此联是汇出行给汇款人的回单

原始凭证 38 - 2

公益性单位接受捐赠统一收据　　No 0202645185

国财　08420　　2017 年 12 月 20 日

捐赠者	绵阳机械股份有限公司
捐赠项目	希望小学
捐赠金额（实物价值）大写	壹万元整　　¥10 000.00
货币（实物）种类	人民币
备注：	

（印章：希望工程四川省青少年发展基金会 财务专用章）

第二联　捐赠者

接收单位：　　审核：　　经手人：陆蓉　　支票号：

感谢您的慷慨捐赠！

39. 12 月 20 日，因急需资金，公司将持有的一张应收红光建筑公司的 60 天到期（11 月 1 日签发）、票面价值 10 680 元的无息商业承兑汇票向银行申请贴现，银行月贴现利率 6.0‰。（计算：贴现天数 = 11 月 1 ~ 30 日，共 30 天，12 月 1 ~ 19 日，共 19 天。60 - 30 - 19 = 11 天，贴现息 = 10 680 × 6‰ × 11 ÷ 30 = 234.96）

收款凭证

借方科目：银行存款　　2017 年 12 月 20 日　　银收字第 5 号

摘要	贷方科目		记账	金额										
	总账科目	明细科目		亿	千	百	十	万	千	百	十	元	角	分
票据贴现	应收票据	红光建筑						1	0	4	4	5	0	4
合计金额							¥	1	0	4	4	5	0	4

附单据壹张

财会主管：　　记账：　　出纳：　　复核：　　制单：

转账凭证

2017 年 12 月 20 日　　转　字第 29 号

摘要	会计科目		记账	借方金额											贷方金额										
	总账科目	明细科目		亿	千	百	十	万	千	百	十	元	角	分	亿	千	百	十	万	千	百	十	元	角	分
票据贴现	财务费用									2	3	4	9	6											
	应收票据	红光建筑																			2	3	4	9	6
合计金额									¥	2	3	4	9	6						¥	2	3	4	9	6

附单据壹张

财会主管：　　记账：　　复核：　　制单：

原始凭证 39－1

051071711302

四川省增值税普通发票

发票联

No 75310978

开票日期：2017 年 12 月 20 日

购买方	名称：绵阳机械股份有限公司 纳税人识别号：510700603468168 地址、电话：四川绵阳高新工业园区迎宾路 5 号 0816－87500852 开户行及账号：中国工商银行四川分行高新分理处 00381208010019			密码区	<65 > --7 * 85762896 -2 +1 +384035646 * 6 73 <53764 - * 06479 +876 * 7 <-8640/426 < 7 <7/42765 +6374 >38 -2 << * 534/25 >24. 7 455445/6354/ <<58 -6 * 536 * 5 >43/160		
货物或应税劳务、服务名称	规格型号	单位	数量	单价	金额	税率	税额
贴现息					221. 66	6%	13. 3
合计					221. 66		13. 3
价税合计（大写）	贰佰叁拾肆元玖角陆分					（小写）	¥234. 96
销售方	名称：工商银行四川分行高新分理处 纳税人识别号：450135676816816 地址、电话：四川绵阳高新工业园区迎宾路 25 号 0816－87001365 开户行及账号：中国工商银行四川分行高新分理处 621423101498752306			备注	工商银行四川分行高新分理处 450135676816816 发票专用章		

税总函（2017）268-北京印钞有限公司

第二联 发票联 购买方记账凭证

收款人：周铭　　复核：孙萍　　开票人：马昌　　销售方：（章）

原始凭证 39 – 2

中国工商银行　贴现凭证（收账通知）　　　4

申请日期 2017 年 12 月 20 日　　　　第 526 号

持票人	全　称	绵阳机械股份有限公司	贴现汇票	种　类	商业承兑汇票
	账　号	00381208010019		出票日	2017 年 11 月 01 日
	开户银行	工商银行四川分行高新分理处		到期日	2017 年 12 月 30 日
汇票承兑人	名称	红光建筑公司	账号	62161282019109	开户银行：工行成都支行

汇票金额（即贴现金额）	人民币（大写）	壹万零陆佰捌拾元整

	千	百	十	万	千	百	十	元	角	分
汇票金额			¥	1	0	6	8	0	0	0
贴现率 6%，贴现利息					¥	2	3	4	9	6
实付现金额			¥	1	0	4	4	5	0	4

贴现款项已入你单位账户。 工商银行四川分行高新分理处 结算专用章（5） （绵阳市） 银行盖章 2017 年 12 月 20 日	备注：

40. 12 月 21 日，收到银行通知收到存款利息 4 200 元。

收款凭证

借方科目：银行存款　　　　200×年 12 月 20 日　　　　银收字第 6 号

摘要	贷方科目：总账科目	贷方科目：明细科目	记账	亿	千	百	十	万	千	百	十	元	角	分
收到存款利息	财务费用								4	2	0	0	0	0
合计金额								¥	4	2	0	0	0	0

附单据壹张

财会主管：　　记账：　　出纳：　　复核：　　制单：

原始凭证 40－1

总字第　号
字第　号

中国工商银行绵阳分行存（贷）款计息利息回单

2017 年 12 月 21 日

借方	全　称	应付活期存款利息	贷方	全　称	绵阳机械股份有限公司
	账　号	621423101498752306		账　号	00381208010019
	开户行	工商银行四川分行高新分理处		开户行	中国工商银行高新分理处
利息金额（大写）	肆仟贰佰元整			（小写）¥4 200.00	
利息起止日期	由 2017 年 09 月 21 日起		利率	0.35%	
	至 2017 年 12 月 21 日止				
计息本金	4 800 000.00		科目（借）37006902		
计息积数（借、贷）	4 320 987.65		科目（贷）20601		
备注			复核员	记账号	

此联交单位

工商银行四川分行高新分理处 结算专用章（5）（绵阳市）

41. 12 月 21 日，正在进行的由机修车间对加工车间机器设备的改扩建工程，外购工程物资 58 000 元并与当日领用。

付款凭证

贷方科目：银行存款　　　　200×年 12 月 21 日　　　　银付字第 18 号

摘要	借方科目		记账	金额										
	总账科目	明细科目		亿	千	百	十	万	千	百	十	元	角	分
改扩建外购物资	工程物资							6	7	8	6	0	0	0
合计金额							¥	6	7	8	6	0	0	0

附单据叁张

财会主管：　　记账：　　出纳：　　复核：　　制单：

转账凭证

2017 年 12 月 21 日　　　　转　字第 30 号

摘要	会计科目		记账	借方金额											贷方金额										
	总账科目	明细科目		亿	千	百	十	万	千	百	十	元	角	分	亿	千	百	十	万	千	百	十	元	角	分
领用物资	在建工程	机器设备						6	7	8	6	0	0	0											
	工程物资																		6	7	8	6	0	0	0
合计金额							¥	6	7	8	6	0	0	0				¥	6	7	8	6	0	0	0

附单据壹张

财会主管：　　记账：　　复核：　　制单：

原始凭证 41 －1

5107173130

四川省增值税专用发票

抵 扣 联

No 26359981

开票日期：2017 年 12 月 21 日

购买方	名　　称：绵阳机械股份有限公司 纳税人识别号：510700603468168 地 址 、电 话：四川绵阳高新工业园区迎宾路 5 号 0816 －87500852 开户行及账号：中国工商银行四川分行高新分理处 00381208010019				密码区	<65 >－－7 ＊85762896 －2 +1 +384035646 ＊6 73 <53764 －＊06479 +876 ＊7 < －8640/426 < 7 <7/42765 +6374 >38 －2 <<＊534/25 >24.7 455445/6354/ <<58 －6 ＊536 ＊5 >43 <3 >	
货物或应税劳务、服务名称	规格型号	单位	数量	单价	金额	税率	税额
工器具					58 000. 00	17%	9 860. 00
合计					58 000. 00		9 860. 00
价税合计（大写）	陆万柒仟捌佰陆拾元整					（小写） ¥67 860. 00	
销售方	名　　称：四川金泰工程机械有限公司 纳税人识别号：510101593420065 地 址 、电 话：四川成都锦江区红星街 51 号 028 －61816888 开户行及账号：中国建设银行锦江区红星街支行 4502900422259010342				备注	四川金泰工程机械有限公司 510101593420065 发票专用章	

收款人：高伟光　　复核：刘班　　开票人：马维度　　销售方：（章）

税总函（2017）268北京印钞有限公司

第二联 抵扣联 购买方扣税凭证

原始凭证 41 －2

5107173130

四川省增值税专用发票

发 票 联

No 26359981

开票日期：2017 年 12 月 21 日

购买方	名　　称：绵阳机械股份有限公司 纳税人识别号：510700603468168 地 址 、电 话：四川绵阳高新工业园区迎宾路 5 号 0816 －87500852 开户行及账号：中国工商银行四川分行高新分理处 00381208010019				密码区	<65 >－－7 ＊85762896 －2 +1 +384035646 ＊6 73 <53764 －＊06479 +876 ＊7 <－8640/426 < 7 <7/42765 +6374 >38 －2 <<＊534/25 >24.7 455445/6354/ <<58 －6 ＊536 ＊5 >43 <3 >	
货物或应税劳务、服务名称	规格型号	单位	数量	单价	金额	税率	税额
工器具					58 000. 00	17%	9 860. 00
合计					58 000. 00		9 860. 00
价税合计（大写）	陆万柒仟捌佰陆拾元整					（小写） ¥67 860. 00	
销售方	名　　称：四川金泰工程机械有限公司 纳税人识别号：510101593420065 地 址 、电 话：四川成都锦江区红星街 51 号 028 －61816888 开户行及账号：中国建设银行锦江区红星街支行 4502900422259010342				备注	四川金泰工程机械有限公司 510101593420065 发票专用章	

收款人：高伟光　　复核：刘班　　开票人：马维度　　销售方：（章）

税总函（2017）268北京印钞有限公司

第三联 发票联 购买方记账凭证

原始凭证 41－3

中国工商银行　电汇凭证（回单）

委托日期 2017 年 12 月 21 日

出票人	全　称	绵阳机械股份有限公司	收款人	全　称	四川金泰工程机械有限公司
	账　号	00381208010019		账　号	4502900422259010342
	汇出地点	四川　省　绵阳　市　县		汇入地点	四川　省　成都　市　县
汇出行名称		中国工商银行四川分行高新分理处	汇入行名称		锦江区红星街支行

金额		亿	千	百	十	万	千	百	十	元	角	分
金额	人民币（大写）陆万柒仟捌佰陆拾元整				¥	6	7	8	6	0	0	0

汇出行签章 工商银行四川分行高新分理处 结算专用章（5） （绵阳市）	支付密码	
	附加信息及用途：付购工程物资款 复核：　　记账：	

此联是汇出行给汇款人的回单

42. 12 月 21 日，公司外购一项专利权，市场价值 32 000 元。

付款凭证

贷方科目：银行存款　　2017 年 12 月 21 日　　银付字第 19 号

摘要	借方科目		记账	金额										
	总账科目	明细科目		亿	千	百	十	万	千	百	十	元	角	分
外购专利权	无形资产	专利权						3	2	0	0	0	0	0
外购专利权	应交税费	应交增值税（进项税额）							1	9	2	0	0	0
合计金额							¥	3	3	9	2	0	0	0

附单据叁张

财会主管：　　记账：　　出纳：　　复核：　　制单：

原始凭证 42－1

5107173130

四川省增值税专用发票

抵 扣 联

No 26359981

开票日期：2017 年 12 月 21 日

税总函（2017）268北京印钞有限公司

购买方	名　　称：绵阳机械股份有限公司 纳税人识别号：510700603468168 地 址 、电 话：四川绵阳高新工业园区迎宾路 5 号 0816－87500852 开户行及账号：中国工商银行四川分行高新分理处 00381208010019			密码区	<65 >--7 ∗ 85762896 -2 +1 +384035646 ∗ 6 73 <53764 -∗ 06479 +876 ∗ 7 <-8640/426 < 7 <7/42765 +6374 >38 -2 <<∗ 534/25 >24. 7 455445/6354/ < <58 -6 ∗ 536 ∗ 5 >43 <3 >60		
货物或应税劳务、服务名称	规格型号	单位	数量	单价	金额	税率	税额
专利权					32 000. 00	6%	1 920. 00
合计					32 000. 00		1 920. 00
价税合计（大写）	叁万叁仟玖佰贰拾元整				（小写）￥33 920. 00		
销售方	名　　称：四川特达喜技术研发有限公司 纳税人识别号：510101597420761 地 址 、电 话：四川成都锦江区红星街 51 号 028－61816815 开户行及账号：中国建设银行锦江区红星街支行 4502230422259040123			备注	四川特达喜技术研发有限公司 510101597420761 发票专用章		

第二联 抵扣联 购买方扣税凭证

收款人：黄梦　　复核：李达　　开票人：刘瑞　　销售方：（章）

原始凭证 42－2

5107173130

四川省增值税专用发票

发 票 联

No 26359981

开票日期：2017 年 12 月 21 日

税总函（2017）268北京印钞有限公司

购买方	名　　称：绵阳机械股份有限公司 纳税人识别号：510700603468168 地 址 、电 话：四川绵阳高新工业园区迎宾路 5 号 0816－87500852 开户行及账号：中国工商银行四川分行高新分理处 00381208010019			密码区	<65 >--7 ∗ 85762896 -2 +1 +384035646 ∗ 6 73 <53764 -∗ 06479 +876 ∗ 7 < -8640/426 < 7 <7/42765 +6374 >38 -2 <<∗ 534/25 >24. 7 455445/6354/ <<58 -6 ∗ 536 ∗ 5 >43 <3 >60		
货物或应税劳务、服务名称	规格型号	单位	数量	单价	金额	税率	税额
专利权					32 000. 00	6%	1 920. 00
合计					32 000. 00		1 920. 00
价税合计（大写）	叁万叁仟玖佰贰拾元整				（小写）￥33 920. 00		
销售方	名　　称：四川特达喜技术研发有限公司 纳税人识别号：510101597420761 地 址 、电 话：四川成都锦江区红星街 51 号 028－61816815 开户行及账号：中国建设银行锦江区红星街支行 4502230422259040123			备注	四川特达喜技术研发有限公司 510101597420761 发票专用章		

第三联 发票联 购买方记账凭证

收款人：黄梦　　复核：李达　　开票人：刘瑞　　销售方：（章）

原始凭证 42 - 3

中国工商银行　电汇凭证（回单）

委托日期 2017 年 12 月 21 日

出票人	全　称	绵阳机械股份有限公司	收款人	全　称	四川特达喜技术研发有限公司
	账　号	00381208010019		账　号	4502230422259040123
	汇出地点	四川　省　绵阳　市　县		汇入地点	四川　省　成都　市　县
汇出行名称		中国工商银行四川分行高新分理处	汇入行名称		锦江区红星街支行

金额	人民币（大写）叁万叁仟玖佰贰拾元整	亿	千	百	十	万	千	百	十	元	角	分
					¥	3	3	9	2	0	0	0

工商银行四川分行高新分理处 结算专用章（5）（绵阳市） 汇出行签章	支付密码 附加信息及用途：购专利权 复核：　　记账：

此联是汇出行给汇款人的回单

43. 12 月 22 日，委托老铁钢材股份有限公司代销的商品数控高密度机械手 450 台，单价 3 176 元/吨。现已收到代销清单，已售 300 台，并按货款的 10% 支付手续费。

转账凭证

2017 年 12 月 22 日　　　　转　字第 31 号

摘要	总账科目	明细科目	记账	借方 亿	千	百	十	万	千	百	十	元	角	分	贷方 亿	千	百	十	万	千	百	十	元	角	分
收到代销清单	应收账款	老铁钢材				1	1	1	4	7	7	6	0	0											
收到代销清单	主营业务收入	数控高密度机械手																9	5	2	8	0	0	0	0
收到代销清单	应交税费	应交增值税（销项税额）																1	6	1	9	7	6	0	0
合计金额					¥	1	1	1	4	7	7	6	0	0		¥	1	1	1	4	7	7	6	0	0

附单据　贰　张

财会主管：　　记账：　　复核：　　制单：

转账凭证

2017 年 12 月 22 日　　　　　　转　字第 32 号

摘要	会计科目		记账	借方金额											贷方金额										
	总账科目	明细科目		亿	千	百	十	万	千	百	十	元	角	分	亿	千	百	十	万	千	百	十	元	角	分
支付手续费	销售费用							9	5	2	8	0	0	0											
	应交税费	应交增值税（进项税额）							5	7	1	6	8	0											
	应收账款	老铁钢材																1	0	0	9	9	6	8	0
合计金额						¥	1	0	0	9	9	6	8	0			¥	1	0	0	9	9	6	8	0

附单据贰张

财会主管：　　　　记账：　　　　复核：　　　　制单：

原始凭证 43 – 1

商品代销清单

2017 年 12 月 22 日　　　　　　No 5839

委托单位：绵阳机械股份有限公司　　　　增值税专用发票号码：No 34689066

序号	产品名称	规格型号	计量单位	数量	单价	金额（不含税）
101	数控高密度机械手		台	300	3 176. 00	952 800. 00
合计						952 800. 00

制单：叶华　　　　　　会计：冯悦

原始凭证 43 – 2

51071711302

四川省增值税专用发票

记　账　联

No 34689066

开票日期：2017 年 12 月 22 日

税总函（2017）268北京印钞有限公司

购买方	名　　称：老铁钢材股份有限公司 纳税人识别号：510021162068913 地 址 、电 话：成都市成华区猛追湾街道 231 号 028 – 37004278 开户行及账号：中国工商银行成华区分理处 62161208019863			密码区	<65 >– –7 ∗85762896 –2 +1 +384035646 ∗6 73 <53764 –∗06479 +876 ∗7 < –8640/426 < 7 <7/42765 +6374 >38 –2 <<∗534/25 >24. 7 455445/6354/ <<58 –6 ∗536 ∗5 >43/160		
货物或应税劳务、服务名称	规格型号	单位	数量	单价	金额	税率	税额
数控高密度机械手		台	300	3 176. 00	952 800. 00	17%	161 976. 00
合计					952 800. 00		161 976. 00
价税合计（大写）	壹佰壹拾壹万肆仟柒佰柒拾陆元整				（小写）¥1 114 776. 00		
销售方	名　　称：绵阳机械股份有限公司 纳税人识别号：510700603468168 地 址 、电 话：四川绵阳高新工业园区迎宾路 5 号 0816 – 87500852 开户行及账号：中国工商银行四川分行高新分理处 00381208010019			备注	绵阳机械股份有限公司 510700603468168 合同专用章		

第一联　记账联　销售方记账凭证

收款人：李京　　　复核：周立为　　　开票人：齐凡　　　销售方：（章）

原始凭证 43－3

5107173130　　　　四川省增值税专用发票

抵扣联　　　　No 42574238

开票日期：2017 年 12 月 22 日

税总函（2017）268北京印钞有限公司

购买方	名　　称：绵阳机械股份有限公司 纳税人识别号：510700603468168 地 址 、电 话：四川绵阳高新工业园区迎宾路 5 号 0816－87500852 开户行及账号：中国工商银行四川分行高新分理处 00381208010019				密码区	<65 >--7 * 85762896 -2 + 1 + 384035646 * 6 73 <53764 -* 06479 + 876 * 7 < -8640/426 < 7 <7/42765 + 6374 >38 -2 <<* 534/25 >24. 7 455445/6354/ <<58 -6 * 536 * 5 >43 <3 >	
货物或应税劳务、服务名称	规格型号	单位	数量	单价	金额	税率	税额
手续费					95 280. 00	6%	5 716. 80
合计					95 280. 00		5 716. 80
价税合计（大写）	壹拾万零玖佰玖拾陆元捌角				（小写）￥100 996. 80		
销售方	名　　称：老铁钢材股份有限公司 纳税人识别号：510021162068913 地 址 、电 话：成都市成华区猛追湾街道 231 号 028－37004278 开户行及账号：中国工商银行成华区分理处 62161208019863				备注	老铁钢材股份有限公司 510021162068913 发票专用章	

收款人：刘岩　　复核：付丽　　开票人：黄岛　　销售方：（章）

第二联 抵扣联 购买方扣税凭证

原始凭证 43－4

5107173130　　　　四川省增值税专用发票

发票联　　　　No 42574238

开票日期：2017 年 12 月 22 日

税总函（2017）268北京印钞有限公司

购买方	名　　称：绵阳机械股份有限公司 纳税人识别号：510700603468168 地 址 、电 话：四川绵阳高新工业园区迎宾路 5 号 0816－87500852 开户行及账号：中国工商银行四川分行高新分理处 00381208010019				密码区	<65 >--7 * 85762896 -2 + 1 + 384035646 * 6 73 <53764 -* 06479 + 876 * 7 <-8640/426 < 7 <7/42765 + 6374 >38 -2 <<* 534/25 >24. 7 455445/6354/ <<58 -6 * 536 * 5 >43 <3 >	
货物或应税劳务、服务名称	规格型号	单位	数量	单价	金额	税率	税额
手续费					95 280. 00	6%	5 716. 80
合计					95 280. 00		5 716. 80
价税合计（大写）	壹拾万零玖佰玖拾陆元捌角				（小写）￥100 996. 80		
销售方	名　　称：老铁钢材股份有限公司 纳税人识别号：510021162068913 地 址 、电 话：成都市成华区猛追湾街道 231 号 028－37004278 开户行及账号：中国工商银行成华区分理处 62161208019863				备注	老铁钢材股份有限公司 510021162068913 发票专用章	

收款人：刘岩　　复核：付丽　　开票人：黄岛　　销售方：（章）

第三联 发票联 购买方记账凭证

44. 12 月 22 日，企业一笔应付成都五羊电器元件有限公司的账款 41 500 元，因纠纷决定进行债务重组。对方同意以让步 20% 的条件，要求立即付款，本企业接受此条件。

付款凭证

贷方科目：银行存款　　　　2017 年 12 月 22 日　　　　银付字第 20 号

摘要	借方科目		记账	金额										
	总账科目	明细科目		亿	千	百	十	万	千	百	十	元	角	分
债务重组	应付账款	成都五羊						3	3	2	0	0	0	0
合计金额							¥	3	3	2	0	0	0	0

附单据壹张

财会主管：　　记账：　　出纳：　　复核：　　制单：

转账凭证

2017 年 12 月 22 日　　　　转　字第 33 号

摘要	会计科目		记账	借方金额											贷方金额										
	总账科目	明细科目		亿	千	百	十	万	千	百	十	元	角	分	亿	千	百	十	万	千	百	十	元	角	分
债务重组	应付账款	成都五羊							8	3	0	0	0	0											
	营业外收入	债务重组利得																		8	3	0	0	0	0
合计金额								¥	8	3	0	0	0	0					¥	8	3	0	0	0	0

附单据壹张

财会主管：　　记账：　　复核：　　制单：

原始凭证 44 – 1

债务重组协议

甲方：绵阳机械股份有限公司

乙方：成都五羊电器元件有限公司

甲方 2012 年因向乙方采购形成 41 500 元的应付账款，因双方发生纠纷至今未予偿还。为了保障债权人（乙方）最大限度地收回债权，同时也为了缓解债务人（甲方）的资金困难，经协商，双方达成如下债务重组协议：

（1）乙方免除甲方 20% 的债务；

（2）乙方同意甲方以现金偿付债务的 80% 后，余款不再偿还；

（3）甲方在该协议签订后的次日立即付款给乙方。

绵阳机械股份有限公司 510700603468168 合同专用章

甲方：绵阳机械股份有限公司

法定代表人签字：周海洋

2017 年 12 月 21 日

成都五羊电器元件有限公司 5101003559109663 合同专用章

乙方：成都五羊电器元件有限公司

法定代表人签字：徐熙媛

2017 年 12 月 21 日

原始凭证 44－2

ICBC 中国工商银行 业务回单（付款）

日期：2017 年 12 月 22 日　　回单编号：925673235

付款人户名：绵阳机械股份有限公司　　付款人开户行：工商银行高新分理处

付款人账号（卡号）：00381208010019

收款人户名：成都五羊电器元件有限公司　　收款人开户行：工商银行成华区分理处

收款人账号（卡号）：54381019208010

金额：叁万叁仟贰佰元整　　小写：￥33 200.00

业务（产品）种类：同行付款　　凭证种类：386　　凭证号码：6278385290537

摘要：偿还前欠货款　　用途：偿还前欠货款　　币种：人民币

交易机构：0510897289　　记账柜员：024　　交易代码：52128　　渠道：其他渠道

附言：

（印章：银行四川分行高新分理处 结算专用章（5）（绵阳市））

本回单为第一次打印，注意重复　打印日期：2017 年 12 月 22 日　打印柜员：2　验证码：4938B3D414

45. 12 月 22 日，销售庆阳五金建材公司 AXV450RT 型注塑机械手 600 台，单价 3 600 元/台，收到一张商业承兑汇票（含运费 50 000 元）。

转账凭证

2017 年 12 月 22 日　　转　字第 34 号

摘要	会计科目		记账	借方金额											贷方金额										
	总账科目	明细科目		亿	千	百	十	万	千	百	十	元	角	分	亿	千	百	十	万	千	百	十	元	角	分
销售	应收票据	庆阳五金				2	5	2	7	2	0	0	0	0											
销售	主营业务收入	AXV450RT 型机械手															2	1	6	0	0	0	0	0	0
销售	应交税费	应交增值税（销项税额）																3	6	7	2	0	0	0	0
合计金额					￥	2	5	2	7	2	0	0	0	0		￥	2	5	2	7	2	0	0	0	0

附单据 肆 张

财会主管：　　记账：　　复核：　　制单：

付款凭证

贷方科目：银行存款　　2017 年 12 月 22 日　　银付字第 21 号

摘要	借方科目		记账	金额										
	总账科目	明细科目		亿	千	百	十	万	千	百	十	元	角	分
代垫运费	应收票据	庆阳五金						5	0	0	0	0	0	0
合计金额							￥	5	0	0	0	0	0	0

附单据 壹 张

财会主管：　　记账：　　出纳：　　复核：　　制单：

原始凭证 45－1

绵阳机械股份有限公司

产品出库单

仓库：产成品库　　　　出库日期：2017 年 12 月 22 日　　　　编号：171208

产品编号	产品名称	规格型号	单位	数量	单位成本	总成本
301	注塑机械手	AXV450RT 型	台	600	3 040. 00	1 824 000. 00
合计						1 824 000. 00

保管员：张涛

原始凭证 45－2

51071711302

四川省增值税专用发票

记　账　联

No 34689061

开票日期：2017 年 12 月 22 日

购买方		密码区
名　　　称：庆阳五金建材公司 纳税人识别号：612421162091386 地 址 、电 话：庆阳市西峰区九阳路 86 号 0934－37842781 开户行及账号：中国工商银行西峰区分理处 62161208015697		<65 >--7 * 85762896 -2 +1 +384035646 * 6 73 <53764 - * 06479 +876 * 7 <-8640/426 < 7 <7/42765 +6374 >38 -2 << * 534/25 >24. 7 455445/6354/<<58 -6 * 536 * 5 >43/160

货物或应税劳务、服务名称	规格型号	单位	数量	单价	金额	税率	税额
注塑机械手	AXV450RT	台	600	3 600. 00	2 160 000. 00	17%	367 200. 00
合计					2 160 000. 00		367 200. 00
价税合计（大写）	贰佰伍拾贰万柒仟贰佰元整				（小写）￥2 527 200. 00		

销售方	备注
名　　　称：绵阳机械股份有限公司 纳税人识别号：510700603468168 地 址 、电 话：四川绵阳高新工业园区迎宾路 5 号 0816－87500852 开户行及账号：中国工商银行四川分行高新分理处 00381208010019	绵阳机械股份有限公司 510700603468168 合同专用章

收款人：李京　　　　复核：周立为　　　　开票人：齐凡　　　　销售方：（章）

税总函（2017）268北京印钞有限公司

第一联　记账联　销售方记账凭证

原始凭证 45 -3

发货通知单

编　　号 20171206　　　　　　　　订单号码
客户名称 庆阳五金建材公司　　　　交货日期 2017 年 12 月 22 日
地　　址 庆阳市西峰区九阳路 86 号　　交货方式 ☑一次交货　☐分批交货

产品名称	产品编号	数量	单价	金额
AXV450RT 型注塑机械手	301	600	3 600	2 160 000.00

仓库：　　　　主管：　　　　核准：　　　　填单：

原始凭证 45 -4

ICBC 中国工商银行　业务回单（付款）

日期：2017 年 12 月 22 日　　回单编号：925673264

付款人户名：绵阳机械股份有限公司　　付款人开户行：工商银行高新分理处
付款人账号（卡号）：00381208010019
收款人户名：绵阳远通运输公司　　收款人开户行：建设银行红星街支行
收款人账号（卡号）：4503658222590985720916
金额：伍万元整　　小写：¥50 000.00
业务（产品）种类：跨行收款　　凭证种类：386086　　凭证号码：6278385281384
摘要：代垫运费　　用途：付运费　　币种：人民币
交易机构：0510897289　　记账柜员：021　　交易代码：52094　　渠道：其他渠道
附言：

本回单为第一次打印，注意重复　打印日期：2017 年 12 月 22 日　打印柜员：5　验证码：4938B2E2106

原始凭证 45 -5

商业承兑汇票

25271683

签发日期（大写）：贰零壹柒年壹拾贰月贰拾贰日　　第 0121 号

<table>
<tr><td rowspan="3">付款人</td><td>全　称</td><td colspan="3">庆阳五金建材公司</td><td rowspan="3">收款人</td><td>全　称</td><td colspan="10">绵阳机械股份有限公司</td></tr>
<tr><td>账　号</td><td colspan="3">62161208015697</td><td>账　号</td><td colspan="10">00381208010019</td></tr>
<tr><td>开户银行</td><td>工行</td><td>行号</td><td>58896</td><td>开户银行</td><td colspan="3">工行</td><td colspan="3">行号</td><td colspan="4">441928</td></tr>
<tr><td rowspan="2">汇票金额</td><td colspan="5" rowspan="2">人民币（大写）贰佰伍拾柒万柒仟贰佰元整</td><td></td><td>千</td><td>百</td><td>十</td><td>万</td><td>千</td><td>百</td><td>十</td><td>元</td><td>角</td><td>分</td></tr>
<tr><td></td><td>¥</td><td>2</td><td>5</td><td>7</td><td>7</td><td>2</td><td>0</td><td>0</td><td>0</td><td>0</td></tr>
<tr><td colspan="2">汇票到期日</td><td colspan="3">2018 年 2 月 22 日</td><td colspan="2">交易合同号</td><td colspan="10"></td></tr>
<tr><td colspan="6">本汇票已经本单位承兑，到期日无条件支付票款。此致
收款人
付款人盖章
负责　　经办　　2017 年 12 月 22 日</td><td colspan="11">汇票签发人盖章
负责　　经办</td></tr>
</table>

46. 12 月 25 日，收到老铁钢材股份有限公司代销的数控高密度机械手 300 台的销售款。

收款凭证

借方科目：银行存款　　　　2017 年 12 月 25 日　　　　银收字第 7 号

摘要	贷方科目		记账	金额											
	总账科目	明细科目		亿	千	百	十	万	千	百	十	元	角	分	附单据
收到代销货款	应收账款	老铁钢材				1	0	1	3	7	7	9	2	0	壹
															张
合计金额					¥	1	0	1	3	7	7	9	2	0	

财会主管：　　记账：　　出纳：　　复核：　　制单：

原始凭证 46－1

ICBC 中国工商银行　**业务回单**（收款）

日期：2017 年 12 月 25 日　　　回单编号：85673435

付款人户名：老铁钢材股份有限公司　　付款人开户行：工商银行成华区分理处

付款人账号（卡号）：62161208019863

收款人户名：绵阳机械股份有限公司　　收款人开户行：工商银行高新分理处

收款人账号（卡号）：00381208010019

金额：壹佰零壹万叁仟柒佰柒拾玖元贰角　　小写：¥1 013 779. 20

业务（产品）种类：同行收款　　凭证种类：386　　凭证号码：6278385289612

摘要：货款收入　　用途：货款收入　　币种：人民币

交易机构：0510897289　　记账柜员：024　　交易代码：52128　　渠道：其他渠道

附言：

工商银行四川分行高新分理处 结算专用章（5）（绵阳市）

本回单为第一次打印，注意重复　打印日期：2017 年 12 月 25 日　打印柜员：2　验证码：4938B3D231

47. 12 月 25 日，收到老铁钢材股份有限公司支付的 12 月 14 日的货款 808 704 元。

收款凭证

借方科目：银行存款　　　　2017 年 12 月 25 日　　　　银收字第 8 号

摘要	贷方科目		记账	金额											
	总账科目	明细科目		亿	千	百	十	万	千	百	十	元	角	分	附单据
收到 14 日货款	应收账款	老铁钢材					8	0	8	7	0	4	0	0	壹
															张
合计金额						¥	8	0	8	7	0	4	0	0	

财会主管：　　记账：　　出纳：　　复核：　　制单：

原始凭证 47－1

ICBC 中国工商银行 业务回单（收款）

日期：2017 年 12 月 25 日　　回单编号：85673436

付款人户名：老铁钢材股份有限公司　　付款人开户行：工商银行成华区分理处
付款人账号（卡号）：62161208019863
收款人户名：绵阳机械股份有限公司　　收款人开户行：工商银行高新分理处
收款人账号（卡号）：00381208010019
金额：捌拾万零捌仟柒佰零肆元整　　小写：￥808 704. 00
业务（产品）种类：同行收款　　凭证种类：386　　凭证号码：6278385289613
摘要：货款收入　　用途：货款收入　　币种：人民币
交易机构：0510897289　　记账柜员：024　　交易代码：52128　　渠道：其他渠道
附言：

工商银行四川分行高新分理处 结算专用章（5）（绵阳市）

本回单为第一次打印，注意重复　打印日期：2017 年 12 月 25 日　打印柜员：2　验证码：4938B3D232

48. 12 月 25 日，公司采购员肖青出差预借差旅费 6 000 元。

付款凭证

贷方科目：库存现金　　2017 年 12 月 25 日　　现付字第 5 号

摘要	借方科目		记账	金额											附单据壹张
	总账科目	明细科目		亿	千	百	十	万	千	百	十	元	角	分	
预借差旅费	其他应收款	肖青	√						6	0	0	0	0	0	
合计金额								￥	6	0	0	0	0	0	

财会主管：　　记账：　　出纳：　　复核：　　制单：

原始凭证 48－1

绵阳机械股份有限公司

现金借款单

2017 年 12 月 25 日

用款单位	采购部	借款人签字	肖　青
款项用途	预借差旅费		
借款金额	人民币（大写）陆仟元整		￥6 000. 00
备注			

绵阳机械股份有限公司 现金付讫

单位负责人：刘哲　　财务经理：吴娟　　部门经理：邵兵

49. 12 月 26 日，收到银行支付银行流动资金短期借款利息通知，借款本金 936 000 元，年利率 6%，本季度的利息 14 040 元，已预提 9 360 元（每月应计息 ＝936 000 ×6% ÷ 12 ＝4 680 元，已预提 2 个月 9 360 元）。

付款凭证

贷方科目：银行存款　　　　2017 年 12 月 26 日　　　　银付字第 22 号

摘要	借方科目		记账	金额										
	总账科目	明细科目		亿	千	百	十	万	千	百	十	元	角	分
付短期借款利息	财务费用								4	6	8	0	0	0
	应付利息								9	3	6	0	0	0
合计金额							¥	1	4	0	4	0	0	0

附单据壹张

财会主管：　　记账：　　出纳：　　复核：　　制单：

原始凭证 49－1

中国工商银行贷款利息回单

2017 年 12 月 26 日

单位名称：绵阳机械股份有限公司		贷款账号：198－16	结算户账号：00381208010019	
贷款种类	摘　要	本金	年利率	利息
流动资金贷款	四季度利息	936 000.00	6%	14 040.00
利息金额（大写）壹万肆仟零肆拾元整				
你单位应付的贷款利息已经从你单位结算户中支付，请予核对。			银行盖章	

（印章：中国工商银行四川分行高新分理处 结算专用章（5）（绵阳市））

注：已预提利息费用 9 360.00 元。

50. 12 月 26 日，公司从上海证券交易所以 31.30 元/股的价格购入伊利股份的股票 5 000 股，发生佣金 125 元，公司将其划分为交易性金融资产。

转账凭证

2017 年 12 月 26 日　　　　转　字第 35 号

摘要	会计科目		记账	借方金额											贷方金额										
	总账科目	明细科目		亿	千	百	十	万	千	百	十	元	角	分	亿	千	百	十	万	千	百	十	元	角	分
购股份	交易性金融资产	伊利股份（成本）					1	5	6	5	0	0	0	0											
	其他货币资金	存出投资款																1	5	6	5	0	0	0	0
合计金额						¥	1	5	6	5	0	0	0	0			¥	1	5	6	5	0	0	0	0

附单据壹张

财会主管：　　记账：　　复核：　　制单：

转账凭证

2017 年 12 月 26 日　　　　转　字第 36 号

摘要	会计科目		记账	借方金额											贷方金额										
	总账科目	明细科目		亿	千	百	十	万	千	百	十	元	角	分	亿	千	百	十	万	千	百	十	元	角	分
购入伊利股份	投资收益									1	1	7	9	2											
	应交税费	应交增值税（进项税额）										7	0	8											
	其他货币资金																				1	2	5	0	0
合计金额									¥	1	2	5	0	0						¥	1	2	5	0	0

附单据贰张

财会主管：　　　记账：　　　复核：　　　制单：

原始凭证 50－1

国泰君安证券交割单［证券买入］

资金账号：2110925478516798　　　　客户名称：绵阳机械股份有限公司
证券代码：600887　　　　证券名称：伊利股份
客户代码：1615　　　　成交价格：31.30
股东账户：0962231465　　　　成交数量：5 000
佣金：125.00　　　　成交金额：156 500.00
印花税：0.00　　　　其他费用：0.00
过户费：0.00　　　　收付金额：－156 625.00
上次库存：0　　　　证券余额：5 000
上次余额：204 000.00　　　　资金余额：47 375.00
成交日期：2017 年 12 月 26 日　　　　成交时间：14：36：28
当前证券余额
［600887］　［伊利股份］　　　　［5000］　［156500］

原始凭证 50－2

5107173130

四川省增值税专用发票

抵扣联

No 42574238

开票日期：2017 年 12 月 26 日

税总函（2017）268北京印钞有限公司

购买方	名　　称：绵阳机械股份有限公司 纳税人识别号：510700603468168 地 址 、电 话：四川绵阳高新工业园区迎宾路 5 号 0816－87500852 开户行及账号：中国工商银行四川分行高新分理处 00381208010019				密码区	<65 >－－7 ＊85762896 －2 ＋1 ＋384035646 ＊6 73 <53764 －＊06479 ＋876 ＊7 < －8640/426 < 7 <7/42765 ＋6374 >38 －2 <<＊534/25 >24.7 455445/6354/ <<58 －6 ＊536 ＊5 >43 <3 >	
货物或应税劳务、服务名称	规格型号	单位	数量	单价	金额	税率	税额
佣金					117.92	6%	7.08
合计					117.92		7.08
价税合计（大写）	壹佰贰拾伍元整				（小写）￥125.00		
销售方	名　　称：国泰君安证券证券交易所 纳税人识别号：510715461630923 地 址 、电 话：绵阳市高新工业园区迎宾路 201 号 0816－87018876 开户行及账号：中国建设银行青羊支行 4502902385853090425				备注	国泰君安证券证券交易所 510715461630923 发票专用章	

第二联 抵扣联 购买方扣税凭证

收款人：于峰　　复核：董强　　开票人：牛犇　　销售方：（章）

原始凭证 50 －3

5107173130　　　　四川省增值税专用发票

发　票　联

No 42574238

开票日期：2017 年 12 月 26 日

购买方	名　　称：绵阳机械股份有限公司 纳税人识别号：510700603468168 地 址 、电 话：四川绵阳高新工业园区迎宾路 5 号 0816 －87500852 开户行及账号：中国工商银行四川分行高新分理处 00381208010019	密码区	<65 >－－7 ∗85762896 －2 +1 +384035646 ∗6 73 <53764 －∗06479 +876 ∗7 <－8640/426 < 7 <7/42765 +6374 >38 －2 <<∗534/25 >24. 7 455445/6354/ <<58 －6 ∗536 ∗5 >43 <3 >

货物或应税劳务、服务名称	规格型号	单位	数量	单价	金额	税率	税额
佣金					117. 92	6%	7. 08
合计					117. 92		7. 08
价税合计（大写）	壹佰贰拾伍元整				（小写）￥125. 00		

销售方	名　　称：国泰君安证券证券交易所 纳税人识别号：510715461630923 地 址 、电 话：绵阳市高新工业园区迎宾路 201 号 0816 －87018876 开户行及账号：中国建设银行青羊支行 4502902385853090425	备注	国泰君安证券证券交易所 510715461630923 发票专用章

收款人：于峰　　复核：董强　　开票人：牛犇　　销售方：（章）

税总函（2017）268北京印钞有限公司

第三联　发票联　购买方记账凭证

51. 12 月 27 日，收到法院传票，公司因侵犯商标权而被起诉，法律顾问预计败诉的可能性为 85%，可能赔偿损失 250 000 元（预计负债计算）。

转账凭证

2017 年 12 月 27 日　　　　转　字第 37 号

摘要	会计科目		记账	借方金额											贷方金额										
	总账科目	明细科目		亿	千	百	十	万	千	百	十	元	角	分	亿	千	百	十	万	千	百	十	元	角	分
预计诉讼损失	营业外支出	赔偿损失					2	5	0	0	0	0	0	0											
	预计负债	赔偿损失																2	5	0	0	0	0	0	0
合计金额						￥	2	5	0	0	0	0	0	0			￥	2	5	0	0	0	0	0	0

附单据贰张

财会主管：　　记账：　　复核：　　制单：

原始凭证 51－1

绵阳市高新工业园区人民法院

传　票

案号	（2017）川 0175 字第 1680 号
案由	注册商标权侵权纠纷
被传唤人	绵阳机械股份有限公司
送达地址	本院
传唤事由	开庭
应到时间	2018 年 1 月 8 日
应到场所	第一法庭

注意事项：
1. 被传唤人必须准时到达应到场所。
2. 原告收到本传票后无正当理由拒不到庭，人民法院可按撤诉处理；被告收到本传票后无正当理由拒不到庭，人民法院可以根据原告的诉讼请求及双方已经提交给法院的证据材料缺席判决。
3. 适用简易程序审理的民事案件可以当庭宣判。当庭宣判的，人民法院可以当庭送达裁判文书；当庭不能送达的，人民法院将当庭告知当事人领取裁判文书的时间和地点，逾期不来领取的，不影响上述期间的计算。
4. 开庭前三日到审判庭进行征集交换并领取合议庭组成人员通知。

2017 年 12 月 27 日

原始凭证 51－2

绵阳机械股份有限公司

法律顾问：罡无私

原告绵阳机械有限公司诉我公司从 2016 年 5 月开始使用与其注册商标相近似的商标，严重影响了其正常经营，侵犯了其注册商标权一案，事实和理由清楚，证据确凿，我公司预计败诉的可能性为 85%，可能赔偿损失 250 000 元。

罡无私

2017 年 12 月 27 日

52. 12 月 28 日，收到出租交通工具的租金收入 14 208 元。

收款凭证

借方科目：银行存款　　　　200×年 12 月 28 日　　　　银收字第 9 号

摘要	贷方科目		记账	金额											
	总账科目	明细科目		亿	千	百	十	万	千	百	十	元	角	分	附单据
收到租金	其他业务收入	出租固定资产						1	2	8	0	0	0	0	
	应交税费	应交增值税（销项税额）							1	4	0	8	0	0	贰
															张
合计金额							¥	1	4	2	0	8	0	0	

财会主管：　　记账：　　出纳：　　复核：　　制单：

原始凭证 52－1

ICBC 中国工商银行 业务回单（收款）

日期：2017 年 12 月 28 日　　回单编号：85673421

付款人户名：绵阳合田钢厂　　付款人开户行：建设银行青羊区支行

付款人账号（卡号）：6216137580100l204

收款人户名：绵阳机械股份有限公司　　收款人开户行：工商银行高新分理处

收款人账号（卡号）：00381208010019

金额：壹万肆仟贰佰零捌元整　　小写：￥14 208.00

业务（产品）种类：跨行收款　　凭证种类：386　　凭证号码：6278385289562

摘要：租金收入　　用途：租金收入　　币种：人民币

交易机构：0510897289　　记账柜员：023　　交易代码：52128　　渠道：其他渠道

附言：

（印章：工商银行四川分行高新分理处 结算专用章（5）（绵阳市））

本回单为第一次打印，注意重复　打印日期：2017 年 12 月 28 日　打印柜员：2　验证码：4938B3D227

原始凭证 52－2

5107171130　　四川省增值税专用发票

记　账　联　　No 34689067

开票日期：2017 年 12 月 28 日

税总函（2017）268北京印钞有限公司

购买方
名　　称：绵阳合田钢厂
纳税人识别号：530100162064808
地 址 、电 话：绵阳市春融东路 83 号 0871－3165032
开户行及账号：建设银行青羊区支行 62161375801001204

密码区
<65>--7*85762896-2+1+384035646*6
73<53764-*06479+876*7<-8640/426<
7<7/42765+6374>38-2<<*534/25>24.7
455445/6354/<<58-6*536*5>43/160

货物或应税劳务、服务名称	规格型号	单位	数量	单价	金额	税率	税额
租金收入					12 800.00	11%	1 408.00
合计					12 800.00		1 408.00
价税合计（大写）	壹万肆仟贰佰零捌元整					（小写）￥14 208.00	

销售方
名　　称：绵阳机械股份有限公司
纳税人识别号：510700603468168
地 址 、电 话：四川绵阳高新工业园区迎宾路 5 号 0816－87500852
开户行及账号：中国工商银行四川分行高新分理处 00381208010019

备注　（印章：绵阳机械股份有限公司 510700603468168 合同专用章）

第一联 记账联 销售方记账凭证

收款人：李京　　复核：周立为　　开票人：齐凡　　销售方：（章）

53. 12 月 28 日，开出转账支票，为公司行政管理部门购买办公用品 163 800 元。

付款凭证

贷方科目：银行存款　　　　2017 年 12 月 28 日　　　　银付字第 23 号

摘要	借方科目		记账	金额										
	总账科目	明细科目		亿	千	百	十	万	千	百	十	元	角	分
报销购买款	管理费用	办公费					1	4	0	0	0	0	0	0
	应交税费	应交增值税（进项税额）						2	3	8	0	0	0	0
合计金额						¥	1	6	3	8	0	0	0	0

附单据伍张

财会主管：　　记账：　　出纳：　　复核：　　制单：

原始凭证 53－1

费用报销单

部门：行政部　　　　2017 年 12 月 28 日

报销金额	（大写）壹拾陆万叁仟捌佰元整　　（小写）¥163 800.00			
开支内容	办公用品			
总经理	财务负责人	部门负责人	实物保管、验收人	经办人
	吴娟	高领		徐青
说明：				

原始凭证 53－2

中国工商银行

转账支票存根

BB　27344575

02

附加信息

出票日期 2017 年 12 月 28 日

收款人：家乐福超市
金额：163 800.00
用途：购买办公用品

单位主管　　会计

原始凭证 53－3

办公用品采购明细表（略）

原始凭证 53－4

5107174130

四川省增值税专用发票

抵　扣　联

No 27439579

开票日期：2017 年 12 月 28 日

购买方		密码区	
	名　　　称：绵阳机械股份有限公司 纳税人识别号：510700603468168 地 址 、电 话：四川绵阳高新工业园区迎宾路 5 号 0816－87500852 开户行及账号：中国工商银行四川分行高新分理处 00381208010019		<65 >－－7＊85762896－2＋1＋384035646＊6 73<53764－＊06479＋876＊7<－8640/426< 7<7/42765＋6374>38－2<<＊534/25>24.7 455445/6354/<<58－6＊536＊5>43<3>

货物或应税劳务、服务名称	规格型号	单位	数量	单价	金额	税率	税额
办公用品					140 000.00	17%	23 800.00
合计					140 000.00		23 800.00
价税合计（大写）	壹拾陆万叁仟捌佰元整				（小写）￥163 800.00		

销售方		备注	
	名　　　称：四川省绵阳市家乐福超市 纳税人识别号：450165832620478 地 址 、电 话：绵阳市绵兴东路 8 号 0816－87547860 开户行及账号：中国建设银行青羊支行 4502378835862013805		四川省绵阳市家乐福超市 450165832620478 发票专用章

收款人：申海波　　复核：谢婧　　开票人：许嵩　　销售方：（章）

税总函（2017）268北京印钞有限公司

第二联　抵扣联　购买方扣税凭证

原始凭证 53－5

5107174130

四川省增值税专用发票

发　票　联

No 27439579

开票日期：2017 年 12 月 28 日

购买方		密码区	
	名　　　称：绵阳机械股份有限公司 纳税人识别号：510700603468168 地 址 、电 话：四川绵阳高新工业园区迎宾路 5 号 0816－87500852 开户行及账号：中国工商银行四川分行高新分理处 00381208010019		<65 >－－7＊85762896－2＋1＋384035646＊6 73<53764－＊06479＋876＊7<－8640/426< 7<7/42765＋6374>38－2<<＊534/25>24.7 455445/6354/<<58－6＊536＊5>43<3>

货物或应税劳务、服务名称	规格型号	单位	数量	单价	金额	税率	税额
办公用品					140 000.00	17%	23 800.00
合计					140 000.00		23 800.00
价税合计（大写）	壹拾陆万叁仟捌佰元整				（小写）￥163 800.00		

销售方		备注	
	名　　　称：四川省绵阳市家乐福超市 纳税人识别号：450165832620478 地 址 、电 话：绵阳市绵兴东路 8 号 0816－87547860 开户行及账号：中国建设银行青羊支行 4502378835862013805		四川省绵阳市家乐福超市 450165832620478 发票专用章

收款人：申海波　　复核：谢婧　　开票人：许嵩　　销售方：（章）

税总函（2017）268北京印钞有限公司

第三联　发票联　购买方记账凭证

54. 12 月 31 日，结算 13 日工程队承接的安装工业设备的劳务费，本月共发生实际成本为 720 000 元。

转账凭证

2017 年 12 月 31 日　　　　转　字第 38 号

摘要	会计科目		记账	借方金额											贷方金额										
	总账科目	明细科目		亿	千	百	十	万	千	百	十	元	角	分	亿	千	百	十	万	千	百	十	元	角	分
结算劳务成本	其他业务成本	设备安装					7	2	0	0	0	0	0	0											
	应付职工薪酬	工资																7	2	0	0	0	0	0	0
合计金额						¥	7	2	0	0	0	0	0	0			¥	7	2	0	0	0	0	0	0

附单据壹张

财会主管：　　　　记账：　　　　复核：　　　　制单：

原始凭证 54－1

工业设备安装工程队工资结算表

2017 年 12 月 31 日

部门	姓名	职务（职称）	应付金额
工业设备安装工程队	李鑫磊	工程师	10 460. 00
工业设备安装工程队	宋　泽	项目经理	15 850. 00
	……	……	……
合　计	—	—	720 000. 00

55. 12 月 31 日，出售给星星机械商贸有限公司 XYS760－P 型注塑机械手 200 台，单位售价 2 300 元，款未收。

转账凭证

2017 年 12 月 31 日　　　　转　字第 39 号

摘要	会计科目		记账	借方金额											贷方金额										
	总账科目	明细科目		亿	千	百	十	万	千	百	十	元	角	分	亿	千	百	十	万	千	百	十	元	角	分
售注塑机械手	应收账款	星星机械					5	3	8	2	0	0	0	0											
售注塑机械手	主营业务收入	XYS760－P 型注塑手																4	6	0	0	0	0	0	0
售注塑机械手	应交税费	应交增值税（销项税额）																	7	8	2	0	0	0	0
合计金额						¥	5	3	8	2	0	0	0	0			¥	5	3	8	2	0	0	0	0

附单据叁张

财会主管：　　　　记账：　　　　复核：　　　　制单：

原始凭证 55 －1

绵阳机械股份有限公司

产品出库单

仓库：产成品库　　　　出库日期：2018 年 1 月 8 日　　　　编号：171209

产品编号	产品名称	规格型号	单位	数量	单位成本	总成本
302	注塑机械手	XYS760 －P 型	台	200	1 707. 00	341 400. 00
合计						341 400. 00

保管员：张涛

原始凭证 55 －2

发货通知单

编　　号 20180107　　　　订单号码

客户名称 星星机械商贸有限公司　　　　交货日期 2018 年 1 月 8 日

地　　址 成都市未央区大白杨东路 10 号中排 53 号　　　　交货方式 ☑一次交货　□分批交货

产品名称	产品编号	数量	单价	金额
XYS760 －P 型注塑机械手	302	200	2 300	460 000. 00

仓库：　　　　主管：　　　　核准：　　　　填单：

原始凭证 55 －3

5107171130　　　　**四川省增值税专用发票**

记　账　联

No 34689068

开票日期：2017 年 12 月 31 日

购买方	名　　称：星星机械商贸有限公司 纳税人识别号：510038172061938 地 址 、电 话：成都市未央区大白杨东路 10 号中排 53 号　028 －370023 开户行及账号：中国农业银行成都青羊支行 6253681725010668123	密码区	<65 > ――7 ∗85762896 －2 ＋1 ＋384035646 ∗6 73 <53764 － ∗06479 ＋876 ∗7 < －8640/426 < 7 <7/42765 ＋6374 >38 －2 << ∗534/25 >24. 7 455445/6354/ <<58 －6 ∗536 ∗5 >43/160

货物或应税劳务、服务名称	规格型号	单位	数量	单价	金额	税率	税额
注塑机械手	XYS760 －P 型	台	200	2 300. 00	460 000. 00	17%	78 200. 00
合计					460 000. 00		78 200. 00
价税合计（大写）	伍拾叁万捌仟贰佰元整				（小写）￥538 200. 00		

销售方	名　　称：绵阳机械股份有限公司 纳税人识别号：510700603468168 地 址 、电 话：四川绵阳高新工业园区迎宾路 5 号 0816 －87500852 开户行及账号：中国工商银行四川分行高新分理处 00381208010019	备注	绵阳机械股份有限公司 510700603468168 合同专用章

收款人：李京　　　　复核：周立为　　　　开票人：齐凡　　　　销售方：（章）

税总函（2017）268北京印钞有限公司

第一联　记账联　销售方记账凭证

56. 12 月 31 日，支付本月电费，共用电 194 880 度，不含税单价 0.8 元/度，共计 155 904 元。

付款凭证

贷方科目：银行存款　　　　2017 年 12 月 31 日　　　　银付字第 24 号

摘要	借方科目		记账	金额										
	总账科目	明细科目		亿	千	百	十	万	千	百	十	元	角	分
支付电费	辅助生产成本	供电车间——电费					1	5	5	9	0	4	0	0
	应交税费	应交增值税（进项税额）						2	6	5	0	3	6	8
合计金额						¥	1	8	2	4	0	7	6	8

附单据叁张

原始凭证 56－1

ICBC 中国工商银行　业务回单（付款）

日期：2017 年 12 月 31 日　　回单编号：925673411

付款人户名：绵阳机械股份有限公司　　付款人开户行：工商银行高新分理处

付款人账号（卡号）：00381208010019

收款人户名：四川省绵阳市供电局　　收款人开户行：建设银行双碑中街支行

收款人账号（卡号）：45025779262469766520016

金额：壹拾捌万贰仟肆佰零柒元陆角捌分　　小写：￥182 407.68

业务（产品）种类：跨行收款　　凭证种类：386086　　凭证号码：6275375283145

摘要：电费　　用途：电费　　币种：人民币

交易机构：0510897289　　记账柜员：025　　交易代码：52094　　渠道：其他渠道

附言：

本回单为第一次打印，注意重复　打印日期：2017 年 12 月 31 日　打印柜员：5　验证码：4938B2E2106

工商银行四川分行高新分理处 结算专用章（5）（绵阳市）

原始凭证 56－2

5107174130

四川省增值税专用发票

发 票 联

No 36789237

开票日期：2017 年 12 月 31 日

购买方	名　　称：绵阳机械股份有限公司 纳税人识别号：510700603468168 地 址 、电 话：四川绵阳高新工业园区迎宾路 5 号 0816－87500852 开户行及账号：中国工商银行四川分行高新分理处 00381208010019			密码区	<65 > －－7＊85762896－2＋1＋384035646＊6 73 <53764－＊06479＋876＊7 < －8640/426 < 7 <7/42765＋6374 >38－2 << ＊534/25 >24.7 455445/6354/ <<58－6＊536＊5 >43 <3 >		
货物或应税劳务、服务名称	规格型号	单位	数量	单价	金额	税率	税额
电费		度	194 880	0.8	155 904.00	17%	26 503.68
合计					155 904.00		26 503.68
价税合计（大写）	壹拾捌万贰仟肆佰零柒元陆角捌分				（小写）￥182 407.68		
销售方	名　　称：四川省绵阳市供电局 纳税人识别号：450168861650931 地 址 、电 话：绵阳市双碑中街 28 号 0816－870123426 开户行及账号：中国建设银行双碑中街支行 4502577926246976652 0016			备注	四川省绵阳市供电局 450168861650931 发票专用章		

收款人：孟放　　复核：张宇　　开票人：关东　　销售方：（章）

第三联 发票联 购买方记账凭证

税总函（2017）268北京印钞有限公司

原始凭证 56－3

5107174130

四川省增值税专用发票

抵 扣 联

No 36789237

开票日期：2017 年 12 月 31 日

购买方	名　　称：绵阳机械股份有限公司 纳税人识别号：510700603468168 地 址 、电 话：四川绵阳高新工业园区迎宾路 5 号 0816－87500852 开户行及账号：中国工商银行四川分行高新分理处 00381208010019			密码区	<65 > －－7＊85762896－2＋1＋384035646＊6 73 <53764－＊06479＋876＊7 < －8640/426 < 7 <7/42765＋6374 >38－2 << ＊534/25 >24.7 455445/6354/ <<58－6＊536＊5 >43 <3 >		
货物或应税劳务、服务名称	规格型号	单位	数量	单价	金额	税率	税额
电费		度	194 880	0.8	155 904.00	17%	26 503.68
合计					155 904.00		26 503.68
价税合计（大写）	壹拾捌万贰仟肆佰零柒元陆角捌分				（小写）￥182 407.68		
销售方	名　　称：四川省绵阳市供电局 纳税人识别号：450168861650931 地 址 、电 话：绵阳市双碑中街 28 号 0816－870123426 开户行及账号：中国建设银行双碑中街支行 45025779262469766520016			备注	四川省绵阳市供电局 450168861650931 发票专用章		

收款人：孟放　　复核：张宇　　开票人：关东　　销售方：（章）

第二联 抵扣联 购买方扣税凭证

税总函（2017）268北京印钞有限公司

57. 12 月 31 日，支付本月水费。共用水 100 800 吨，不含税单价为 5 元/吨，共计 504 000 元。

付款凭证

贷方科目：银行存款　　　　200 × 年 12 月 31 日　　　　银付字第 25 号

摘要	借方科目		记账	金额										
	总账科目	明细科目		亿	千	百	十	万	千	百	十	元	角	分
支付水费	制造费用	下料车间——水费					1	1	5	2	0	0	0	0
		加工车间——水费					1	7	7	6	0	0	0	0
		装配车间——水费					1	6	8	0	0	0	0	0
	辅助生产成本	机修车间——水费						1	0	2	7	0	0	0
		供电车间——水费							6	2	4	0	0	0
	在建工程	水费						1	4	2	1	0	0	0
	管理费用	水费						1	2	4	8	0	0	0
	应交税费	应交增值税（进项税额）						5	5	4	4	0	0	0
合计金额						¥	5	5	9	4	4	0	0	0

附单据肆张

财会主管：　　　记账：　　　出纳：　　　复核：　　　制单：

原始凭证 57 –1

水费分配表

2017 年 12 月 31 日

部门	耗水量	不含税单价	金额
下料车间	23 040	5	115 200
加工车间	35 520	5	177 600
装配车间	33 600	5	168 000
机修车间	2 054	5	10 270
供电车间	1 248	5	6 240
行政管理部门	2 496	5	12 480
在建工程	2 842	5	14 210
合计	100 800	—	504 000

原始凭证 57－2

ICBC 中国工商银行　业务回单（付款）

日期：2017 年 12 月 31 日　　回单编号：925673436

付款人户名：绵阳机械股份有限公司　　付款人开户行：工商银行高新分理处

付款人账号（卡号）：00381208010019

收款人户名：四川省绵阳市自来水公司　　收款人开户行：农业银行虹阳街支行

收款人账号（卡号）：6214879262461816560239

金额：伍拾伍万玖仟肆佰肆拾元整　　小写：¥559 440.00

业务（产品）种类：跨行收款　　凭证种类：386086　　凭证号码：627537528693

摘要：水费　　用途：水费　　币种：人民币

交易机构：0510897286　　记账柜员：003　　交易代码：52094　　渠道：其他渠道

附言：

本回单为第一次打印，注意重复　打印日期：2017 年 12 月 31 日　打印柜员：5　验证码：4938B2E2106

（印章：工商银行四川分行高新分理处 结算专用章 (5) （绵阳市））

原始凭证 57－3

4400175130

四川省增值税专用发票

发　票　联

No 26878337

开票日期：2017 年 12 月 31 日

购买方	名　　称：绵阳机械股份有限公司 纳税人识别号：510700603468168 地 址 、电 话：四川绵阳高新工业园区迎宾路 5 号 0816－87500852 开户行及账号：中国工商银行四川分行高新分理处 00381208010019
密码区	<65 > --7 * 85762896 -2 +1 +384035646 *6 73 <53764 - *06479 +876 *7 < -8640/426 < 7 <7/42765 +6374 >38 -2 << *534/25 >24.7 455445/6354/ <<58 -6 *536 *5 >43 <3 >60

货物或应税劳务、服务名称	规格型号	单位	数量	单价	金额	税率	税额
水费		吨	100 800	5	504 000.00	11%	55 440.00
合计					504 000.00		55 440.00
价税合计（大写）	伍拾伍万玖仟肆佰肆拾元整				（小写）¥559 440.00		

销售方	名　　称：四川省绵阳市自来水公司 纳税人识别号：450018316202591 地 址 、电 话：四川绵阳虹阳街 15 号 0816－87023302 开户行及账号：中国农业银行虹阳街支行 6214879262461816560239
备注	（印章：四川省绵阳市自来水公司 450018316202591 发票专用章）

收款人：曹虹　　复核：孙权　　开票人：马继　　销售方：（章）

税总函（2017）268北京印钞有限公司

第三联　发票联　购买方记账凭证

原始凭证 57－4

4400175130　　　　四川省增值税专用发票

抵　扣　联

No 26878337

开票日期：2017 年 12 月 31 日

购买方

名　　　　称：绵阳机械股份有限公司
纳税人识别号：510700603468168
地 址 、电 话：四川绵阳高新工业园区迎宾路 5 号 0816－87500852
开户行及账号：中国工商银行四川分行高新分理处 00381208010019

密码区

<65 > －－7 * 85762896 －2 +1 +384035646 * 6
73 <53764 － * 06479 +876 * 7 < －8640/426 <
7 <7/42765 +6374 >38 －2 << * 534/25 >24.7
455445/6354/ <<58 －6 * 536 * 5 >43 <3 >60

货物或应税劳务、服务名称	规格型号	单位	数量	单价	金额	税率	税额
水费		吨	100 800	5	504 000. 00	11%	55 440. 00
合计					504 000. 00		55 440. 00
价税合计（大写）	伍拾伍万玖仟肆佰肆拾元整				（小写）¥559 440. 00		

销售方

名　　　　称：四川省绵阳市自来水公司
纳税人识别号：450018316202591
地 址 、电 话：四川绵阳虹阳街 15 号 0816－87023302
开户行及账号：中国农业银行虹阳街支行 6214879262461816560239

备注：（印章：四川省绵阳市自来水公司 450018316202591 发票专用章）

收款人：曹虹　　　复核：孙权　　　开票人：马继　　　销售方：（章）

税总函（2017）268北京印钞有限公司

第二联　抵扣联　购买方扣税凭证

58. 12 月 31 日，根据领料单，编制原材料、辅助材料及周转材料的材料费用分配汇总表，结转发出材料的成本，并调整材料成本差异。

转账凭证

2017 年 12 月 31 日　　　　转　字第 40－1/6 号

摘要	会计科目		记账	借方金额										贷方金额									
	总账科目	明细科目		千	百	十	万	千	百	十	元	角	分	千	百	十	万	千	百	十	元	角	分
结转领料成本	基本生产成本	下料车间——数控			2	1	1	9	6	8	0	0	0										
		下料车间——LSY 型			1	4	1	3	1	2	0	0	0										
		加工车间——数控			3	0	0	0	2	4	0	0	0										
		加工车间——LSY 型			2	0	0	0	1	6	0	0	0										
		装配车间——数控			2	9	1	8	6	4	0	0	0										
合计金额																							

附单据　壹　张

财会主管：　　　记账：　　　复核：　　　制单：

转账凭证

2017 年 12 月 31 日　　　　　　　　转　字第 40－2/6 号

摘要	会计科目		记账	借方金额										贷方金额									
	总账科目	明细科目		千	百	十	万	千	百	十	元	角	分	千	百	十	万	千	百	十	元	角	分
结转领料成本		装配车间——LSY 型			1	9	4	5	7	6	0	0	0										
	制造费用	下料车间（周转材料）					1	4	3	0	4	0	0										
		加工车间（周转材料）					1	6	3	6	0	8	0										
		装配车间（周转材料）					2	2	6	5	9	2	0										
	制造费用	下料车间（辅助材料）					8	5	5	2	0	0	0										
合计金额																							

附单据　壹　张

财会主管：　　　　记账：　　　　复核：　　　　制单：

转账凭证

2017 年 12 月 31 日　　　　　　　　转　字第 40－3/6 号

摘要	会计科目		记账	借方金额											贷方金额										
	总账科目	明细科目		亿	千	百	十	万	千	百	十	元	角	分	亿	千	百	十	万	千	百	十	元	角	分
结转领料成本		加工车间（辅助材料）					1	2	6	0	0	0	0	0											
		装配车间（辅助材料）						4	2	0	0	0	0	0											
	辅助生产成本	机修车间								5	7	6	0	0											
		供电车间							1	9	2	0	0	0											
	其他业务成本						4	6	4	0	0	0	0	0											
合计金额																									

附单据　壹　张

财会主管：　　　　记账：　　　　复核：　　　　制单：

转账凭证

2017 年 12 月 31 日　　　　转　字第 40 – 4/6 号

摘要	会计科目		记账	借方金额											贷方金额										
	总账科目	明细科目		亿	千	百	十	万	千	百	十	元	角	分	亿	千	百	十	万	千	百	十	元	角	分
结转领料成本	周转材料	工作服																	3	9	5	2	0	0	0
		工作鞋																	1	2	7	8	4	0	0
		手套																		3	5	1	6	0	0
	原材料	铝锭															2	0	8	5	6	0	0	0	0
		铸铁															1	8	5	6	0	0	0	0	0
合计金额																									

附单据壹张

财会主管：　　　　记账：　　　　复核：　　　　制单：

转账凭证

2017 年 12 月 31 日　　　　转　字第 40 – 5/6 号

摘要	会计科目		记账	借方金额											贷方金额										
	总账科目	明细科目		亿	千	百	十	万	千	百	十	元	角	分	亿	千	百	十	万	千	百	十	元	角	分
结转领料成本	原材料	油漆																7	5	0	0	0	0	0	0
		电动机															2	8	8	0	0	0	0	0	0
		液压件															3	0	2	6	4	0	0	0	0
		润滑油															1	2	6	0	0	0	0	0	0
		电器元件																6	8	4	0	0	0	0	0
合计金额																									

附单据壹张

财会主管：　　　　记账：　　　　复核：　　　　制单：

转账凭证

2017 年 12 月 31 日　　　　转　字第 40 – 6/6 号

摘要	会计科目		记账	借方金额											贷方金额										
	总账科目	明细科目		亿	千	百	十	万	千	百	十	元	角	分	亿	千	百	十	万	千	百	十	元	角	分
结转领料成本	原材料	标准件															1	0	8	0	0	0	0	0	0
		轴承																1	8	4	4	0	0	0	0
	辅助材料	20#扁铁丝																		1	5	2	0	0	0
		机油																2	5	2	0	0	0	0	0
合计金额				¥	1	4	1	7	0	9	4	0	0	0	¥	1	4	1	7	0	9	4	0	0	0

附单据壹张

财会主管：　　　　记账：　　　　复核：　　　　制单：

转账凭证

2017 年 12 月 31 日　　　　转 字第 41－1/4 号

摘要	会计科目		记账	借方金额											贷方金额										
	总账科目	明细科目		亿	千	百	十	万	千	百	十	元	角	分	亿	千	百	十	万	千	百	十	元	角	分
结转差异	材料成本差异						3	3	3	0	1	7	0	9											
	基本生产成本	下料——数控高密度机械手																	4	9	8	1	2	4	8
		下料——螺旋输送机 LSY 型																	3	3	2	0	8	3	2
		加工——数控高密度机械手																	7	0	5	0	5	6	4
		加工——螺旋输送机 LSY 型																	4	7	0	0	3	7	6
合计金额																									

附单据 肆 张

财会主管：　　　　记账：　　　　复核：　　　　制单：

转账凭证

2017 年 12 月 31 日　　　　转 字第 41－2/4 号

摘要	会计科目		记账	借方金额											贷方金额										
	总账科目	明细科目		亿	千	百	十	万	千	百	十	元	角	分	亿	千	百	十	万	千	百	十	元	角	分
结转差异		装配车间——数控高密度机械手																	6	8	5	8	8	0	4
		装配车间——螺旋输送机 LSY 型																	4	5	7	2	5	3	6
	制造费用	下料车间（周转材料）																			3	3	6	1	4
		加工车间（周转材料）																			3	8	4	4	8
		装配车间（周转材料）																			5	3	2	4	9
合计金额																									

附单据 肆 张

财会主管：　　　　记账：　　　　复核：　　　　制单：

转账凭证

2017 年 12 月 31 日　　　　转　字第 41 －3/4 号

摘要	会计科目		记账	借方金额											贷方金额										
	总账科目	明细科目		亿	千	百	十	万	千	百	十	元	角	分	亿	千	百	十	万	千	百	十	元	角	分
结转差异	制造费用	下料车间（辅助材料）																		2	0	0	9	7	2
		加工车间（辅助材料）																		2	9	6	1	0	0
		装配车间（辅助材料）																			9	8	7	0	0
	辅助生产成本	机修车间																				1	3	5	4
		供电车间																				4	5	1	2
合计金额																									

附单据 肆 张

财会主管：　　　　记账：　　　　复核：　　　　制单：

转账凭证

2017 年 12 月 31 日　　　　转　字第 41 －4/4 号

摘要	会计科目		记账	借方金额											贷方金额										
	总账科目	明细科目		亿	千	百	十	万	千	百	十	元	角	分	亿	千	百	十	万	千	百	十	元	角	分
结转成本差异	其他业务成本																		1	0	9	0	4	0	0
合计金额						¥	3	3	3	0	1	7	0	9			¥	3	3	3	0	1	7	0	9

附单据 肆 张

财会主管：　　　　记账：　　　　复核：　　　　制单：

原始凭证 58－1

材料及材料成本差异分配汇总表

2017 年 12 月 31 日

<table>
<tr><th colspan="3">应借科目</th><th rowspan="2">直接领用原材料</th><th rowspan="2">材料成本差异率</th><th rowspan="2">材料成本差异额</th></tr>
<tr><th>总账科目</th><th>明细科目</th><th>成本项目</th></tr>
<tr><td rowspan="6">基本生产成本</td><td>下料车间——数控</td><td>直接材料</td><td>2 119 680</td><td rowspan="16">－2. 35%</td><td>－49 812. 48</td></tr>
<tr><td>下料车间——LSY</td><td>直接材料</td><td>1 413 120</td><td>－33 208. 32</td></tr>
<tr><td>加工车间——数控</td><td>直接材料</td><td>3 000 240</td><td>－70 505. 64</td></tr>
<tr><td>加工车间——LSY</td><td>直接材料</td><td>2 000 160</td><td>－47 003. 76</td></tr>
<tr><td>装配车间——数控</td><td>直接材料</td><td>2 918 640</td><td>－68 588. 04</td></tr>
<tr><td>装配车间——LSY</td><td>直接材料</td><td>1 945 760</td><td>－45 725. 36</td></tr>
<tr><td>其他业务成本</td><td>销售材料</td><td>铸铁</td><td>464 000</td><td>－10 904. 00</td></tr>
<tr><td rowspan="6">制造费用</td><td rowspan="2">下料车间</td><td>周转材料——劳保</td><td>14 304</td><td>－336. 14</td></tr>
<tr><td>辅助材料</td><td>85 520</td><td>－2 009. 72</td></tr>
<tr><td rowspan="2">加工车间</td><td>周转材料——劳保</td><td>16 360. 8</td><td>－384. 48</td></tr>
<tr><td>辅助材料</td><td>126 000</td><td>－2 961</td></tr>
<tr><td rowspan="2">装配车间</td><td>周转材料——劳保</td><td>22 659. 2</td><td>－532. 49</td></tr>
<tr><td>辅助材料</td><td>42 000</td><td>－987</td></tr>
<tr><td rowspan="2">辅助生产成本</td><td>机修车间</td><td>周转材料——劳保</td><td>576</td><td>－13. 54</td></tr>
<tr><td>供电车间</td><td>周转材料——劳保</td><td>1 920</td><td>－45. 12</td></tr>
</table>

原始凭证 58－2

本期增加材料的计划成本

2017 年 12 月 31 日　　　　单位：元

名称	数量	单位计划成本	计划成本总额
铝锭	36	5 280	190 080
油漆	1 200	100	120 000
电动机	3 000	640	1 920 000
液压件	900	2 017. 6	1 815 840
铸铁	840	1 160	974 400
20 扁铁丝	1 500	3. 04	4 560
机油	600	280	168 000
合计	—	—	5 192 880

原始凭证 58 –3

发出材料计划成本

2017 年 12 月 31 日　　单位：元

名称	数量	单位计划成本	计划成本总额
铝锭	395	5 280	2 085 600
油漆	7 500	100	750 000
电动机	4 500	640	2 880 000
液压件	1 500	2 017. 6	3 026 400
铸铁	1 200	1 160	1 392 000
20#扁铁丝	500	3. 04	1 520
机油	900	280	252 000
润滑油	4 500	280	1 260 000
电器元件	450	1 520	684 000
标准件	225	4 800	1 080 000
轴承	1 000	184. 4	184 400
照明设备	30	1 840	55 200
工作服	247	160	39 520
工作鞋	235	54. 4	12 784
手套	293	12	3 516
合计	—	—	13 706 940
出售铸铁	400	1 160	464 000

原始凭证 58 –4

材料成本差异本期发生额

2017 年 12 月 31 日　　单位：元

发生额方向	发生额					合计	借贷相抵后余额
借方	440	576	12 000	61 200	2 400	76 616	27 376
贷方	7 280	5 560	36 000	400	—	49 240	—

原始凭证 58 –5

材料成本差异率计算表

2017 年 12 月 31 日　　单位：元

计划成本	期初	本期增加	合计
	17 622 780	5 192 880	22 815 660
差异	期初	本期增加	合计
	–563 604	27 376	–536 228
差异率			–0. 023502629
			≈ –2. 35%

59. 12 月 31 日，分配工资，并计提社保费、工会经费和职工教育经费。

转账凭证

2017 年 12 月 31 日　　　　转　字第 42 – 1/4 号

摘要	会计科目		记账	借方金额											贷方金额										
	总账科目	明细科目		亿	千	百	十	万	千	百	十	元	角	分	亿	千	百	十	万	千	百	十	元	角	分
分配工资等	基本生产成本	下料车间（数控）					1	3	8	3	5	7	0	7											
		（螺旋）						9	2	2	3	8	0	5											
		加工车间（数控）					1	2	1	1	5	1	5	2											
		（螺旋）						8	0	7	6	7	6	8											
		装配车间（数控）					2	0	5	6	5	2	1	6											
		（螺旋）					1	3	7	1	0	1	4	4											
	制造费用	下料车间						3	5	2	6	5	1	2											
		加工车间						5	8	7	2	3	4	2											
合计金额																									

附单据壹张

财会主管：　　　　记账：　　　　复核：　　　　制单：

转账凭证

2017 年 12 月 31 日　　　　转　字第 42 – 2/4 号

摘要	会计科目		记账	借方金额											贷方金额										
	总账科目	明细科目		亿	千	百	十	万	千	百	十	元	角	分	亿	千	百	十	万	千	百	十	元	角	分
分配工资等		装配车间					1	3	8	3	5	7	0	7											
	辅助生产成本	机修车间						9	8	4	1	4	4	0											
		供电车间						4	1	7	4	1	2	8											
	管理费用						2	1	8	0	3	8	8	0											
	在建工程						1	0	7	5	7	7	1	2											
合计金额																									

附单据壹张

财会主管：　　　　记账：　　　　复核：　　　　制单：

转账凭证

2017 年 12 月 31 日　　　　转　字第 42 －3/4 号

摘要	会计科目		记账	借方金额	贷方金额	
	总账科目	明细科目		亿千百十万千百十元角分	亿千百十万千百十元角分	
分配工资等	应付职工薪酬	工资			104199800	附单据
		养老保险			18755964	
		基本医疗保险			9377982	壹
		失业保险			937798	张
		住房公积金			9377982	
合计金额						

财会主管：　　　　记账：　　　　复核：　　　　制单：

转账凭证

2017 年 12 月 31 日　　　　转　字第 42 －4/4 号

摘要	会计科目		记账	借方金额	贷方金额	
	总账科目	明细科目		亿千百十万千百十元角分	亿千百十万千百十元角分	
分配工资等		工会经费			2083996	附单据
		职工教育经费			2604995	壹
						张
合计金额				¥147338517	¥147338517	

财会主管：　　　　记账：　　　　复核：　　　　制单：

原始凭证 59 －1

工资费用分配汇总表

2017 年 12 月 31 日　　　　单位：元

车间部门	工种	社保核定上年单位职工月工资①	养老保险 20% ②=①×20%	基本医疗保险 10% ③=①×10%	失业保险 1% ④=①×1%	住房公积金 10% ⑤=①×10%	应付职工薪酬总额⑥	工会经费（应付基本工薪 2%）⑦=⑥×2%	教育经费（应付基本工薪 2.5%）⑧=⑥×2.5%	缴存合计 ⑨=②+③+④+⑤+⑦+⑧	应分配工资 =⑥+⑨
下料车间	数控	88 063.2	17 612.64	8 806.32	880.632	8 806.32	97 848	1 956.96	2 446.2	40 509.072	138 357.072
	LSY	58 708.8	11 741.76	5 870.88	587.088	5 870.88	65 232	1 304.64	1 630.8	27 006.048	92 238.048
	管理	22 446	4 489.2	2 244.6	224.46	2 244.6	24 940	498.8	623.5	10 325.16	35 265.16
加工车间	数控	77 112	15 422.4	7 711.2	771.12	7 711.2	85 680	1 713.6	2 142	35 471.52	121 151.52
	LSY	51 408	10 281.6	5 140.8	514.08	5 140.8	57 120	1 142.4	1 428	23 647.68	80 767.68
	管理	37 377	7 475.4	3 737.7	373.77	3 737.7	41 530	830.6	1 038.25	17 193.42	58 723.42
装配车间	数控	130 896	26 179.2	13 089.6	1 308.96	13 089.6	145 440	2 908.8	3 636	60 212.16	205 652.16
	LSY	87 264	17 452.8	8 726.4	872.64	8 726.4	96 960	1 939.2	2 424	40 141.44	137 101.44
	管理	88 063.2	17 612.64	8 806.32	880.632	8 806.32	97 848	1 956.96	2 446.2	40 509.072	138 357.072

续表

车间部门	工种	社保核定上年单位职工月工资①	养老保险20% ②=①×20%	基本医疗保险10% ③=①×10%	失业保险1% ④=①×1%	住房公积金10% ⑤=①×10%	应付职工薪酬总额⑥	工会经费（应付基本工薪2%）⑦=⑥×2%	教育经费（应付基本工薪2.5%）⑧=⑥×2.5%	缴存合计⑨=②+③+④+⑤+⑦+⑧	应分配工资=⑥+⑨
机修车间	—	62 640	12 528	6 264	626.4	6 264	69 600	1 392	1 740	28 814.4	98 414.4
供电车间	—	26 568	5 313.6	2 656.8	265.68	2 656.8	29 520	590.4	738	12 221.28	41 741.28
行政管理部门	—	138 780	27 756	13 878	1 387.8	13 878	154 200	3 084	3 855	63 838.8	218 038.8
在建工程	—	68 472	13 694.4	6 847.2	684.72	6 847.2	76 080	1 521.6	1 902	31 497.12	107 577.12
合计	—	937 798.2	187 559.64	93 779.82	9 377.982	93 779.82	1 041 998	20 839.96	26 049.95	431 387.172	1 473 385.172

60. 12月31日，计提坏账准备。

转账凭证

2017年12月31日　　　　转　字第43号

摘要	会计科目		记账	借方金额											贷方金额										
	总账科目	明细科目		亿	千	百	十	万	千	百	十	元	角	分	亿	千	百	十	万	千	百	十	元	角	分
计提坏账准备	坏账准备	应收账款																2	1	4	8	1	3	0	0
		其他应收款																			2	3	6	8	9
		预付账款					3	0	0	2	9	3	2	0											
	资产减值损失	坏账损失																	8	5	2	4	3	3	1
合计金额							¥	8	5	2	4	3	3	1				¥	8	5	2	4	3	3	1

附单据壹张

财会主管：　　记账：　　复核：　　制单：

原始凭证 60－1

坏账准备计算表

2017年12月31日　　　　单位：元

项目	12月31日账面余额	坏账准备现有账面余额（贷方）	计提比例	坏账准备应有账面余额（贷方）	应提
应收账款	2 567 730	114 960+25 000−38 000−60 000=41 960	10%	256 773.00	214 813.00
其他应收款	30 568.9	2 820		3 056.89	236.89
预付账款	717 068	372 000		71 706.80	−300 293.20
合计	3 315 366.9	416 780		331 536.69	−85 243.31

制单：叶华　　　　审核：齐凡

61. 12 月 31 日，计提固定资产折旧。

转账凭证

2017 年 12 月 31 日　　　　转　字第 44 号

摘要	会计科目		记账	借方金额											贷方金额										
	总账科目	明细科目		亿	千	百	十	万	千	百	十	元	角	分	亿	千	百	十	万	千	百	十	元	角	分
计提折旧	制造费用	下料车间（折旧费）					1	3	2	0	3	6	4	0											
		加工车间（折旧费）						8	6	5	1	2	4	0											
		装配车间（折旧费）						7	3	9	5	9	2	0											
	辅助生产成本	机修车间（折旧费）						5	8	4	3	9	2	0											
		供电车间（折旧费）						7	2	5	0	0	6	0											
	管理费用	折旧费					1	0	6	9	3	6	7	8											
	销售费用	折旧费						1	5	1	1	2	0	0											
	其他业务成本	出租固定资产折旧费							3	9	6	0	0	0											
	累计折旧	房屋建筑物																1	7	1	4	2	8	4	0
		机器设备																2	8	8	3	6	7	2	0
		办公设备																	5	2	0	4	5	2	0
		交通工具																	3	0	5	0	4	6	8
		电子产品																		7	1	1	1	1	0
合计金额						¥	5	4	9	4	5	6	5	8			¥	5	4	9	4	5	6	5	8

附单据　壹　张

财会主管：　　　　记账：　　　　复核：　　　　制单：

原始凭证 61 -1

固定资产折旧计算表

2017 年 12 月 31 日　　　　单位：元

使用部门	固定资产类别①	固定资产原值②	预计使用年限③	预计净残值率④	月折旧率⑤	本月应计提折旧额（元）⑥=②×⑤
下料车间	房屋建筑物	8 860 000	20	5%	0. 396%	35 085. 60
	机器设备	12 180 000	10		0. 792%	96 465. 60
	电子产品	10 000	3		2. 640%	264. 00
	办公设备	14 000	5		1. 580%	221. 20
	小计	21 064 000				132 036. 40

续表

使用部门	固定资产类别①	固定资产原值②	预计使用年限③	预计净残值率④	月折旧率⑤	本月应计提折旧额（元）⑥=②×⑤
加工车间	房屋建筑物	6 220 000	20	5%	0.396%	24 631.20
	机器设备	7 760 000	10		0.792%	61 459.20
	电子产品	10 000	3		2.640%	264.00
	办公设备	10 000	5		1.580%	158.00
	小计	14 000 000				86 512.40
装配车间	房屋建筑物	4 890 000	20	5%	0.396%	19 364.40
	机器设备	6 840 000	10		0.792%	54 172.80
	电子产品	10 000	3		2.640%	264.00
	办公设备	10 000	5		1.580%	158.00
	小计	11 750 000				73 959.20
机修车间	房屋建筑物	2 900 000	20	5%	0.396%	11 484.00
	交通工具	500 000	4		1.980%	9 900.00
	机器设备	4 160 000	10		0.792%	32 947.20
	办公设备	260 000	5		1.580%	4 108.00
	小计	7 820 000				58 439.20
供电车间	房屋建筑物	5 545 000	20	5%	0.396%	21 958.20
	交通工具	350 000	4		1.980%	6 930.00
	电子产品	5 000	3		2.640%	132.00
	机器设备	5 470 000	10		0.792%	43 322.40
	办公设备	10 000	5		1.580%	158.00
	小计	11 380 000				72 500.60
行政管理部门	房屋建筑物	11 575 000	20	5%	0.396%	45 837.00
	办公设备	2 940 000	5		1.580%	46 452.00
	电子产品	224 360	3		2.640%	5 923.10
	交通工具	440 640	4		1.980%	8 724.67
	小计	15 180 000				106 936.78
销售部门	房屋建筑物	3 300 000	20	5%	0.396%	13 068.00
	电子产品	10 000	3		2.640%	264.00
	办公设备	50 000	5		1.580%	790.00
	交通工具	50 000	4		1.980%	990.00
	小计	3 410 000				15 112.00
出租	交通工具	200 000	4	5%	1.980%	3 960.00
合计		84 804 000				549 456.58

会计：叶华　　　　会计主管：张静

62. 12 月 31 日，摊销无形资产、长期待摊费用。

转账凭证

2017 年 12 月 31 日　　　　　　　　　　转　字第 45 号

摘要	会计科目		记账	借方金额											贷方金额										
	总账科目	明细科目		亿	千	百	十	万	千	百	十	元	角	分	亿	千	百	十	万	千	百	十	元	角	分
资产摊销	管理费用	无形资产摊销							2	5	4	6	6	7											
		长期待摊费用摊销							8	7	8	6	6	7											
	累计摊销	专利权																		2	5	4	6	6	7
	长期待摊费用																			8	7	8	6	6	7
合计金额							¥	1	1	3	3	3	3	4				¥	1	1	3	3	3	3	4

附单据壹张

原始凭证 62－1

无形资产、待摊费用摊销计算表

2017 年 12 月 31 日

项目	金额	摊销期限（年）	本月摊销额
无形资产	305 600	10	2 546.67
其中：期初数	273 600	10	2 280.00
本期增加数	32 000	10	266.67
长期待摊费用	263 600	2.5	8 786.67
其中：期初数	263 600	2.5	8 786.67
合计	—	—	11 333.34

会计：叶华　　　　　　　　　　会计主管：张静

63. 12 月 31 日，计提本月借款和应付债券的利息费用。

转账凭证

2017 年 12 月 31 日　　　　　　　　　　转　字第 46 号

摘要	会计科目		记账	借方金额											贷方金额										
	总账科目	明细科目		亿	千	百	十	万	千	百	十	元	角	分	亿	千	百	十	万	千	百	十	元	角	分
计提利息费用	财务费用	借款利息					1	5	6	0	0	0	0	0											
	在建工程	借款利息					1	0	0	0	0	0	0	0											
	长期借款	应计利息																1	8	2	4	1	6	0	0
	应付债券	应计利息																	7	3	5	8	4	0	0
合计金额						¥	2	5	6	0	0	0	0	0			¥	2	5	6	0	0	0	0	0

附单据壹张

财会主管：　　　　记账：　　　　复核：　　　　制单：

原始凭证 63－1

利息费用计算表

2017 年 12 月 31 日

项目	借款本金	年利率	利息	对方科目
长期借款	2 000 000	5%	100 000	在建工程
长期借款	2 747 200	3%	82 416	财务费用
应付债券	1 226 400	6%	73 584	财务费用

会计：叶华　　　　会计主管：张静

64. 交易性金融资产期末账面余额为 401 500 元（期初 245 000 元＋本期增加 156 500 元），公允价值为 441 650 元。

转账凭证

2017 年 12 月 31 日　　　　转　字第 47 号

摘要	会计科目		记账	借方金额											贷方金额										
	总账科目	明细科目		亿	千	百	十	万	千	百	十	元	角	分	亿	千	百	十	万	千	百	十	元	角	分
调公允价	交易性金融资产	公允价值变动						4	0	1	5	0	0	0											
	公允价值变动损益																		4	0	1	5	0	0	0
合计金额							¥	4	0	1	5	0	0	0				¥	4	0	1	5	0	0	0

附单据壹张

财会主管：　　　　记账：　　　　复核：　　　　制单：

原始凭证 64－1

绵阳机械股份有限公司

交易性金融资产公允价值变动损益计算表

2017 年 12 月 31 日　　　　单位：元

金融资产种类	数量（股）	账面价值	市价	期末公允价值	公允价值变动损益
伊利股份 600887	5 000	156 500	34.43 元/股	172 150	15 650
三一重工 600031	35 000	245 000	7.70 元/股	269 500	24 500
合计	—	401 500		441 650	40 150

会计：叶华　　　　会计主管：张静

注：市价来源于同花顺股票交易软件。

65. 12 月 31 日，分配辅助生产费用。供电车间负责全公司各部门用电的记录和管理（包括机修车间），机修车间只为三个基本生产车间提供维修劳务。

转账凭证

2017 年 12 月 31 日　　　　转　字第 48 号

摘要	会计科目		记账	借方金额											贷方金额										
	总账科目	明细科目		亿	千	百	十	万	千	百	十	元	角	分	亿	千	百	十	万	千	百	十	元	角	分
分配机修费用	制造费用	下料车间	√					4	8	5	6	4	8	1											
		加工车间	√					6	6	3	7	1	9	1											
		装配车间	√					9	3	8	9	2	1	2											
	生产成本	辅助生产——机修	√															2	0	8	8	2	8	8	4
合计金额						¥	2	0	8	8	2	8	8	4			¥	2	0	8	8	2	8	8	4

附单据壹张

财会主管：　　记账：　　复核：　　制单：

转账凭证

2017 年 12 月 31 日　　　　转　字第 49 号

摘要	会计科目		记账	借方金额											贷方金额										
	总账科目	明细科目		亿	千	百	十	万	千	百	十	元	角	分	亿	千	百	十	万	千	百	十	元	角	分
分配供电	制造费用	下料车间	√				1	0	6	8	4	0	6	1											
		加工车间	√					8	6	8	9	8	2	3											
		装配车间	√					6	8	2	1	9	1	7											
	管理费用		√						4	5	1	1	8	5											
	应付职工薪酬		√					5	7	7	5	1	6	8											
	在建工程		√					1	0	7	4	1	9	2											
	生产成本	辅助生产——供电																3	3	4	9	6	3	4	6
合计金额						¥	3	3	4	9	6	3	4	6			¥	3	3	4	9	6	3	4	6

附单据壹张

财会主管：　　记账：　　复核：　　制单：

原始凭证 65 –1

辅助生产费用分配表

2017 年 12 月 31 日

辅助生产车间	费用总额（元）	分配标准（工时）	分配率（元/工时）	分配金额（元）
机修车间	208 828.84	3150	15.4174	一车间 48 564.81
		4 305	15.4174	二车间 66 371.91
		6 090	15.4174	三车间 93 892.12（尾差 0.15 计入）
		合计：13 545	15.4174	
供电车间 194 880（度）	334 963.46	耗电记录：（度）		
耗电记录		合计：194 880	1.718819068	
下料车间		62 160	1.7188	106 840.61
加工车间		50 557.5	1.7188	86 898.23
装配车间		39 690	1.7188	68 219.17
公司管理部门		2 625	1.7188	4 511.85
福利部门		33 600	1.7188	57 751.68
在建工程		6 247.5	1.7188	10 741.92（尾 3.72 计入）

66. 12 月 31 日，分配制造费用。

转账凭证

2017 年 12 月 31 日　　　　转　字第 50 –1/2 号

摘要	会计科目		记账	借方金额											贷方金额										
	总账科目	明细科目		亿	千	百	十	万	千	百	十	元	角	分	亿	千	百	十	万	千	百	十	元	角	分
分配制造费用	基本生产	下料车间——数控	√				3	2	2	5	2	8	3	7											
		下料车间——LSY	√				2	1	5	0	1	8	9	1											
		加工车间——数控	√				3	7	0	2	4	0	3	4											
		加工车间——LSY	√				2	4	6	8	2	6	8	9											
		装配车间——数控	√				3	3	4	8	5	0	9	6											
		装配车间——LSY	√				2	2	3	2	3	3	9	7											
合计金额																									

附单据　壹　张

财会主管：　　　　记账：　　　　复核：　　　　制单：

转账凭证

2017 年 12 月 31 日　　　　　　转　字第 50 －2/2 号

摘要	会计科目		记账	借方金额											贷方金额										
	总账科目	明细科目		亿	千	百	十	万	千	百	十	元	角	分	亿	千	百	十	万	千	百	十	元	角	分
分配制造费用	制造费用	下料车间	√															5	3	7	5	4	7	2	8
		加工车间	√															6	1	7	0	6	7	2	3
		装配车间	√															5	5	8	0	8	4	9	3
合计金额					¥	1	7	1	2	6	9	9	4	4		¥	1	7	1	2	6	9	9	4	4

附单据壹张

财会主管：　　　　记账：　　　　复核：　　　　制单：

原始凭证 66 －1

制造费用明细资料

2017 年 12 月 31 日

车间	下料车间	加工车间	装配车间	合计
费用发生额：				0.00
辅助材料	85 520.00	126 000.00	42 000.00	253 520.00
差异	－2 009.72	－2 961.00	－987.00	－5 957.72
周转材料	14 304.00	16 360.80	22 659.20	53 324.00
差异	－336.14	－384.48	－532.49	－1 253.11
工薪费用	35 265.16	58 723.42	88 063.92	182 052.50
保险费用				0.00
水费	115 200.00	177 600.00	168 000.00	460 800.00
电费	106 840.61	86 898.23	68 219.17	261 958.01
机修	48 564.81	66 371.91	93 892.12	208 828.84
折旧	132 036.40	86 512.40	73 959.20	292 508.00
电话费	2 162.16	1 945.95	2 810.81	6 918.92
小计	537 547.28	617 067.23	558 084.93	1 712 699.44

会计：叶华　　　　会计主管：张静

原始凭证 66 – 2

制造费用分配表

2017 年 12 月 31 日

车间	待分配制造费用	分配标准——人工费		分配结果	
		数控高密度机械手	螺旋输送机 LSY 型	数控高密度机械手制造费用	螺旋输送机 LSY 型的制造费用
下料车间	537 547. 28	138 357. 07	92 238. 05	322 528. 37	215 018. 91
加工车间	617 067. 23	121 151. 52	80 767. 68	370 240. 34	246 826. 89
装配车间	558 084. 93	205 652. 16	137 101. 44	334 850. 96	223 233. 97

67. 12 月 31 日，成本计算，完工产品入库。

转账凭证

2017 年 12 月 31 日　　　　转　字第 51 号

摘要	会计科目		记账	借方金额											贷方金额										
	总账科目	明细科目		亿	千	百	十	万	千	百	十	元	角	分	亿	千	百	十	万	千	百	十	元	角	分
下料车间成本结转	基本生产成本	加工——数控	√			3	0	8	5	0	6	8	8	8			3	0	8	5	0	6	8	8	8
		加工——LSY	√			2	0	4	8	4	4	0	6	9			2	0	4	8	4	4	0	6	9
下料车间成本结转	基本生产成本	下料——数控	√																						
		下料——LSY	√																						
合计金额					¥	5	1	3	3	5	0	9	5	7		¥	5	1	3	3	5	0	9	5	7

附单据壹张

财会主管：　　记账：　　复核：　　制单：

转账凭证

2017 年 12 月 31 日　　　　转　字第 52 号

摘要	会计科目		记账	借方金额											贷方金额										
	总账科目	明细科目		亿	千	百	十	万	千	百	十	元	角	分	亿	千	百	十	万	千	百	十	元	角	分
加工车间成本结转	基本生产成本	装配——数控	√			3	4	9	5	9	8	0	2	9											
		装配——LSY 型	√			2	6	4	9	2	4	9	4	5											
加工车间成本结转	基本生产成本	加工——数控	√														3	4	9	5	9	8	0	2	9
		加工——LSY 型	√														2	6	4	9	2	4	9	4	5
合计金额					¥	6	1	4	5	2	2	9	7	4		¥	6	1	4	5	2	2	9	7	4

附单据壹张

财会主管：　　记账：　　复核：　　制单：

转账凭证

2017 年 12 月 31 日　　　　　　转　字第 53 号

摘要	会计科目		记账	借方金额											贷方金额										
	总账科目	明细科目		亿	千	百	十	万	千	百	十	元	角	分	亿	千	百	十	万	千	百	十	元	角	分
成本计算	库存商品	数控	√			5	0	2	7	0	0	4	3	4											
		LSY 型	√			3	3	4	8	1	7	1	0	7											
成本计算	基本生产成本	数控	√														5	0	2	7	0	0	4	3	4
		LSY 型	√														3	3	4	8	1	7	1	0	7
合计金额					¥	8	3	7	5	1	7	5	4	1		¥	8	3	7	5	1	7	5	4	1

附单据叁张

财会主管：　　　　记账：　　　　复核：　　　　制单：

原始凭证 67 –1

各车间产量记录

2017 年 12 月 31 日　　　　　　单位：台

车间	期初在产品		本月投产		本月完工		月末在产品	
	数控高密度机械手	螺旋输送机 LSY 型	数控高密度机械手	螺旋输送机 LSY 型	数控高密度机械手	螺旋输送机 LSY 型	数控高密度机械手	螺旋输送机 LSY 型
下料车间	3 000	2 000	4 385	3 200	4 822	3 400	2 563	1 800
加工车间	496	310	4 822	3 400	2 495	1 990	2 823	1 720
装配车间	45	29	2 495	1 990	1 800	1 336	740	683

注：原材料均在各车间生产工序开始时一次性投入，各车间期初、期末在产品加工程度均为 50%。

原始凭证 67 –2

一车间（下料）成本计算单

2017 年 12 月 31 日　　　　　　单位：元

项目	直接材料		直接人工		制造费用		小计		合计
	数控高密度机械手	螺旋输送机 LSY 型	数控高密度机械手	螺旋输送机 LSY 型	数控高密度机械手	螺旋输送机 LSY 型	数控高密度机械手	螺旋输送机 LSY 型	
月初在产品成本	1 848 780.00	1 232 397.00	61 626.00	41 079.90	143 794.00	82 159.80	2 054 200.00	1 369 330.00	3 423 530.00
本月生产费用	2 069 867.52	1 379 911.68	138 357.07	92 238.05	322 528.37	215 018.91	2 530 752.96	1 687 168.64	4 217 921.60
生产费用合计	3 918 647.52	2 612 308.68	199 983.07	133 317.95	466 322.37	297 178.71	4 584 952.96	3 056 498.64	7 641 451.60
约当总产量（台）	7 385.00	5 200.00	6 103.50	4 300.00	6 103.50	4 300.00			
单位成本	530.62	502.37	32.77	31.00	76.40	69.11	639.79	602.48	13 693.30
完工产量（台）	4 822.00	3 400.00	4 822.00	3 400.00	4 822.00	3 400.00	4 822.00	3 400.00	
完工产品成本	2 558 661.93	1 708 047.98	157 994.33	105 414.19	368 412.63	234 978.52	3 085 068.88	2 048 440.69	5 133 509.57
在产品约当产量	2 563.00	1 800.00	1 281.50	900.00	1 281.50	900.00			
月末在产品成本	1 359 985.59	904 260.70	41 988.75	27 903.76	97 909.74	62 200.20	1 499 884.08	1 008 057.95	2 494 248.73

原始凭证 67 – 3

二车间（加工）成本计算单

2017 年 12 月 31 日　　　　单位：元

项目	直接材料		直接人工		制造费用		小计		合计
	数控高密度机械手	螺旋输送机 LSY 型	数控高密度机械手	螺旋输送机 LSY 型	数控高密度机械手	螺旋输送机 LSY 型	数控高密度机械手	螺旋输送机 LSY 型	
月初在产品成本	733 720.92	489 272.99	6 070.08	4 047.76	18 969.00	12 649.25	758 760.00	505 970.00	1 264 730.00
本月生产费用	3 085 068.88	2 048 440.69					3 085 068.88	2 048 440.69	5 133 509.57
生产费用合计 上步结转	2 929 734.36	1 953 156.24	121 151.52	80 767.68	370 240.34	246 826.89	3 421 126.22	2 280 750.81	5 701 877.03
生产费用合计 本期发生	6 748 524.16	4 490 869.92	127 221.60	84 815.44	389 209.34	259 476.14	7 264 955.10	4 835 161.50	12 100 116.60
约当总产量（台）	5 318.00	3 710.00	3 906.50	2 850.00	3 906.50	2 850.00			
单位成本	1 269.00	1 210.48	32.57	29.76	99.63	91.04	1 401.19	1 331.28	
完工产量（台）	2 495.00	1 990.00	2 495.00	1 990.00	2 495.00	1 990.00	2 495.00	1 990.00	
完工产品成本	3 166 146.63	2 408 849.36	81 253.78	59 222.01	248 579.88	181 178.08	3 495 980.29	2 649 249.45	6 145 229.74
在产品约当产量（台）	2 823.00	1 720.00	1 411.50	860.00	1 411.50	860.00			
月末在产品成本	3 582 377.53	2 082 020.56	45 967.82	25 593.43	140 629.46	78 298.06	3 768 974.81	2 185 912.05	5 954 886.86

原始凭证 67 – 4

三车间（装配）成本计算单

2017 年 12 月 31 日　　　　单位：元

项目	直接材料		直接人工		制造费用		小计		合计
	数控高密度机械手	螺旋输送机 LSY 型	数控高密度机械手	螺旋输送机 LSY 型	数控高密度机械手	螺旋输送机 LSY 型	数控高密度机械手	螺旋输送机 LSY 型	
月初在产品成本	109 620.48	73 201.92	1 712.82	1 143.78	2 854.70	1 906.30	114 188.00	76 252.00	190 440.00
本月生产费用 上步结转	3 495 980.29	2 649 249.45					3 495 980.29	2 649 249.45	6 145 229.74
本月生产费用 本期发生	2 850 051.96	1 900 034.64	205 652.16	137 101.44	334 850.96	223 233.97	3 390 555.08	2 260 370.05	5 650 925.13
生产费用合计	6 455 652.73	4 622 486.01	207 364.98	138 245.22	337 705.66	225 140.27	7 000 723.37	4 985 871.50	11 986 594.87
约当总产量（台）	2 540.00	2 019.00	2 170.00	1 677.50	2 170.00	1 677.50			11 986 594.87
单位成本	2 541.60	2 289.49	95.56	82.41	155.62	134.21	2 792.78	2 506.12	
完工产量（台）	1 800.00	1 336.00	1 800.00	1 336.00	1 800.00	1 336.00	1 800.00	1 336.00	
完工产品成本	4 574 872.01	3 058 762.41	172 007.82	110 101.71	280 124.51	179 306.95	5 027 004.34	3 348 171.07	8 375 175.41
在产品约当产量（台）	740.00	683.00	370.00	341.50	370.00	341.50			
月末在产品成本	1 880 780.72	1 563 723.60	35 357.16	28 143.51	57 581.15	45 833.33	1 973 719.03	1 637 700.44	3 611 419.46

完工产品入库单

2017 年 12 月 31 日

序号	产品名称	规格型号	数量	单位成本	金额
1	数控高密度机械手		1 800	2 792.78	5 027 004.34
2	螺旋输送机	LSY 型	1 336	2 506.12	3 348 171.07
合计					8 375 175.41

车间负责人：　　质检员：　　编制：　　收货人：

68. 结转已售产品成本。

转账凭证

2017 年 12 月 31 日　　　　转　字第 54 号

摘要	会计科目		记账	借方金额											贷方金额										
	总账科目	明细科目		亿	千	百	十	万	千	百	十	元	角	分	亿	千	百	十	万	千	百	十	元	角	分
结转销售成本	主营业务成本		√			5	0	7	9	4	2	8	4	0											
	委托代销商品	数控机械手	√															8	3	7	8	3	4	0	0
	库存商品	螺旋——GL 型	√														1	2	6	3	3	6	0	0	0
		螺旋——LSY 型	√															3	0	0	7	3	4	4	0
		注塑——XYS	√															8	5	3	5	0	0	0	0
		注塑——AXV	√														1	8	2	4	0	0	0	0	0
合计金额					¥	5	0	7	9	4	2	8	4	0		¥	5	0	7	9	4	2	8	4	0

附单据壹张

财会主管：　　记账：　　复核：　　制单：

原始凭证 68－1

产品销售成本计算表

2017 年 12 月 31 日

已售产品	销售方式	销售量（台）	单位成本	销售成本总额	对方科目
GL 型螺旋输送机	托收承付	240	2 632	631 680.00	库存商品
GL 型螺旋输送机	赊销	240	2 632	631 680.00	库存商品
XYS760－P 型注塑机械手	赊销	200	1 707	341 400.00	库存商品
XYS760－P 型注塑机械手	现销	300	1 707	512 100.00	库存商品
AXV450RT 型注塑机械手	商业汇票	600	3 040	1 824 000.00	库存商品
数控高密度机械手	委托代销	300	2 792.78	837 834.00	委托代销商品
LSY 型螺旋输送机	分期收款销售	120	2 506.12	300 734.40	库存商品
合计				5 079 428.40	

69. 12 月 31 日，年末进行固定资产、存货盘点。盘点结果账实相符，无须会计处理（盘点报告单略）。

70. 12 月 31 日，计算各项流转税。

转账凭证

2017 年 12 月 31 日　　　　转　字第 55 号

摘要	会计科目		记账	借方金额											贷方金额										
	总账科目	明细科目		亿	千	百	十	万	千	百	十	元	角	分	亿	千	百	十	万	千	百	十	元	角	分
计算城建税、教育费附加	税金及附加		√					3	0	6	7	2	4	2					2	1	4	7	0	6	9
计算城建税、教育费附加	应交税费	应交城建税	√																	9	2	0	1	7	3
		应交教育费附加	√																						
合计金额							¥	3	0	6	7	2	4	2				¥	3	0	6	7	2	4	2

附单据壹张

财会主管：　　记账：　　复核：　　制单：

原始凭证 70 –1

各项流转税计算表

2017 年 12 月 31 日

税种	计税依据	税率	应纳税额
增值税	销项税额 1 275 503. 60 +进项税额转出 331. 50 –进项税额 969 110. 91 =应交增值税 306 724. 19	17%	306 724. 19×10%≈30 672. 42
城建税	30 672. 419	7%	21 470. 69
教育费附加	30 672. 419	3%	9 201. 73

71. 12 月 31 日，计算利润总额（期末结转）。

转账凭证

2017 年 12 月 31 日　　　　转　字第 56 –1/2 号

摘要	会计科目		记账	借方金额											贷方金额										
	总账科目	明细科目		亿	千	百	十	万	千	百	十	元	角	分	亿	千	百	十	万	千	百	十	元	角	分
损益类科目期末结转	本年利润		√			7	2	8	4	3	5	5	5	6											
	资产减值损失		√					8	5	2	4	3	3	1											
	主营业务成本		√														5	0	7	9	4	2	8	4	0
	税金及附加		√																3	0	6	7	2	4	2
	销售费用		√															1	3	5	3	9	2	0	0
	管理费用		√															5	0	7	7	3	4	1	8
合计金额																									

附单据零张

财会主管：　　记账：　　复核：　　制单：

转账凭证

2017 年 12 月 31 日　　　　　　转　字第 56－2/2 号

摘要	会计科目		记账	借方金额											贷方金额										
	总账科目	明细科目		亿	千	百	十	万	千	百	十	元	角	分	亿	千	百	十	万	千	百	十	元	角	分
损益类科目期末结转	财务费用		√															1	6	9	3	9	8	5	6
	其他业务成本		√														1	1	7	7	0	5	6	0	0
	营业外支出		√															2	6	9	7	9	9	3	9
	投资收益		√																		1	1	7	9	2
合计金额					¥	7	3	6	9	5	9	8	8	7		¥	7	3	6	9	5	9	8	8	7

附单据零张

财会主管：　　　　记账：　　　　复核：　　　　制单：

转账凭证

2017 年 12 月 31 日　　　　　　转　字第 57 号

摘要	会计科目		记账	借方金额											贷方金额										
	总账科目	明细科目		亿	千	百	十	万	千	百	十	元	角	分	亿	千	百	十	万	千	百	十	元	角	分
损益类科目期末结转	主营业务收入		√			5	9	2	4	6	8	0	0	0											
	其他业务收入		√			1	5	8	2	8	0	0	0	0											
	公允价值变动损益		√					4	0	1	5	0	0	0											
	营业外收入		√						8	3	0	0	0	0											
	本年利润																7	5	5	5	9	3	0	0	0
合计金额					¥	7	5	5	5	9	3	0	0	0		¥	7	5	5	5	9	3	0	0	0

附单据零张

财会主管：　　　　记账：　　　　复核：　　　　制单：

72. 纳税调整。

转账凭证

2017 年 12 月 31 日　　　　　　转　字第 58－1/2 号

摘要	会计科目		记账	借方金额											贷方金额										
	总账科目	明细科目		亿	千	百	十	万	千	百	十	元	角	分	亿	千	百	十	万	千	百	十	元	角	分
计算所得税费用	所得税		√				1	4	7	1	3	3	5	8											
计算所得税费用	应交税费	应交所得税	√															1	4	7	1	3	3	5	8
合计金额						¥	1	4	7	1	3	3	5	8			¥	1	4	7	1	3	3	5	8

附单据壹张

财会主管：　　　　记账：　　　　复核：　　　　制单：

转账凭证

2017 年 12 月 31 日　　　　　　　　转　字第 58 - 2/2 号

摘要	会计科目		记账	借方金额											贷方金额										
	总账科目	明细科目		亿	千	百	十	万	千	百	十	元	角	分	亿	千	百	十	万	千	百	十	元	角	分
本月所得税结转	本年利润	本月所得税结转	√				1	4	7	1	3	3	5	8											
本月所得税结转	所得税	本月所得税结转	√															1	4	7	1	3	3	5	8
合计金额						¥	1	4	7	1	3	3	5	8			¥	1	4	7	1	3	3	5	8

附单据壹张

财会主管：　　　　记账：　　　　复核：　　　　制单：

原始凭证 72 - 1

利润及所得税计算过程

12 月 31 日，所得税调整。计算全年应交所得税，并申报本月应交数。

提示：（1）全年营业费用中列支广告费管理费用中列支的业务招待费未超标；

（2）固定资产折旧计提未超过税务部门规定的标准；

（3）各种罚款和税收的滞纳金不允许税前扣除。

（4）税法规定坏账准备计提比例 0.5%。

1. 坏账准备。

按税法规定，按年末应收账款的 5‰计提：应提取坏账准备——400 203.17 元，实际提取——85 243.31 元，超标准 314 959.86 元。

2. 营业外支出。

环保局处以罚款 2 000 元，超税法标准 2 000 元。

合计：以上各项超标准合计 = 314 959.86 + 2 000 = 316 959.86 元

12 月利润 = 7 555 930 - 7 284 355.56 = 271 574.44 元

全年利润 = 271 574.44 + 14 951 611.76 = 15 223 186.2 元

全年应纳税所得额 = 15 223 186.2 + 316 959.86 = 15 540 146.06 元

全年应交所得税 = 15 540 146.06 × 25% = 3 885 036.52 元

12 月应缴纳所得税 = 3 885 036.52 - 3 737 902.94 = 147 133.58 元

全年净利 = 15 223 186.2 - 3 885 036.52 = 11 338 149.68 元

12 月净利 = 271 574.44 - 147 133.58 = 124 440.86 元

73. 12 月 31 日，将本年利润转入“未分配利润”，按照净利润 10% 提取法定盈余公积、15% 提取任意盈余公积，并将利润分配各明细科目的余额转入“未分配利润”。

转账凭证

2017 年 12 月 31 日　　　　转　字第 59 号

摘要	会计科目		记账	借方金额											贷方金额										
	总账科目	明细科目		亿	千	百	十	万	千	百	十	元	角	分	亿	千	百	十	万	千	百	十	元	角	分
本年利润结转未分配利润	本年利润	本月所得税结转	√				1	2	4	4	4	0	8	6											
	所得税	本月所得税结转	√															1	2	4	4	4	0	8	6
合计金额						¥	1	2	4	4	4	0	8	6			¥	1	2	4	4	4	0	8	6

附单据零张

财会主管：　　　　记账：　　　　复核：　　　　制单：

转账凭证

2017 年 12 月 31 日　　　　转　字第 60 号

摘要	会计科目		记账	借方金额											贷方金额										
	总账科目	明细科目		亿	千	百	十	万	千	百	十	元	角	分	亿	千	百	十	万	千	百	十	元	角	分
提取盈余公积	利润分配	提取法定盈余公积	√			1	1	3	3	8	1	4	9	7											
提取盈余公积		提取任意盈余公积	√			1	7	0	0	7	2	2	4	5											
提取盈余公积	盈余公积	提取法定盈余公积	√														1	1	3	3	8	1	4	9	7
提取盈余公积		提取任意盈余公积	√														1	7	0	0	7	2	2	4	5
合计金额					¥	2	8	3	4	5	3	7	4	2		¥	2	8	3	4	5	3	7	4	2

附单据壹张

财会主管：　　　　记账：　　　　复核：　　　　制单：

转账凭证

2017 年 12 月 31 日　　　　转　字第 61 号

摘要	会计科目		记账	借方金额											贷方金额										
	总账科目	明细科目		亿	千	百	十	万	千	百	十	元	角	分	亿	千	百	十	万	千	百	十	元	角	分
利润分配明细结转	利润分配	未分配利润	√			2	8	3	4	5	3	7	4	2											
利润分配明细结转	利润分配	提取法定盈余公积	√														1	1	3	3	8	1	4	9	7
利润分配明细结转		提取任意盈余公积	√														1	7	0	0	7	2	2	4	5
			√																						
合计金额					¥	2	8	3	4	5	3	7	4	2		¥	2	8	3	4	5	3	7	4	2

附单据零张

财会主管：　　　　记账：　　　　复核：　　　　制单：

原始凭证 73 – 1

利润分配计算表

2017 年 12 月 31 日

分配项目	比例	金额
全年实现净利润	100%	11 338 149. 68
提取法定盈余公积金	10%	1 133 814. 97
提取任意盈余公积金	15%	1 700 722. 45
2017 年度未分配利润	75%	8 503 616. 26

第四单元　实质性程序审计工作底稿模板

货币资金审定表

被审计单位：
项目：货币资金审定表
编制：
日期：

索引号：ZA
财务报表截止日/期间：
复核：
日期：

项目名称	期末未审数	账项调整		重分类调整		期末审定数	上期末审定数	索引号
		借方	贷方	借方	贷方			
库存现金								
银行存款								
其他货币资金								
小计								
合计								

审计结论

◆ 监盘库存现金：

（1）制订监盘计划，确定监盘时间；

（2）将盘点金额与现金日记账余额进行核对，如有差异，应要求被审计单位查明原因并做适当调整，如无法查明原因，应要求被审计单位按管理权限批准后作出调整；

（3）在非资产负债表日进行盘点时，应调整至资产负债表日的金额；

（4）若有充抵库存现金的借条、未提现支票、未作报销的原始凭证，需在盘点表中注明，如有必要应做调整。（特别关注数家公司混用现金保险箱的情况）

库存现金监盘表

被审计单位：	索引号：ZA1－1
项目：	财务报表截止日/期间：
编制：	复核：
日期：	日期：

检查盘点记录						实有库存现金盘点记录						
项目		项次	人民币	美元	某外币	面额	人民币		美元		某外币	
上一日账面库存余额		①					张	金额	张	金额	张	金额
盘点日未记账传票收入		②				100 元						
盘点日未记账传票支出		③				50 元						
盘点日账面应有金额		④＝①＋②－③				10 元						
盘点实有库存现金数额		⑤				5 元						
盘点日应有与实有差异		⑥＝④－⑤				2 元						
差异原因分析	白条抵库（张）					1 元						
						0.5 元						
						0.2 元						
						0.1 元						
						合计						
追溯调整	报表日至审计日库存现金付出											
	报表日至审计日库存现金收入											
	报表日库存现金应有余额											
	报表日账面汇率											
	报表日余额折合本位币金额											
本位币合计												

出纳员：　　　　会计主管人员：　　　　监盘人：　　　　检查日期：

审计说明：

◆ 获取或编制银行存款余额明细表，复核加计是否正确，并与总账数和日记账合计数核对是否相符。

银行存款明细表

被审计单位：	索引号：ZA2－1
项目：银行存款明细表	财务报表截止日/期间：
编制：	复核：
日期：	日期：

开户行	账号	是否系质押、冻结等对变现有限制或存在境外的款项	银行日记账原币余额	银行已收，企业未入账金额	银行已付，企业未入账金额	调整后银行日记账余额	银行对账单余额	企业已收，银行未入账金额	企业已付，银行未入账金额	调整后银行对账单余额	调整后是否相符
			①	②	③	④=①+②－③	⑤	⑥	⑦	⑧=⑤+⑥－⑦	
										－	
										－	
										－	
合计											

编制说明：1. 若账面余额（原币数）与银行对账单金额不一致，应另行检查银行存款余额调节表（见 ZA2－3）；

2. 银行存款、其他货币资金审计时均可使用该表，当其他货币资金使用时应修改索引号。

审计说明：

◆ 取得并检查银行存款余额调节表：

（1）取得被审计单位的银行存款余额对账单，并与银行询证函回函核对，确认是否一致，抽样核对账面记录的已付票据金额及存款金额是否与对账单记录一致；

（2）获取资产负债表日的银行存款余额调节表，检查调节表中加计数是否正确，调节后银行存款日记账余额与银行对账单余额是否一致；

（3）检查调节事项的性质和范围是否合理：检查是否存在跨期收支和跨行转账的调节事项。检查跨行转账业务是否同时对应转入和转出，未在同一期间完成的转账业务是否反映在余额调节表的调整事项中；

（4）检查是否存在未入账的利息收入和利息支出。

对银行存款余额调节表的检查

被审计单位：	索引号：ZA2－3
项目：对×××账户银行存款余额调节表的检查	财务报表截止日/期间：
编制：	复核：
日期：	日期：

开户银行：　　　　银行账号：　　　　币种：

审计说明：

项目	金额	调节项目说明	是否需要审计调整
银行对账单余额			
加：企业已收，银行尚未入账合计金额			
其中：1.			
减：企业已付，银行尚未入账合计金额			
其中：1.			
调整后银行对账单余额			
企业银行存款日记账余额			
加：银行已收，企业尚未入账合计金额			
其中：1.			
减：银行已付，企业尚未入账合计金额			
其中：1.			
调整后企业银行存款日记账余额			
经办会计人员（签字）：	会计主管（签字）：		

审计说明：

◆ 抽查大额货币资金收支的原始凭证，检查原始凭证是否齐全、记账凭证与原始凭证是否相符、账务处理是否正确、是否记录于恰当的会计期间等项内容。检查是否存在非营业目的的大额货币资金转移，并核对相关账户的进账情况；如有与被审计单位生产经营无关的收支，应查明原因并做相应的记录。

货币资金收支检查情况表

被审计单位：	索引号：ZA2-6
项目：货币资金收支情况检查	财务报表截止日/期间：
编制：	复核：
日期：	日期：

记账日期	凭证编号	业务内容	对应科目	金额	核对内容					备注
					1	2	3	4	5	
核对内容说明：①原始凭证是否齐全；②记账凭证与原始凭证是否相符；③账务处理是否正确；④是否记录于恰当的会计期间；⑤……										
对不符事项的处理：										

备注：当企业规模和业务量较大时，可分库存现金、银行存款、其他货币资金科目分别使用该表，应注意修改索引号。

审计说明：

交易性金融资产审定表

被审计单位：

项目：交易性金融资产

编制：

日期：

索引号：ZB1

财务报表截止日/期间：

复核：

日期：

项目名称	期末未审数	账项调整		重分类调整		期末审定数	上期末审定数	索引号
		借方	贷方	借方	贷方			
1. 交易性债券投资								
2. 交易性权益工具投资								
3. 指定为以公允价值计量且其变动计入当期损益的金融资产								
4. 衍生金融资产								
5. 其他								
合计								

审计结论：

◆ 获取或编制交易性金融资产明细表：

（1）复核加计正确，并与报表数、总账数和明细账合计数核对是否相符；

（2）检查非记账本位币交易性金融资产的折算汇率及折算是否正确；

（3）与被审计单位讨论以确定划分为交易性金融资产是否符合企业会计准则的规定。

交易性金融资产明细表

被审计单位：	索引号：ZB2
项目：交易性金融资产明细表	财务报表截止日/期间：
编制：	复核：
日期：	日期：

项目名称	期初余额	本期增加	本期减少	期末余额	备注
合计					

审计说明：

◆ 确定交易性金融资产的计价是否正确：

（1）复核交易性金融资产计价方法，检查其是否按公允价值计量，前后期是否一致；

（2）复核公允价值取得依据是否充分。公允价值与账面价值的差额是否计入公允价值变动损益科目。

交易性金融资产公允价值复核表

被审计单位：	索引号：ZB8
项目：交易性金融资产公允价值复核表	财务报表截止日/期间：
编制：	复核：
日期：	日期：

项目名称	账面数		复核						备注
	期末数量 ①	期末余额 ②	市价 ③	市价 来源	证券市值 ④ = ① × ③	差异 ⑤ = ② − ④	差异 原因	与上期计价方法是否一致	
合计									

审计说明：

应收票据审定表

被审计单位：	索引号：ZC1
项目：应收票据	财务报表截止日/期间：
编制：	复核：
日期：	日期：

项目名称	期末未审数	账项调整		重分类调整		期末审定数	上期末审定数	索引号
		借方	贷方	借方	贷方			
一、账面余额合计								
1. 关联方								
2. 非关联方								
二、坏账准备合计								
三、账面价值合计								

审计结论：

◆ 获取或编制应收票据明细表，复核加计是否正确，并与总账数和明细账合计数核对是否相符；结合坏账准备科目与报表数核对是否相符；检查逾期票据是否已转为应收账款。

应收票据明细表

被审计单位：	索引号：ZC2
项目：应收票据明细表	财务报表截止日/期间：
编制：	复核：
日期：	日期：

类别	票种	出票/背书单位	承兑单位	期末数	出票日	到期日	是否逾期	是否质押	期后转销情况	监盘情况	是否函证
关联方：											
非关联方：											
小计											
合计											

本期应收票据贴现情况	承兑单位	出票日	到期日	票面金额	贴现情况			承兑人到期兑付情况
					日期	单位	金额	

审计说明：

应收账款审定表

被审计单位：　　　　　　　　　　索引号：ZD1

项目：应收账款审定表　　　　　　财务报表截止日/期间：

编制：　　　　　　　　　　　　　复核：

日期：　　　　　　　　　　　　　日期：

项目名称	期末未审数	账项调整		重分类调整		期末审定数	上期末审定数	索引号
		借方	贷方	借方	贷方			
一、账面余额合计								
1 年以内								
1 年至 2 年								
2 年至 3 年								
3 年以上								
……								
二、坏账准备合计								
1 年以内								
1 年至 2 年								
2 年至 3 年								
3 年以上								
……								
三、账面价值合计								
1 年以内								
1 年至 2 年								
2 年至 3 年								
3 年以上								
……								

审计结论：

应收账款明细表

被审计单位：	索引号：ZD2
项目：应收账款明细表	财务报表截止日/期间：
编制：	复核：
日期：	日期：

项目名称	期末未审数					账项调整		重分类调整		期末审定数				
	合计	1年以内	1年至2年	2年至3年	3年以上	借方	贷方	借方	贷方	合计	1年以内	1年至2年	2年至3年	3年以上
一、关联方														
二、非关联方														
合计														

审计说明：

◆ 编制“应收账款函证结果汇总表”，对函证结果进行评价。核对回函内容与被审计单位账面记录是否一致，如不一致，分析不符事项的原因，检查销售合同、发运单等相关原始单据，分析被审计单位对于回函与账面记录之间差异的解释是否合理，编制“应收账款函证结果调节表”，并检查支持性凭证；如果不符事项构成错报，应重新考虑所实施审计程序的性质、时间和范围；

应收账款函证结果汇总表

被审计单位：	索引号：ZD4
项目：应收账款函证结果汇总表	财务报表截止日/期间：
编制：	复核：
日期：	日期：

一、应收账款函证情况列表

项目 单位名称	询证函编号	函证方式	函证日期		回函日期	账面金额	回函金额	经调节后是否存在差异	调节表索引号
			第一次	第二次					

二、对误差的分析

	金额
1. 已识别的误差	
2. 推断出的总体误差（扣除已识别的误差）	

审计说明：

◆ 对未函证应收账款实施替代审计程序。抽查有关原始凭据，如销售合同、销售订单、销售发票副本、发运凭证及回款单据等，以验证与其相关的应收账款的真实性。

应收账款替代测试表

被审计单位：	索引号：ZD6
项目：应收账款——（单位名称）替代测试	财务报表截止日/期间：
编制：	复核：
日期：	日期：

一、期初余额							
二、借方发生额							
入账金额				检查内容（用“√”“×”表示）			
序号	日期	凭证号	金额	①	②	③	……
1							
2							
3							
小计							
全年借方发生额合计							
测试金额占全年借方发生额的比例							
三、贷方发生额							
入账金额				检查内容（用“√”“×”表示）			
序号	日期	凭证号	金额	①	②	③	……
1							
2							
3							
……							
小计							
全年贷方发生额合计							
测试金额占全年贷方发生额的比例							
四、期末余额							
五、期后收款检查							
检查内容说明：①原始凭证是否齐全；②记账凭证与原始凭证是否相符；③账务处理是否正确；④是否记录于恰当的会计期间；⑤……							

审计说明：

◆ 评价坏账准备计提的适当性：（1）取得或编制坏账准备计算表，复核加计正确，与坏账准备总账数、明细账合计数核对相符。将应收账款坏账准备本期计提数与资产减值损失相应明细项目的发生额核对，是否相符。（2）检查应收账款坏账准备计提和核销的批准程序，取得书面报告等证明文件。评价计提坏账准备所依据的资料、假设及方法；复核应收账款坏账准备是否按经股东（大）会或董事会批准的既定方法和比例提取，其计算和会计处理是否正确。（3）根据账龄分析表，选取金额大于的账户，逾期超过天账户，以及认为必要的其他账户。复核并测试所选取账户期后收款情况。针对所选取账户，与授信部门经理或其他负责人员讨论其可收回性，并复核往来函件或其他相关信息，以支持被审计单位就此作出的声明。针对坏账准备计提不足情况进行调整。（4）实际发生坏账损失的，检查转销依据是否符合有关规定，会计处理是否正确。（5）已经确认并转销的坏账重新收回的，检查其会计处理是否正确。

应收账款坏账准备计算表

被审计单位：	索引号：ZD7
项目：应收账款坏账准备计算表	财务报表截止日/期间：
编制：	复核：
日期：	日期：

<table>
<tr><td colspan="5">计算过程</td><td>索引号</td></tr>
<tr><td colspan="4">一、坏账准备本期期末应有金额① = ② + ③</td><td>①</td><td></td></tr>
<tr><td colspan="6">1. 期末单项金额重大且有客观证据表明发生了减值的应收款项对应坏账准备应有余额</td></tr>
<tr><td colspan="2">单位名称</td><td colspan="3">金额</td><td></td></tr>
<tr><td colspan="2"></td><td colspan="3"></td><td></td></tr>
<tr><td colspan="2">合计</td><td colspan="3">②</td><td></td></tr>
<tr><td colspan="6">2. 期末单项金额非重大以及经单独测试后未减值的单项金额重大的应收款项对应坏账准备应有余额</td></tr>
<tr><td>项目</td><td>账龄</td><td>应收款项余额</td><td>坏账准备计提比例</td><td>坏账准备应有余额</td><td></td></tr>
<tr><td>应收账款</td><td>1 年以内（含 1 年）</td><td></td><td>×%</td><td></td><td></td></tr>
<tr><td></td><td>1～2 年（含 2 年）</td><td></td><td>×%</td><td></td><td></td></tr>
<tr><td></td><td>2～3 年（含 3 年）</td><td></td><td>×%</td><td></td><td></td></tr>
<tr><td></td><td>3 年以上</td><td></td><td>×%</td><td></td><td></td></tr>
<tr><td></td><td>合计</td><td></td><td></td><td>③</td><td></td></tr>
<tr><td colspan="4">二、坏账准备上期审定数</td><td>④</td><td></td></tr>
<tr><td colspan="6">三、坏账准备本期转出（核销）金额</td></tr>
<tr><td colspan="2">单位名称</td><td colspan="3">金额</td><td></td></tr>
<tr><td colspan="2"></td><td colspan="3"></td><td></td></tr>
<tr><td colspan="2"></td><td colspan="3"></td><td></td></tr>
<tr><td colspan="2">合计</td><td colspan="3">⑤</td><td></td></tr>
<tr><td colspan="4">四、计算坏账准备本期全部应计提金额</td><td></td><td></td></tr>
<tr><td colspan="4">⑥ = ① − ④ + ⑤</td><td>⑥</td><td></td></tr>
</table>

审计说明：

预付账款审定表

被审计单位：	索引号：ZE1
项目：预付账款	财务报表截止日/期间：
编制：	复核：
日期：	日期：

项目名称	期末未审数	账项调整		重分类调整		期末审定数	上期末审定数	索引号
		借方	贷方	借方	贷方			
一、账面余额合计								
1年以内								
1年至2年								
2年至3年								
3年以上								
……								
二、坏账准备合计								
1年以内								
1年至2年								
2年至3年								
3年以上								
……								
三、账面价值合计								
1年以内								
1年至2年								
2年至3年								
3年以上								
……								

审计结论：

◆ 获取或编制预付账款明细表：

（1）复核加计是否正确，并与总账数和明细账合计数核对是否相符，结合坏账准备科目与报表数核对是否相符；

（2）结合应付账款明细账审计，查核有无重复付款或将同一笔已付清的账款在预付账款和应付账款两个科目中同时挂账的情况；

（3）分析出现贷方余额的项目，查明原因，必要时建议进行重新分类调整；

（4）对期末预付账款余额与上期期末余额进行比较，解释其波动原因。

预付账款明细表

被审计单位：　　　　　　　　　　索引号：ZE2

项目：预付账款明细表　　　　　　财务报表截止日/期间：

编制：　　　　　　　　　　　　　复核：

日期：　　　　　　　　　　　　　日期：

项目名称	期末未审数					账项调整		重分类调整		期末审定数				
	合计	≤1 年	1~2 年	2~3 年	≥3 年	借方	贷方	借方	贷方	合计	≤1 年	1~2 年	2~3 年	≥3 年
一、关联方														
二、非关联方														
合计														

审计说明：

◆ 选择预付账款的重要项目函证其余额和交易条款，对未回函的再次发函或实施替代的检查程序（检查原始凭单，如合同、发票、验收单，核实预付账款的真实性）。

预付账款检查表

被审计单位：	索引号：ZE3
项目：预付账款检查表	财务报表截止日/期间：
编制：	复核：
日期：	日期：

记账日期	凭证编号	业务内容	对应科目	金额	核对内容（用“√”“×”表示）					备注
					1	2	3	4	5	
核对内容说明：①原始凭证是否齐全；②记账凭证与原始凭证是否相符；③是否经过授权批准；④账务处理是否正确；⑤……										

审计说明：

其他应收款审定表

被审计单位：　　　　索引号：ZH1

项目：其他应收款　　　　财务报表截止日/期间：

编制：　　　　复核：

日期：　　　　日期：

项目	期末未审数	账项调整		重分类调整		期末审定数	上期末审定数	索引号
		借方	贷方	借方	贷方			
一、账面余额合计								
1年以内								
1年至2年								
2年至3年								
3年以上								
……								
二、坏账准备合计								
1年以内								
1年至2年								
2年至3年								
3年以上								
……								
三、账面价值合计								
1年以内								
1年至2年								
2年至3年								
3年以上								
……								

审计结论：

◆ 获取或编制其他应收款明细表：

（1）复核加计正确，并与总账数和明细账合计数核对是否相符，结合坏账准备科目与报表数核对是否相符；

（2）了解重大明细项目的其他应收款内容及性质，进行类别分析，重点关注是否存在资金被关联企业（或实际控制人）大量占用、变相拆借资金、隐形投资、误用会计科目、或有损失等现象；

（3）结合应收账款、其他应付款等明细余额，检查是否有同时挂账的项目，核算内容是否重复，必要时作出适当调整；

（4）分析有贷方余额的项目，查明原因，必要时，作重分类调整；

（5）标识重要明细户。

其他应收款明细表

被审计单位：　　　　　　　　索引号：ZH2

项目：　　　　　　　　　　　财务报表截止日/期间：

编制：　　　　　　　　　　　复核：

日期：　　　　　　　　　　　日期：

项目名称	期末未审数					账项调整		重分类调整		期末审定数				
	合计	1年以内	1年至2年	2年至3年	3年以上	借方	贷方	借方	贷方	合计	1年以内	1年至2年	2年至3年	3年以上
合计														

审计说明：

其他应收款坏账准备计算表

被审计单位：	索引号：ZH4
项目：其他应收款坏账准备计算表	财务报表截止日/期间：
编制：	复核：
日期：	日期：

计算过程					索引号
一、坏账准备本期期末应有金额（1）=（2）+（3）				（1）	
1. 期末单项金额重大且有客观证据表明发生了减值的其他应收款对应坏账准备应有余额					
单位名称		金额			
单位甲					
单位乙					
……					
合计		（2）			
2. 期末单项金额非重大以及经单独测试后未减值的单项金额重大的其他应收款对应坏账准备应有余额					
项目	账龄	应收款项余额	坏账准备计提比例	坏账准备应有余额	
其他应收款	1年以内（含1年）		×%		
	1~2年（含2年）		×%		
	2~3年（含3年）		×%		
	3年以上		×%		
	合计			（3）	
二、坏账准备上期审定数				（4）	
三、坏账准备本期转出（核销）金额					
单位名称		金额			
单位丙					
单位丁					
……					
合计		（5）			
四、计算坏账准备本期全部应计提金额					
（6）=（1）-（4）+（5）				（6）	

审计说明：

存货审定表

被审计单位：	索引号：ZH
项目：存货	财务报表截止日/期间：
编制：	复核：
日期：	日期：

存货项目	期末未审数	账项调整		重分类调整		期末审定数	上期末审定数	索引号
		借方	贷方	借方	贷方			
一、存货账面余额								
原材料								
材料采购								
在途物资								
周转材料								
低值易耗品								
包装物								
库存商品								
在产品								
劳务成本								
委托加工物资								
发出商品								
合计								
二、存货跌价准备								
原材料								
材料采购								
在途物资								
周转材料								
低值易耗品								
包装物								
库存商品								

续表

存货项目	期末未审数	账项调整		重分类调整		期末审定数	上期末审定数	索引号
		借方	贷方	借方	贷方			
在产品								
劳务成本								
委托加工物资								
发出商品								
合计								
三、存货账面价值								
原材料								
材料采购								
在途物资								
周转材料								
低值易耗品								
包装物								
库存商品								
在产品								
劳务成本								
委托加工物资								
发出商品								
……								
合计								

审计结论：

存货类别明细表

被审计单位：	索引号：ZI2
项目：存货明细表	财务报表截止日/期间：
编制：	复核：
日期：	日期：

存货类别	名称及规格	期初余额	本期增加	本期减少	期末余额	备注
材料采购：（1）						
（2）						
原材料：（1）						
（2）						
材料成本差异						
库存商品						
周转材料						
在产品						

审计说明：

存货监盘结果汇总表

被审计单位：

项目：存货监盘结果汇总表

编制：

日期：

索引号：ZI5－2

财务报表截止日/期间：

复核：

日期：

存货类别	存货名称	单位	监盘数量	未经确认盘点报告数量	差异数量	差异原因	索引号	审计确认盘点报告数量
监盘人员签名								

编制说明：本表适用于监盘日（盘点日）为财务报表截止日的情况。

审计说明：

存货明细账与盘点报告（记录）核对表

被审计单位：　　　　　　　　　　　　　　索引号：ZI5－3

项目：存货明细账与盘点报告记录核对表　　财务报表截止日/期间：

编制：　　　　　　　　　　　　　　　　　复核：

日期：　　　　　　　　　　　　　　　　　日期：

一、从明细账中选取具有代表性的样本将明细账上的存货数量与经确认盘点报告的数量核对：

序号	地点	样本描述		期末存货明细账记录			获取的存货清单	索引号	经确认的期末存货盘点表	数量差异 ④＝①－② 或②－③	差异分析及处理
		类别	型号	单价	数量①	金额	数量②		数量③		

二、从经确认的盘点报告中抽取有代表性的样本将盘点报告的数量与存货明细账核对：

序号	地点	样本描述		索引号	经确认的期末存货盘点表	期末存货明细账记录			被审计单位提供的存货清单的数量③	数量差异 ④＝①－② 或①－③	差异分析及处理
		存货类别	存货型号		数量①	单价	数量②	金额			

编制说明：本表适用于监盘日（盘点日）为财务报表截止日的情况。

审计说明：

存货计价测试表

被审计单位：	索引号：ZI7
项目：存货计价测试表	财务报表截止日/期间：
编制：	复核：
日期：	日期：

品名及规格：

存货种类	期初数			增加			减少（计价方法：）			结存		
	数量	单价	金额	数量	单价	金额	数量	单价	金额	数量	单价	金额
合计												

注：本表适用于原材料、库存商品、发出商品等。

审计说明：

存货跌价准备测试表

被审计单位：	索引号：ZI8
项目：存货跌价准备测试表	财务报表截止日/期间：
编制：	复核：
日期：	日期：

序号	存货明细项目	期末余额	期末可变现净值	期末应计提跌价准备	期末已计提跌价准备	本期应补提跌价准备
合计						

审计说明：

生产成本检查表

被审计单位：　　　　　　　　索引号：ZI10

项目：生产成本检查表　　　　财务报表截止日/期间：

编制：　　　　　　　　　　　复核：

日期：　　　　　　　　　　　日期：

车间产品	投产数量（　　）	成本项目					完工转出（成本结转方法：　　）		
		直接材料	直接人工	制造费用		合计	数量	总成本	余额
一车间　下料									
其中：									
二车间　加工									
其中：									
三车间　装配									
其中：									

审计说明：

直接材料成本情况检查表

被审计单位：	索引号：ZH0－1
项目：直接材料成本情况检查表	财务报表截止日/期间：
编制：	复核：
日期：	日期：

月份	产品名称及规格	金额	检查内容（用"√""×"表示）								附件描述
			1	2	3	4	5	6	7	8	

检查内容说明：
①材料耗用量与材料领料单汇总核对是否相符；
②材料分配汇总表中该产品分配的直接材料成本与材料耗用量核对是否相符；
③材料成本在不同产品间的分配标准与计算方法是否合理和适当；
④材料成本在某产品完工产品和在产品中的分配标准和计算方法是否合理和适当；
⑤采用标准成本或定额成本的标准材料成本或定额成本的确定是否合理，材料成本差异的计算和分配是否正确；
⑥直接材料的定额成本、标准成本本期有无变化；
⑦……

审计说明：

直接人工成本情况检查表

被审计单位：	索引号：ZI10－2
项目：直接人工成本情况检查表	财务报表截止日/期间：
编制：	复核：
日期：	日期：

月份	产品名称及规格	金额	检查内容（用“√”“×”表示）								附件描述
			1	2	3	4	5	6	7	8	

检查内容说明：
①直接人工汇总表与应付职工薪酬、人事部门工时记录等核对是否相符；
②直接人工汇总表中的人工成本是否包括五险一金（养老、医疗、失业、工伤、生育险及住房公积金）及两费（工会经费及教育经费）；
③直接人工成本分配表与直接人工汇总表核对是否相符；
④直接人工成本在不同产品间的分配标准与计算方法是否合理和适当；
⑤直接人工成本在某产品完工产品和在产品中的分配标准和计算方法是否合理和适当；
⑥采用标准成本或定额成本的标准人工成本或定额成本的确定是否合理直接人工成本差异的计算和分配是否正确；
⑦直接人工标准成本或定额成本本年度有无重大变化；
⑧……

审计说明：

制造费用情况检查表

被审计单位：

项目：制造费用情况检查表

编制：

日期：

索引号：ZI10－4

财务报表截止日/期间：

复核：

日期：

月份	名称及规格	金额	检查内容（用“√”“×”表示）								备注
			1	2	3	4	5	6	7	8	

检查内容说明：
①核算制造费用的内容及范围是否正确；
②制造费用汇总表与相关费用项目（如折旧费用）等核对是否相符；
③制造费用在不同产品间的分配标准与计算方法是否合理和适当；
④制造费用在某产品完工产品和在产品中的分配标准和计算方法是否合理和适当；
⑤采用标准成本法的标准制造费用的确定是否合理制造费用差异的计算和分配是否正确；
⑥标准制造费用本年度有无重大变化；
⑦是否存在异常会计事项；
⑧……

审计说明：

固定资产审定表

被审计单位：
项目：固定资产
编制：
日期：

索引号：Z01
财务报表截止日/期间：
复核：
日期：

项目名称	期末未审数	账项调整		重分类调整		期末审定数	上期末审定数
		借方	贷方	借方	贷方		
一、固定资产原值合计							
其中：房屋、建筑物							
机器设备							
运输工具							
……							
二、累计折旧合计							
其中：房屋、建筑物							
机器设备							
运输工具							
……							
三、减值准备合计							
其中：房屋、建筑物							
机器设备							
运输工具							
……							
四、账面价值合计							
其中：房屋、建筑物							
机器设备							
运输工具							
……							

审计结论：

◆ 获取或编制固定资产、累计折旧及减值准备明细表，复核加计是否正确，并与总账数和明细账合计数核对是否相符，结合累计折旧和固定资产减值准备与报表数核对是否相符。

固定资产、累计折旧及减值准备明细表

被审计单位：	索引号：Z02
项目：固定资产、累计折旧及减值准备明细表	财务报表截止日/期间：
编制：	复核：
日期：	日期：

项目名称	期初余额	本期增加	本期减少	期末余额	备注
一、原价合计					
其中：房屋、建筑物					
机器设备					
运输工具					
……					
二、累计折旧合计					
其中：房屋、建筑物					
机器设备					
运输工具					
……					
三、固定资产减值准备合计					
其中：房屋、建筑物					
机器设备					
运输工具					
……					
四、固定资产账面价值合计					
其中：房屋、建筑物					
机器设备					
运输工具					
……					

编制说明：备注栏可填列固定资产的使用年限、剩余使用年限、残值率和年折旧率等情况。

审计说明：

◆ 实地检查重要固定资产（如为首次接受审计，应适当扩大检查范围），确定其是否存在，关注是否存在已报废但仍未核销的固定资产。

固定资产盘点检查情况表

被审计单位：	索引号：ZO3
项目：固定资产盘点检查情况表	财务报表截止日/期间：
编制：	复核：
日期：	日期：

序号	名称	规格型号	计量单位	单价	账面结存		被审计单位盘点			实际检查			备注
					数量	金额	数量	金额	盈亏（+、-）	数量	金额	盈亏（+、-）	

检查时间：　　　　检查地点：　　　　检查人：　　　　盘点检查比例：

审计说明：

◆ 检查本期固定资产的增加：（1）询问管理层当年固定资产的增加情况，并与获取或编制的固定资产明细表进行核对；（2）检查本年度增加固定资产的计价是否正确，手续是否齐备，会计处理是否正确；（3）检查固定资产是否存在弃置费用，如果存在弃置费用，检查弃置费用的估计方法和弃置费用现值的计算是否合理，会计处理是否正确。

固定资产增加检查表

被审计单位：　　　　索引号：Z04

项目：固定资产增加检查表　　　　财务报表截止日/期间：

编制：　　　　复核：

日期：　　　　日期：

固定资产名称	取得日期	取得方式	固定资产类别	增加情况		凭证号	核对内容（用“√”“×”表示）							
				数量	原价		1	2	3	4	5	6	7	8

核对内容说明：①与发票是否一致；②与付款单据是否一致；③与购买/建造合同是否一致；④与验收报告或评估报告等是否一致；⑤审批手续是否齐全；⑥与在建工程转出数核对是否一致；⑦会计处理是否正确（入账日期和入账金额）；⑧……

审计说明：

◆ 检查本期固定资产的减少：（1）结合固定资产清理科目，抽查固定资产账面转销额是否正确；（2）检查出售、盘亏、转让、报废或毁损的固定资产是否经授权批准，会计处理是否正确；（3）检查因修理、更新改造而停止使用的固定资产的会计处理是否正确；（4）检查投资转出固定资产的会计处理是否正确；（5）检查债务重组或非货币性资产交换转出固定资产的会计处理是否正确；（6）检查其他减少固定资产的会计处理是否正确。

固定资产减少检查表

被审计单位：	索引号：Z05
项目：固定资产减少检查表	财务报表截止日/期间：
编制：	复核：
日期：	日期：

固定资产名称	取得日期	处置方式	处置日期	固定资产原价	累计折旧	减值准备	账面价值	处置收入	净损益	索引号	核对内容（用“√”“×”表示）				
											1	2	3	4	5
核对内容说明：①与收款单据是否一致；②与合同是否一致；③审批手续是否完整；④会计处理是否正确；⑤ ……															

审计说明：

◆ 检查累计折旧：（1）检查被审计单位制定的折旧政策和方法是否符合相关会计准则的规定，确定其所采用的折旧方法能否在固定资产预计使用寿命内合理分摊其成本，前后期是否一致，预计使用寿命和预计净残值是否合理。（2）复核本期折旧费用的计提和分配：1）了解被审计单位的折旧政策是否符合规定，计提折旧范围是否正确，确定的使用寿命、预计净残值和折旧方法是否合理；如采用加速折旧法，是否取得批准文件；2）检查被审计单位折旧政策前后期是否一致；3）复核本期折旧费用的计提是否正确，尤其关注已计提减值准备的固定资产的折旧；4）检查折旧费用的分配方法是否合理，是否与上期一致；分配计入各项目的金额占本期全部折旧计提额的比例与上期比较是否有重大差异；5）注意固定资产增减变动时，折旧的会计处理是否符合规定，折旧费用计算是否正确；（3）将“累计折旧”账户贷方的本期计提折旧额与相应的成本费用中的折旧费用明细账户的借方相比较，检查本期所计提折旧金额是否已全部摊入本期产品成本或费用。若存在差异，应追查原因，并考虑是否应建议做适当调整；（4）检查累计折旧的减少是否合理、会计处理是否正确。

折旧计算检查表

被审计单位：	索引号：Z07
项目：折旧计算检查表	财务报表截止日/期间：
编制：	复核：
日期：	日期：

固定资产类别	使用年限	固定资产原值	残值率	累计折旧期初余额	减值准备期初余额	本期应提折旧	本期已提折旧	差异

审计说明：

短期借款审定表

被审计单位：　　　　　　　　　　索引号：FA1

项目：短期借款　　　　　　　　　财务报表截止日/期间：

编制：　　　　　　　　　　　　　复核：

日期：　　　　　　　　　　　　　日期：

项目名称	期末未审数	账项调整		重分类调整		期末审定数	上期末审定数	索引号
		借方	贷方	借方	贷方			
信用借款								
抵押借款								
质押借款								
保证借款								
合计								

审计结论：

◆ 获取或编制短期借款明细表：（1）复核加计正确，并与报表数、总账数和明细账合计数核对是否相符；（2）检查非记账本位币短期借款的折算汇率及折算金额是否正确，折算方法是否前后期一致。

短期借款明细表

被审计单位：	索引号：FA2
项目：短期借款明细表	财务报表截止日/期间：
编制：	复核：
日期：	日期：

贷款银行	借款期限		期初余额		本期增加			本期归还		期末余额		本期应计利息	本期实计利息	差异	借款条件	借款用途	备注
	借款日	约定	利率	本金	日期	利率	本金	日期	本金	利率	本金						

审计说明：

◆ 复核短期借款利息：根据短期借款的利率和期限，检查被审计单位短期借款的利息计算是否正确；如有未计利息和多计利息，应作出记录，必要时提请进行调整。

利息分配情况检查表

被审计单位：	索引号：FA3
项目：利息分配情况检查表	财务报表截止日/期间：
编制：	复核：
日期：	日期：

项目名称	实际利息	利息（实际利息）分配数						核对是否正确	差异原因
		财务费用	在建工程	制造费用	研发支出	…	合计		
合计									

编制说明：
1. 项目名称按短期借款的明细科目列示；
2. 实际利息按照摊余成本与实际利率（实际利率与合同利率差异不大的除外）计算。

审计说明：

应付票据审定表

被审计单位：

项目：应付票据

编制：

日期：

索引号：FC1

财务报表截止日/期间：

复核：

日期：

票据类别	期末未审数	账项调整		重分类调整		期末审定数	上期末审定数	索引号
		借方	贷方	借方	贷方			
合计								

审计结论：

◆ 获取或编制应付票据明细表：（1）复核加计正确，并与报表数、总账数和明细账合计数核对是否相符；（2）与应付票据备查簿的以下有关内容核对相符：商业汇票的种类、号数和出票日期、到期日、票面金额、交易合同号和收款人姓名或单位名称以及付款日期和金额等。

应付票据明细表

被审计单位：	索引号：FC2
项目：应付票据明细表	财务报表截止日/期间：
编制：	复核：
日期：	日期：

票据类别	票据关系人			合同号	出票日期	票面金额	已计利息	到期日期	利息率	到期应计利息	付息条件	备注
	出票人	承兑人	收款人									

编制说明：1. 票据类别应按商业承兑汇票、银行承兑汇票分别列示；
2. 与收款人是否存在关联关系，在“备注”栏中说明；
3. 如果涉及非记账本位币的应付票据，应注明外币金额和折算汇率。

审计说明：

应付票据检查表

被审计单位：	索引号：FC3
项目：应付票据检查表	财务报表截止日/期间：
编制：	复核：
日期：	日期：

记账日期	凭证编号	业务内容	对应科目	金额	核对内容（用“√”“×”表示）					备注
					1	2	3	4	5	
核对内容说明：①原始凭证是否齐全；②记账凭证与原始凭证是否相符；③是否经授权批准；④账务处理是否正确；⑤……										

审计说明：

应付账款审定表

被审计单位：　　　　　　　　索引号：FD1

项目：应付账款　　　　　　　财务报表截止日/期间：

编制：　　　　　　　　　　　复核：

日期：　　　　　　　　　　　日期：

项目名称	期末未审数	账项调整		重分类调整		期末审定数	上期末审定数	索引号
		借方	贷方	借方	贷方			
一、关联方：								
小计								
二、非关联方：								
小计								
合计								

审计结论：

◆ 获取或编制应付账款明细表：（1）复核加计正确，并与报表数、总账数和明细账合计数核对是否相符；（2）分析出现借方余额的项目，查明原因，必要时做重分类调整；（3）结合预付账款等往来项目的明细余额，调查有无同挂的项目、异常余额或与购货无关的其他款项（如关联方账户或雇员账户），如有，应作出记录，必要时做调整。

应付账款明细表

被审计单位：	索引号：FD2
项目：应付账款明细表	财务报表截止日/期间：
编制：	复核：
日期：	日期：

单位名称	借方余额			贷方余额			合计			备注
	原币	汇率	折合本位币	原币	汇率	折合本位币	原币	汇率	折合本位币	
一、关联方										
小计										
二、非关联方										
小计										
合计										

审计说明：

◆ 检查债务形成的相关原始凭证，如供应商发票、验收报告或入库单等，查找有无未及时入账的应付账款，确定应付账款金额的准确性。

应付账款核对表

被审计单位：	索引号：FD4
项目：应付账款核对表	财务报表截止日/期间：
编制：	复核：
日期：	日期：

序号	记账凭证			摘要	入库单			购货发票			入库单与发票的核对情况	明细账与发票核对情况
	编号	日期	金额		编号	日期	金额	日期	供应商名称	金额		

核对要点：
①入库单中的货物名称、数量、单价及金额与购货发票核对是否一致；
②记账凭证内容与购货发票核对是否一致。

审计说明：

应付职工薪酬审定表

被审计单位：	索引号：FF1
项目：应付职工薪酬	财务报表截止日/期间：
编制：	复核：
日期：	日期：

<table>
<tr><th rowspan="2">项目名称</th><th rowspan="2">期末未审数</th><th colspan="2">账项调整</th><th colspan="3">重分类调整</th><th rowspan="2">期末审定数</th><th rowspan="2">上期审定数</th><th rowspan="2">索引号</th></tr>
<tr><th>借方</th><th>贷方</th><th>借方</th><th colspan="2">贷方</th></tr>
<tr><td>1. 工资</td><td></td><td></td><td></td><td></td><td></td><td></td><td></td><td></td><td></td></tr>
<tr><td>2. 奖金</td><td></td><td></td><td></td><td></td><td></td><td></td><td></td><td></td><td></td></tr>
<tr><td>3. 津贴</td><td></td><td></td><td></td><td></td><td></td><td></td><td></td><td></td><td></td></tr>
<tr><td>4. 补贴</td><td></td><td></td><td></td><td></td><td></td><td></td><td></td><td></td><td></td></tr>
<tr><td>5. 职工福利</td><td></td><td></td><td></td><td></td><td></td><td></td><td></td><td></td><td></td></tr>
<tr><td>6. 社会保险费</td><td></td><td></td><td></td><td></td><td></td><td></td><td></td><td></td><td></td></tr>
<tr><td>（1）医疗保险费</td><td></td><td></td><td></td><td></td><td></td><td></td><td></td><td></td><td></td></tr>
<tr><td>（2）养老保险费</td><td></td><td></td><td></td><td></td><td></td><td></td><td></td><td></td><td></td></tr>
<tr><td>（3）失业保险费</td><td></td><td></td><td></td><td></td><td></td><td></td><td></td><td></td><td></td></tr>
<tr><td>（4）工伤保险费</td><td></td><td></td><td></td><td></td><td></td><td></td><td></td><td></td><td></td></tr>
<tr><td>（5）生育保险费</td><td></td><td></td><td></td><td></td><td></td><td></td><td></td><td></td><td></td></tr>
<tr><td>7. 住房公积金</td><td></td><td></td><td></td><td></td><td></td><td></td><td></td><td></td><td></td></tr>
<tr><td>8. 工会经费</td><td></td><td></td><td></td><td></td><td></td><td></td><td></td><td></td><td></td></tr>
<tr><td>9. 职工教育经费</td><td></td><td></td><td></td><td></td><td></td><td></td><td></td><td></td><td></td></tr>
<tr><td>10. 非货币性福利</td><td></td><td></td><td></td><td></td><td></td><td></td><td></td><td></td><td></td></tr>
<tr><td>11. 辞退福利</td><td></td><td></td><td></td><td></td><td></td><td></td><td></td><td></td><td></td></tr>
<tr><td>12. 以现金结算的股份支付</td><td></td><td></td><td></td><td></td><td></td><td></td><td></td><td></td><td></td></tr>
<tr><td>……</td><td></td><td></td><td></td><td></td><td></td><td></td><td></td><td></td><td></td></tr>
<tr><td>合计</td><td></td><td></td><td></td><td></td><td></td><td></td><td></td><td></td><td></td></tr>
</table>

审计结论：

应付职工薪酬明细表

被审计单位：　　　　　　　　　　　　　　索引号：FF2

项目：应付职工薪酬明细表　　　　　　　　财务报表截止日/期间：

编制：　　　　　　　　　　　　　　　　　复核：

日期：　　　　　　　　　　　　　　　　　日期：

项目名称	期初数	本期增加	本期减少	期末数	备注
1. 工资					
2. 奖金					
3. 津贴					
4. 补贴					
5. 职工福利					
6. 社会保险费					
（1）医疗保险费					
（2）养老保险费					
（3）失业保险费					
（4）工伤保险费					
（5）生育保险费					
7. 住房公积金					
8. 工会经费					
9. 职工教育经费					
10. 非货币性福利					
11. 辞退福利					
12. 以现金结算的股份支付					
……					
合计					

审计说明：

应付职工薪酬计提情况检查表

被审计单位：

项目：应付职工薪酬计提情况检查表

编制：

日期：

索引号：FF3

财务报表截止日/期间：

复核：

日期：

项目名称	已计提金额	应计提基数	计提比率	应计提金额	应提与已提的差异	备注
1. 工资						
2. 奖金						
3. 津贴						
4. 补贴						
5. 职工福利						
6. 社会保险费						
（1）医疗保险费						
（2）养老保险费						
（3）失业保险费						
（4）工伤保险费						
（5）生育保险费						
7. 住房公积金						
8. 工会经费						
9. 职工教育经费						
10. 非货币性福利						
11. 辞退福利						
12. 以现金结算的股份支付						
……						
合计						

审计说明：

应交税费审定表

被审计单位：
项目：应交税费
编制：
日期：

索引号：FG1
财务报表截止日/期间：
复核：
日期：

项目名称	期末未审数	账项调整		重分类调整		期末审定数	上期末审定数	索引号
		借方	贷方	借方	贷方			
1. 企业所得税								
2. 增值税								
3. 营业税								
4. 消费税								
5. 资源税								
6. 土地增值税								
7. 土地使用税								
8. 房产税								
9. 车船税								
10. 城市维护建设税								
11. 教育费附加								
12. 矿产资源补偿费								
13. 代扣代缴个人所得税								
……								
合计								

审计结论：

应交增值税明细表

被审计单位：	索引号：FG3
项目：应交增值税明细表	财务报表截止日/期间：
编制：	复核：
日期：	日期：

项目	本年数	备注
一、应交增值税		
1. 年初未抵扣数（用“-”反映）		
2. 销项税额		
出口退税		
进项税额转出		
转出多交增值税		
3. 进项税额		
已交税金		
减免税款		
出口抵减内销产品应纳税额		
转出未交增值税		
4. 期末未抵扣数（多交数用“-”反映）		
二、未交增值税		
1. 年初未交数（多交数以“-”反映）		
2. 本期转入数（多交数以“-”反映）		
3. 本期已交数		
4. 期末未交数（多交数以“-”反映）		

审计说明：

应交增值税销项税金测算表

被审计单位：	索引号：FG3－1
项目：应交增值税明细表	财务报表截止日/期间：
编制：	复核：
日期：	日期：

项目	销售品种	收入	税率	应交增值税——销项税额
一、测算数				
1. 主营业务收入	产品1		17%	
	……			
	产品2		13%	
	……			
	小计			
2. 其他业务收入	原料1		17%	
	……			
	小计			
3. 其他	固定资产中的游艇、摩托车		4%再减半	
	……			
	小计			
4. 减：免税收入				
合计				
二、末审数				
三、差异额				
四、差异率				
差异分析：				

审计说明：

应交所得税测算表

被审计单位：	索引号：FG4
项目：应交所得税测算表	财务报表截止日/期间：
编制：	复核：
日期：	日期：

内容	行次	金额	索引号	备注
一、审计前利润总额	(1)			
加：审计调整因素：	(2)			
1.	(3)			
2.	(4)			
3.	(5)			
4.	(10)			
5. 其他	(11)			
小计	(12)			
二、审计后利润总额	(13) = (1) + (12)			
加：纳税调整增加额	(14)			
减：纳税调整减少额	(15)			
三、纳税调整后所得	(16) = (13) + (14) - (15)			
减：弥补以前年度亏损	(17)			
减：免税所得	(18)			
加：应补税投资收益已缴所得税额	(19)			
减：允许扣除的公益救济性捐赠额	(20)			
减：加计扣除额	(21)			
四、应纳税所得额	(22) = (16) - (17) - (18) + (19) - (20) - (21)			
适用税率	(23)			
五、境内所得应纳所得税额	(24) = (22) × (23)			
减：境内投资所得抵免税额	(25)			
加：境外所得应纳所得税额	(26)			
减：境外所得抵免税额	(27)			
六、境内、外所得应纳所得税额	(28) = (24) - (25) + (26) - (27)			
减：减免所得税额	(29)			
七、实际应纳所得税额	(30) = (28) - (29)			

审计说明：

长期借款审定表

被审计单位：	索引号：FK1
项目：长期借款	财务报表截止日/期间：
编制：	复核：
日期：	日期：

项目名称	期末未审数	账项调整		重分类调整			期末审定数	上期末审定数	索引号
		借方	贷方	借方	贷方				
信用借款									
抵押借款									
质押借款									
保证借款									
……									
合计									

审计结论：

◆ 获取或编制长期借款明细表，复核加计是否正确，并于总账数和明细账合计数核对是否相符，减去将于一年内偿还的长期借款后与报表数核对是否相符。

长期借款明细表

被审计单位：　　　　　　　　　　索引号：FK2
项目：长期借款明细表　　　　　　财务报表截止日/期间：
编制：　　　　　　　　　　　　　复核：
日期：　　　　　　　　　　　　　日期：

贷款银行	借款期限		期初余额		本期增加		本期归还			期末余额		本期应计利息	本期实计利息	差异	借款条件	借款用途	备注
	借款日	约定还款日	利率	本金	日期	利率	本金	日期	本金	利率	本金						
合计																	

审计说明：

营业收入审定表

被审计单位：　　　　　　　　　　　索引号：SA1

项目：营业收入　　　　　　　　　　财务报表截止日/期间：

编制：　　　　　　　　　　　　　　复核：

日期：　　　　　　　　　　　　　　日期：

项目类别	本期未审数	账项调整		本期审定数	上期审定数	索引号
		借方	贷方			
一、主营业务收入						
小计						
二、其他业务收入						
小计						
营业收入合计						

审计结论：

◆ 获取或编制主营业务收入明细表，复核加计是否正确，并与总账数和明细账合计数核对是否相符，结合其他业务收入科目与报表数核对是否相符。

主营业务收入明细表

被审计单位：	索引号：SA2
项目：主营业务收入明细表	所审计会计期间：
编制：	复核：
日期：	日期：

月份	主营业务收入明细项目											
	合计											
1												
2												
3												
4												
5												
6												
7												
8												
9												
10												
11												
12												
合计												
上期数												
变动额												
变动比例												

审计说明：

其他业务收入明细表

被审计单位：	索引号：SA6
项目：其他业务收入明细表	财务报表截止日/期间：
编制：	复核：
日期：	日期：

种类	本期数		上期数	
	金额	结构比	金额	结构比
出租固定资产				
出租无形资产				
出租包装物和商品				
销售材料				
用材料进行非货币性资产交换				
用材料进行债务重组				
……				
合计				

审计说明：

◆ 实质性分析程序（必要时）：将本期的主营业务收入与上期的主营业务收入进行比较，分析产品销售的结构和价格变动是否异常，并分析异常变动的原因；计算本期重要产品的毛利率，与上期比较，检查是否存在异常，各期之间是否存在重大波动，查明原因。

业务/产品销售分析表

被审计单位：	索引号：SA3
项目：业务/产品销售分析表	财务报表截止日/期间：
编制：	复核：
日期：	日期：

收入类别（产品名称）	本期数				上期数				变动幅度			
	数量	主营业务收入	主营业务成本	毛利率	数量	主营业务收入	主营业务成本	毛利率	数量	主营业务收入	主营业务成本	毛利率
合计												

审计说明：

◆ 比较本期各月各类主营业务收入的波动情况，分析其变动趋势是否正常，是否符合被审计单位季节性、周期性的经营规律，查明异常现象和重大波动的原因。

月度毛利率分析表

被审计单位：	索引号：SA4
项目：月度毛利率分析表	财务报表截止日/期间：
编制：	复核：
日期：	日期：

月份	本期数				上期数				变动幅度
	主营业务收入	主营业务成本	毛利	毛利率	主营业务收入	主营业务成本	毛利	毛利率	
1									
2									
3									
4									
5									
6									
7									
8									
9									
10									
11									
12									
合计									

审计说明：

◆ 销售的截止测试：通过测试资产负债表日前后_____天且金额大于_____的发货单据，与应收账款和收入明细账进行核对。

主营业务收入截止测试

被审计单位：	索引号：SA5－1
项目：主营业务收入截止测试	财务报表截止日/期间：
编制：	复核：
日期：	日期：

从发货单到明细账

编号	发货单		发票内容						明细账			是否跨期√（×）
	日期	号码	日期	客户名称	货物名称	销售额	税额	日期	凭证号	主营业务收入	应交税金	
截止日前 截止日期：20　年　月　日 截止日后												

审计说明：

◆ 销售的截止测试：从应收账款和收入明细账选取在资产负债表日前后_____天且金额大于_____的凭证，与发货单据核对，以确定销售是否存在跨期现象。

主营业务收入截止测试

被审计单位：	索引号：SA5－2
项目：主营业务收入截止测试	财务报表截止日/期间：
编制：	复核：
日期：	日期：

从明细账到发货单

编号	明细账			发票内容						发货单		是否跨期√（×）
	日期	凭证号	主营业务收入	应交税金	日期	客户名称	货物名称	销售额	税额	日期	号码	
截止日前 截止日期：20　年　月　日 截止日后												

审计说明：

营业成本审定表

被审计单位：　　　　索引号：SB1

项目：营业成本　　　　财务报表截止日/期间：

编制：　　　　复核：

日期：　　　　日期：

项目名称	本期未审数	账项调整		本期审定数	上期审定数	索引号
		借方	贷方			
一、主营业务成本						
小计						
二、其他业务成本						
小计						
合计						

审计结论：

◆ 获取或编制主营业务成本明细表，复核加计是否正确，与总账数和明细账合计数核对是否相符，结合其他业务成本与营业成本报表数核对是否相符。

主营业务成本明细表

被审计单位：	索引号：SB2
项目：主营业务成本明细表	财务报表截止日/期间：
编制：	复核：
日期：	日期：

月份	主营业务成本明细项目										
	合计										
1											
2											
3											
4											
5											
6											
7											
8											
9											
10											
11											
12											
合计											
上期数											
变动额											
变动比例											

审计说明：

主营业务成本倒轧表

被审计单位：　　　　　　　　　　　　　　索引号：SB5

项目：主营业务成本倒轧表　　　　　　　　财务报表截止日/期间：

编制：　　　　　　　　　　　　　　　　　复核：

日期：　　　　　　　　　　　　　　　　　日期：

存货种类	未审数	调整数（账项调整或重分类）	审定数	索引号
期初原材料余额				
加：本期购货净额				
减：期末原材料余额				
减：其他原材料发出额				
直接材料成本				
加：直接人工成本				
加：制造费用				
产品生产成本				
加：在产品期初余额				
减：在产品期末余额				
减：其他在产品发出额				
库存商品成本				
加：库存商品期初余额				
减：库存商品期末余额				
减：其他库存商品发出额				
主营业务成本				

审计说明：

资产减值损失审定表

被审计单位：　　　　索引号：SG1

项目：资产减值损失　　　　财务报表截止日/期间：

编制：　　　　复核：

日期：　　　　日期：

项目名称	本期未审数	账项调整		本期审定数	上期审定数	索引号
		借方	贷方			
一、坏账损失						
二、存货跌价损失						
三、可供出售金融资产减值损失						
四、持有至到期投资减值损失						
五、长期股权投资减值损失						
六、投资性房地产减值损失						
七、固定资产减值损失						
八、工程物资减值损失						
九、在建工程减值损失						
十、无形资产减值损失						
十一、商誉减值损失						
十二、其他						
合计						

审计结论：

资产减值损失明细表

被审计单位：	索引号：SG2
项目：资产减值损失明细表	财务报表截止日/期间：
编制：	复核：
日期：	日期：

项目	本期数	上期数	备注
一、坏账损失			
二、存货跌价损失			
三、可供出售金融资产减值损失			
四、持有至到期投资减值损失			
五、长期股权投资减值损失			
六、投资性房地产减值损失			
七、固定资产减值损失			
八、工程物资减值损失			
九、在建工程减值损失			
十、无形资产减值损失			
十一、商誉减值损失			
十二、其他			
合计			

审计说明：

公允价值变动损益审定表

被审计单位：
项目：公允价值变动损益
编制：
日期：

索引号：SH1
财务报表截止日/期间：
复核：
日期：

项目名称	本期未审数	账项调整		本期审定数	上期审定数	索引号
		借方	贷方			
合计						

审计结论：

公允价值变动损益明细表

被审计单位：

项目：公允价值变动损益明细表

编制：

日期：

索引号：SH2

财务报表截止日/期间：

复核：

日期：

产生公允价值变动收益的来源	本期数	上期数	备注
合计			

审计说明：

所得税费用审定表

被审计单位：	索引号：SL1
项目：所得税费用	财务报表截止日/期间：
编制：	复核：
日期：	日期：

项目名称	本期未审数	账项调整		本期审定数	上期审定数	索引号
		借方	贷方			

审计结论：

◆ 获取或编制所得税费用明细表，复核加计正确，并与报表数、总账数和明细账合计数核对是否相符。

所得税费用明细表

被审计单位：

项目：所得税费用明细表

编制：

日期：

索引号：SL2

财务报表截止日/期间：

复核：

日期：

项目	本期数	上期数	备注
一、当期所得税费用			
二、递延所得税费用（收益）			
合计			

审计说明：

账项调整分录汇总表

被审计单位：	索引号：EA
项目：	财务报表截止日/期间：
编制：	复核：
日期：	日期：

序号	内容及说明	索引号	调整内容				影响利润表 +(-)	影响资产负债表 +(-)
			借方项目	借方金额	贷方项目	贷方金额		

与被审计单位的沟通：

参加人员：

被审计单位：______________________________

审计项目组：______________________________

被审计单位的意见：

____

____

____

结论：

是否同意上述审计调整：______________________________

被审计单位授权代表签字：______________　日期：______________

重分类调整分录汇总表

被审计单位：　　　　索引号：EB

项目：　　　　财务报表截止日/期间：

编制：　　　　复核：

日期：　　　　日期：

序号	内容及说明	索引号	调整项目和金额			
			借方项目	借方金额	贷方项目	贷方金额

与被审计单位的沟通：

参加人员：

被审计单位：______

审计项目组：______

被审计单位的意见：

______

______

结论：

是否同意上述审计调整：______

被审计单位授权代表签字：______　日期：______

未更正错报汇总表

被审计单位：	索引号：ED
项目：	财务报表截止日/期间：
编制：	复核：
日期：	日期：

序号	内容及说明	索引号	未调整内容				备注
			借方项目	借方金额	贷方项目	贷方金额	

未更正错报的影响：

项目	金额	百分比	计划百分比
1. 总资产			
2. 净资产			
3. 销售收入			
4. 费用总额			
5. 毛利			
6. 净利润			

结论：

被审计单位授权代表签字：____________________ 日期：____________

资产负债表试算平衡表

被审计单位： 索引号：EE－1

项目： 财务报表截止日/期间：

编制： 复核：

日期： 日期：

项目	期末未审数	账项调整		重分类调整		期末审定数	项目	期末未审数	账项调整		重分类调整		期末审定数
		借方	贷方	借方	贷方				借方	贷方	借方	贷方	
货币资金							短期借款						
交易性金融资产							交易性金融负债						
应收票据							应付票据						
应收账款							应付账款						
预付款项							预收款项						
应收利息							应付职工薪酬						
应收股利							应交税费						
其他应收款							应付利息						
存货							应付股利						
一年内到期的非流动资产							其他应付款						
其他流动资产							一年内到期的非流动负债						
可供出售金融资产							其他流动负债						
持有至到期投资							长期借款						
长期应收款							应付债券						
长期股权投资							长期应付款						

续表

项目	期末未审数	账项调整		重分类调整		期末审定数	项目	期末未审数	账项调整		重分类调整		期末审定数
		借方	贷方	借方	贷方				借方	贷方	借方	贷方	
投资性房地产							专项应付款						
固定资产							预计负债						
在建工程							递延所得税负债						
工程物资							其他非流动负债						
固定资产清理							实收资本（或股本）						
无形资产							资本公积						
开发支出							盈余公积						
商誉							未分配利润						
长期待摊费用													
递延所得税资产													
其他非流动资产													
合计							合计						

利润表试算平衡表

被审计单位：

项目：

编制：

日期：

索引号：EE－2

财务报表截止日/期间：

复核：

日期：

项目		未审数	调整金额		审定数	索引号
			借方	贷方		
一	营业收入					
	减：营业成本					
	税金及附加					
	销售费用					
	管理费用					
	财务费用					
	资产减值损失					
	加：公允价值变动损益					
	投资收益					
二	营业利润					
	加：营业外收入					
	减：营业外支出					
三	利润总额					
	减：所得税费用					
四	净利润					